Poney
français de selle
Crème
Barbe
Pottok
Appaloosa
Connemara
Fjord
Pur sang anglais
Shetland
Trait du Nord
Haflinger
Hanovrien

Réussir ses galops 1 à 4

Conforme au nouveau programme

Manuel de cours

Guillaume Henry

Illustrations
Marine Oussedik

Belin

Photographies de la couverture et des pages intérieures : © Alain Laurioux.

ISBN 978-2-7011-6426-7

Galop 1

Partie spécifique

Pratique équestre à cheval

S'occuper du cheval

Connaissances générales

Partie commune

Pratique équestre à pied

S'occuper du cheval

Connaissances du cheval

Connaissances générales

Galop 2

Partie spécifique

Pratique équestre à cheval

S'occuper du cheval

Connaissances générales

Partie commune

Pratique équestre à pied

S'occuper du cheval

Connaissances du cheval

Connaissances générales

Galop 3

Partie spécifique

Pratique équestre à cheval

S'occuper du cheval

Connaissances générales

Partie commune

Pratique équestre à pied

S'occuper du cheval

Connaissances du cheval

Connaissances générales

Galop 4

Partie spécifique

Pratique équestre à pied

Pratique équestre à cheval

S'occuper du cheval

Connaissances générales

Partie commune

Pratique équestre à pied

S'occuper du cheval

Connaissances du cheval

Connaissances générales

À CONNAÎTRE

Pratiquer et passer ses galops

▶ Chaque sport possède ses « grades ». On parle de « ceintures » dans la majorité des sports de combat ; à cheval on passe des **Galops** qui sont délivrés par la Fédération Française d'Equitation.

▶ Il existe 9 Galops, organisés selon la découverte, le perfectionnement et la maîtrise du cheval et de l'équitation.

▶ Les nouveaux programmes des Galops, de la Fédération Française d'Équitation, entrés en vigueur le 1er septembre 2012 distinguent cinq spécialités : cavalier, voltigeur, meneur, pleine nature et westerner. Chaque Galop y est divisé en trois modules :
– pratique équestre,
– les soins et le travail à pied,
– les connaissances théoriques.

▶ Les programmes des Galops sont accessibles sur le site internet de la Fédération Française de l'Equitation (http://www.ffe.com/enseignant/Documents/Galops/Renovation-2012). Il est important d'en connaître le contenu.

▶ **Pour obtenir un Galop**, il faut valider chacun des modules. Mais vous n'êtes pas obligé de les valider le même jour ni au même endroit. Vous pouvez donc progresser à votre rythme.

▶ Le Galop 4 vous prépare au **Brevet de cavalier**, après vous avoir fait découvrir l'équitation du Galop 1 (du piéton au cavalier), les trois allures au Galop 2, la conduite, le contrôle du cheval et le saut au Galop 3.

▶ Il existe aussi des Galops 5, 6 et 7 de compétition dans cinq disciplines (Concours de Saut d'Obstacles, dressage, hunter, Trec, endurance) dont l'attribution est partiellement conditionnée par des résultats en compétition. Pour chaque niveau, le candidat doit valider quatre modules :

– un module compétiteur soumis à des résultats en compétition,
– un module de connaissance et d'implication dans la discipline,
– un module de travail à pieds et de soins (identique à celui des Galops de cavalier),
– un module de connaissances théoriques (identique à celui des Galops de cavalier).

▶ Vous pouvez retrouver tout ce qu'il faut savoir sur ces nouveaux Galops (programme et contenu) sur le site de la Fédération française d'équitation (http://www.ffe.com/enseignant/Documents/Galops/Renovation – 2012).

▶ Globalement, vous apprenez :
– à gérer votre équilibre et à utiliser vos aides jusqu'au Galop 4, c'est-à-dire à « conduire » votre cheval sur un plan horizontal (droite, gauche, vers l'avant) ;
– à vous équilibrer pour équilibrer votre monture des Galops 5 à 7. À ce stade, vous apprenez que votre propre équilibre influe sur l'équilibre de votre cheval et vous gérez votre cheval dans un plan horizontal et un plan vertical ;
– à partir du Galop 8, vous être capable d'entamer le travail du cheval : du perfectionnement d'un cheval d'âge, au travail plus spécifique du jeune cheval.

Est-ce qu'il est obligatoire de passer ses Galops ?

▶ Non, ce n'est pas obligatoire, mais c'est votre intérêt ! En effet, ces examens sont complets. Passer de l'un à l'autre balisera une progression elle aussi complète, tout en vous permettant de situer vos progrès. Cela vous évitera aussi les « impasses » sur des domaines fondamentaux comme les soins, la théorie, l'obstacle pour les passionnés de dressage, le dressage pour les passionnés d'obstacles.

▶ C'est la polyvalence et la possibilité de sortir d'une discipline qui assurent un excellent niveau dans la discipline de son choix. En équitation comme dans tous les arts, se contenter de répéter ce que l'on sait faire ne permet pas de progresser.

Comment faire pour passer ses Galops ?

▶ En parler à son moniteur : c'est lui et lui seul qui est à même de vous préparer et de vous confirmer que vous avez le niveau de l'examen que vous convoitez. D'une manière générale, on a coutume de dire « **un Galop par an** ». Cela peut paraître long à ceux qui sont pressés, on peut parfois passer son 2e Galop après un an de pratique, mais gardez-vous d'aller trop vite ! À chaque examen correspondent des chevaux et des exercices différents qui ne réclament pas forcément beaucoup de technique, mais une maturité du corps et de l'esprit que seul le temps garantit. Il serait regrettable que vous soyez dans le cas de figure suivant, et malheureusement courant : je débute en septembre, passe mon Galop 1 en décembre, le 2 en juin, me débrouille pour avoir le 3 lors d'un stage au mois de juillet, et me retrouve en « prépa G4 » en septembre. Alors que mes camarades débutent leur 3e ou 4e année de pratique, je ne débute que la 2e : à la première séance en extérieur, je me fais tellement peur, ou je fais une telle chute, que je ne remonte jamais…

▶ « L'équitation, c'est la perfection des choses simples » écrivait Nuno Oliveira, un grand maître du XXe siècle. Ne cherchez pas de choses compliquées et « cent fois sur le métier remettez votre ouvrage ».

Pour passer vos examens

▶ Vous devez avoir une licence fédérale (Fédération Française d'Équitation) en cours de validité. S'il n'existe pas d'impératifs en termes de tenue et de harnachement jusqu'au Galop 4, vous devez néanmoins avoir :

– un harnachement propre et soigné : il est graissé, les passants sont mis, le tapis est propre ;
– un cheval correctement pansé : sans trace de crottin, de terre, de paille dans la queue, les pieds graissés, etc.
– une tenue propre : pas de chaps qui baillent au niveau des talons. Votre haut (pull, sweat-shirt) est de couleur sombre (bleu marine ou noir), vous avez un pantalon d'équitation de couleur claire. Vos bottes ou vos chaps sont propres (cirées ou lavées à l'aide d'une éponge).

▶ Il n'est pas nécessaire d'avoir une tenue de concours, bien que de nombreux élèves s'équipent dès le Galop 4 (par l'achat du pantalon blanc, par exemple). À ce niveau, vous avez des gants et vous portez toujours un casque.

▶ **Être cavalier, c'est aussi un état d'esprit**, fait de respect pour son cheval et de courtoisie envers les autres. Vous arrivez à l'heure, vous vous occupez de votre cheval avec attention (même et surtout après l'examen) et vous êtes poli et souriant avec les juges. Quoi qu'il se passe, restez maître de vous, ne hurlez pas, ne tapez pas votre cheval, ne l'insultez pas (l'échec n'est pas « de sa faute » !) ; vous le caressez, même si vous sortez de votre parcours d'obstacles avec un refus. Si cela paraît évident – car vous n'avez pas choisi l'équitation pour vous défouler mais par passion pour le cheval – sachez que les juges y sont très sensibles : un comportement sincère et respectueux dans l'adversité peut – si votre niveau est un peu juste – faire pencher la balance en votre faveur.

▶ Enfin, quelle que soit l'importance que vous accordez aux examens, rappelez-vous que votre « niveau » transparaît dans vos gestes, vos attitudes et vos façons de faire. Plus vous serez en contact avec les chevaux, plus vous apprendrez. Sachez ainsi **vous rendre utile** dans votre club, auprès des autres et de vos enseignants : c'est une des meilleures façons de voir beaucoup de situations différentes, de nombreux chevaux, et d'acquérir, finalement, une énorme expérience.

Précision

Pour vous aider à devenir un véritable homme (ou femme) de cheval, relisez la charte du cavalier disponible sur le site internet de la Fédération Française d'Équitation (http://www.ffe.com/club/Pedagotheque/Charte-du-cavalie-A3) et apprenez le contenu de ces trois grands paragraphes :
- je respecte mon poney ou mon cheval,
- je respecte les autres et l'environnement,
- je respecte les valeurs du sport.

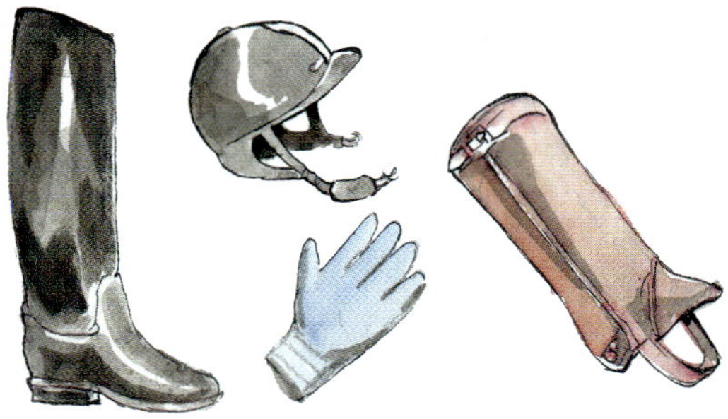

S'équiper

▸ Comme tous les sports, l'équitation nécessite une tenue adaptée permettant de pratiquer avec aisance et sécurité.

▸ Le plus important est le **casque**. Si les clubs en prêtent généralement un pour une séance d'essai, il est plus confortable et plus hygiénique d'acheter le sien. Le casque *trois points* adapté à l'équitation est le plus recommandé : il est léger, reste sur la tête même en cas de chute, et protège la nuque. Il est d'ailleurs adopté par tous les grands cavaliers car il est aussi très esthétique. À vous d'en prendre un à votre taille, qui vous plaise, d'autant que le choix est désormais très large.

▸ Des **bottes** de type « bottes en plastique vertes » peuvent suffire. Mais si vous persévérez, investissez dans des bottes d'équitation (en plastique, en caoutchouc ou en cuir) ou dans une paire de boots associée à des mini-chaps.

▸ Évitez surtout les chaussures de villes (type « Paraboot ») qui ne montent pas jusqu'à la cheville, et bannissez les baskets, sandales et autres chaussures sans talons : si votre pied glisse dans l'étrier, il peut s'y coincer ; en cas de chute, vous seriez traîné par terre !

▸ Les chaps longues sont pratiques, mais généralement **réservées aux plus confirmés**, comme « tenue d'appoint ».

▸ Le meilleur **pantalon** est la culotte d'équitation. L'investissement n'est pas trop important et elle permet vraiment d'être à l'aise à cheval. Si un jogging peut faire l'affaire, le jeans, lui, est déconseillé, car ses coutures à l'entrejambe vous gêneront considérablement (si elles ne vous blessent pas).

▸ Une paire de **gants** est conseillée en hiver et pour le passage des examens en général. Procurez-vous des gants adaptés à l'équitation car ils possèdent des renforts aux passages des rênes et s'usent donc moins rapidement.

▸ Pour le « haut », prenez des vêtements dans lesquels **vous êtes à l'aise**, en évitant ce qui est long ou large (les pulls jusqu'en bas des fesses par exemple) : outre que ce type de vêtement n'est pas pratique pour monter (ils se prennent dans le troussequin de la selle, limitent l'ouverture aisée des hanches, etc.), ils empêcheront votre enseignant de juger de l'orientation de votre dos. Préférez donc des vêtements près du corps.

▸ Votre **manteau** sera plutôt court, ajusté et « respirant » (évitez le « K-way »). Là encore, il existe de nombreux modèles très bien adaptés qui se portent avec ou sans doublure, avec ou sans manches, etc. Pour se protéger du froid, il faut multiplier les épaisseurs : un pull, éventuellement un deuxième, un gilet sans manches, une doublure de blouson, un blouson. Si vous avez chaud, vous enlevez les « couches » les unes après les autres, et les remettez dans l'ordre inverse dès que la séance se termine. C'est le meilleur moyen de ne pas trop transpirer, d'être à l'aise et de ne pas prendre froid après l'effort.

▸ Sachez aussi cultiver le charme discret de l'**élégance** : le blouson est fermé, le tee-shirt ou la chemise rentrés dans le pantalon, les cheveux sont attachés ; pas de longues écharpes qui volent comme un drapeau derrière vous, de colliers qui rebondissent avec « fracas » sur votre poitrine ou de trop grandes boucles d'oreilles... Pourquoi ? Parce que c'est plus esthétique et que cela permet à votre enseignant de bien voir l'orientation et le fonctionnement de votre corps à cheval, et ainsi, de vous corriger.

▸ Enfin, votre équipement ne serait pas complet sans une **cravache**, et surtout un **sac de pansage** contenant tout le matériel nécessaire (voir page 94) aux bons soins de votre monture.

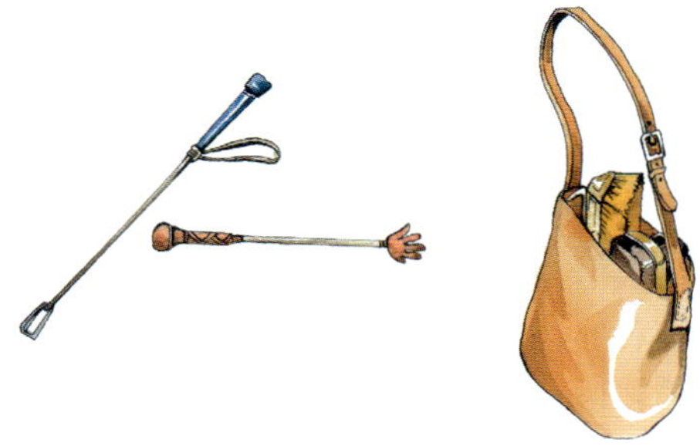

Sommaire

galop 1

Entrer dans le manège

▸ **Votre cheval est en main** ; vous vous arrêtez d'abord à la porte du manège, sans y pénétrer, pour demander l'autorisation d'y entrer [1] :
– soit auprès de votre enseignant ;
– soit à un des cavaliers qui y travaille (en général, on s'adresse à celui qui a le plus haut niveau).

▸ **Lorsque l'accord vous est donné**, vous vérifiez que personne n'arrive sur la piste à hauteur de la porte, puis entrez, toujours à pied, en prenant la piste à main gauche.

▸ **Longez la piste**, puis, au niveau du grand côté (de la longueur) [2], doublez, pour vous arrêter sur la ligne du milieu, parallèlement aux autres cavaliers. Laissez environ 5 mètres entre chaque cheval, par sécurité.

▸ **Sans jamais lâcher votre cheval**, les deux rênes dans une main ou par-dessus l'encolure, vous :

1. vérifiez votre sanglage et la bonne place de la selle [4],
2. effectuez un préréglage de vos étriers,
3. montez.

2

3

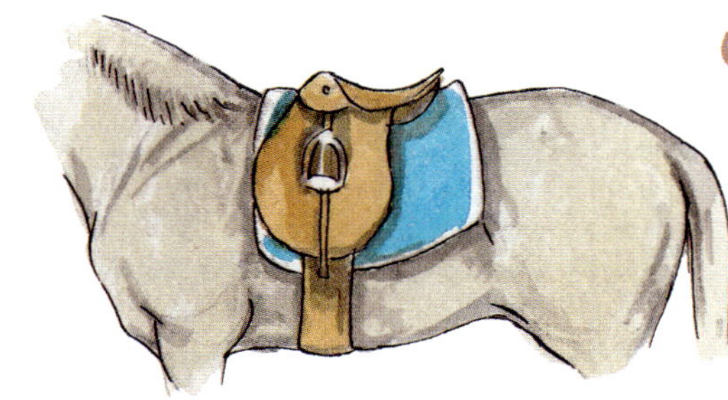

4

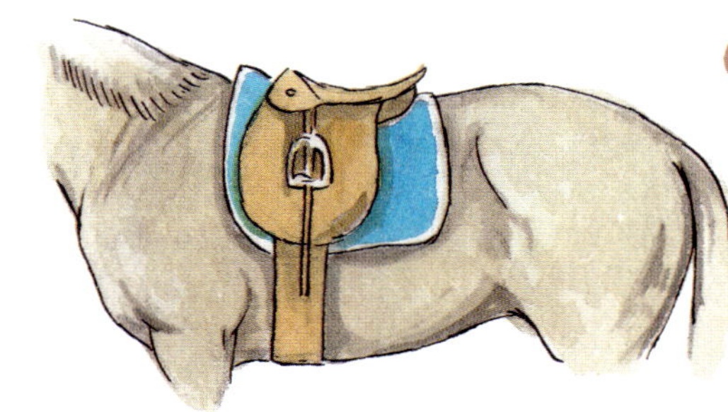

Vérifier le sanglage et la place de la selle

- Comme vous avez modérément sanglé au box (voir p. 80), le tapis et la selle peuvent avoir reculé pendant le trajet jusqu'à l'aire de travail [3].
- **Avant de ressangler**, assurez-vous que selle et tapis sont à la bonne place [4]. S'ils ont bougé, dessanglez, replacez le tapis et la selle, dégarrotez bien le tapis (vous devez pouvoir passer un poing entre le tapis et le garrot, voir p. 80), puis ressanglez.
- **Avant de monter**, vérifiez une première fois la longueur des étrivières (voir p. 18) ; vous peaufinerez votre réglage une fois en selle (voir p. 21).

Régler ses étriers à pied

▸ **La longueur des étrivières** dépend de la discipline : on chausse un peu plus long en dressage [1] qu'en saut d'obstacles [2]. Jusqu'au Galop 4, il faut s'habituer à une longueur « standard » qui vous permet d'apprendre à plier et à faire fonctionner les articulations de vos jambes tout en gardant le bassin au-dessus des talons.

▸ **Régler ses étriers** s'effectue en deux temps :
– un préréglage à pied,
– une « finalisation » en selle.

▸ **À pied**, l'étrivière est de bonne longueur si elle reste tendue lorsque vous placez le plancher de l'étrier sous votre aisselle et le poing au niveau du porte-étrivière (voir la description des éléments de la selle et de l'étrier page 41).

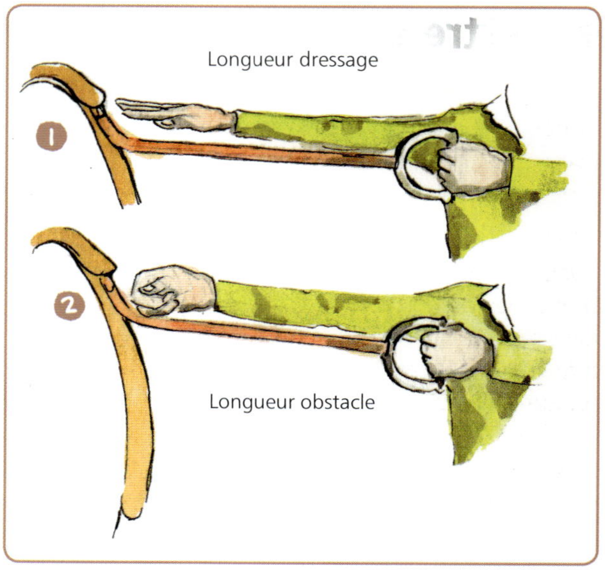

Précision

- Prenez le temps de régler vos étriers, car cela conditionne une partie de votre aisance pour le reste de la séance.
- Vos deux étriers doivent être au même niveau : demandez à votre moniteur de vérifier.
- Ne vous fiez pas aux numéros de l'étrivière : comme le cavalier monte toujours à gauche, l'étrivière gauche est souvent plus longue que la droite.

Se mettre en selle

Se mettre en selle avec étriers

▸ Après avoir effectué le **préréglage de vos étriers**, passez les rênes par-dessus l'encolure et mettez-vous à cheval.

▸ **Placez-vous à gauche,** au niveau de l'épaule du cheval, en direction de la croupe :

– prenez les deux rênes dans la main gauche, et raccourcissez-les jusqu'à ce qu'elles soient suffisamment tendues pour éviter que le cheval avance, mais sans pour autant lui tirer sur la bouche, ce qui le ferait reculer ou avancer pour se débarrasser de la gêne occasionnée par des rênes trop courtes,

– saisissez une poignée de crins de la même main,

– tournez le dos à sa tête, saisissez la branche extérieure de l'étrier de la main droite afin de le présenter à vous [1],

– placez-y votre pied gauche, saisissez le troussequin de la main droite [2],

– puis, en prenant appel sur le pied droit et en vous aidant de vos deux bras, hissez-vous et dressez-vous sur la jambe gauche [3],

– passez ensuite la jambe droite par-dessus la croupe pour vous mettre en selle [4],

– asseyez-vous avec légèreté,

– déchaussez votre étrier gauche et laissez pendre vos jambes afin de vous asseoir d'aplomb et de vérifier la longueur de vos étriers (voir p. 21).

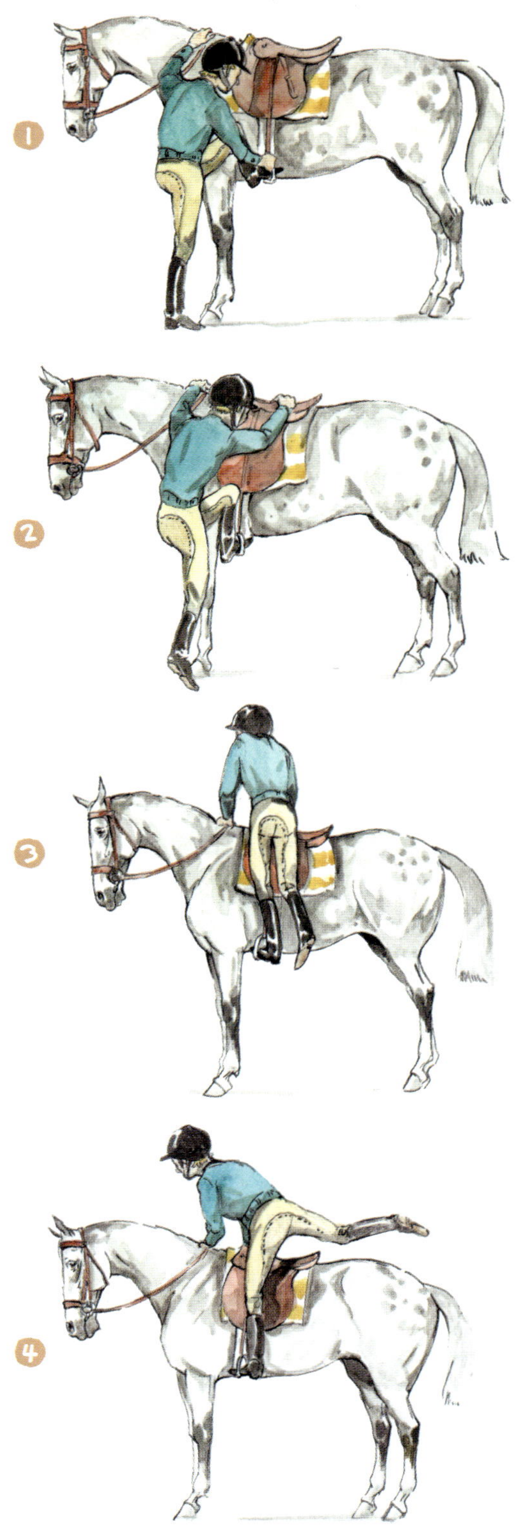

À CONNAÎTRE

Conseils pour se mettre à cheval

- N'enfoncez pas la pointe de votre pied gauche dans le corps du cheval.
- Prenez bien appel avec votre jambe droite et ne vous contentez pas de tirer sur vos bras.
- Hissez-vous rapidement.
- Ne restez pas trop longtemps debout sur l'étrier gauche car l'excès de poids d'un côté entraînerait un déséquilibre chez le cheval qui l'inciterait à s'en dégager.
- Ne heurtez pas la croupe avec votre jambe droite.
- Ne vous asseyez pas lourdement sur le dos du cheval.

Pratique équestre à cheval

Se mettre en selle sans étriers

▶ Tenez-vous à gauche, face à l'épaule du cheval ; ajustez et prenez vos deux rênes dans la main gauche, en la posant en avant du garrot [5].

▶ Il existe alors deux techniques :
– soit, faisant face à la croupe, vous jetez votre jambe droite par-dessus la croupe, à « l'indienne »,
– soit vous posez la main droite sur le pommeau, puis, après un ou deux petits sauts d'appels, vous vous hissez sur les deux bras [6]. Une fois vos deux bras tendus, vous vous penchez en avant puis passez votre jambe droite par-dessus la croupe [7].

Se mettre en selle avec une aide extérieure

▶ Toujours placé à gauche du cheval, ajustez vos deux rênes dans la main gauche, prenez une poignée de crins, et saisissez le troussequin de la main droite :
– pliez la jambe gauche vers l'arrière, au niveau du genou,
– l'aide vous saisit alors la jambe au niveau de la cheville et du genou,
– ensemble, vous vous hissez en selle.

Se mettre en selle avec un montoir

▶ Certains clubs possèdent un montoir, c'est-à-dire un tabouret ou une partie plateforme surélevée qui permet de se mettre en selle sans avoir à lever exagérément la jambe. Le principe est alors le même que précédemment, mais physiquement moins difficile.

Précision

Dans tous les cas, attendez l'ordre du moniteur pour monter à cheval.

5

6

7

Régler ses étriers à cheval

▶ Lorsque les deux étriers sont déchaussés, que vous êtes assis d'aplomb (le poids également réparti sur les deux fesses), que vous êtes droit, et que vos deux jambes tombent naturellement, les planchers des étriers sont au niveau des chevilles [2].

▶ Cette longueur doit évidemment être adaptée à chacun (cheval comme cavalier), mais il ne faut pas trop s'en écarter.

▶ Si vos étriers sont :
– trop courts, vous serez trop loin au-dessus de votre selle et ne parviendrez pas à vous y asseoir,
– trop longs, vous risquez de bloquer une des articulations de vos jambes et de ne pas avoir les talons sous les fesses.

▶ Dans les deux cas, vous risquez d'acquérir une longueur « confort » dans laquelle vous vous sentirez peut-être bien mais qui ne vous permettra pas de progresser.

Il existe deux façons de régler ses étriers

– soit en reculant sa jambe,
– soit en l'avançant [1].

▶ Vous pouvez préférer la première méthode, mais c'est néanmoins la seconde qu'il faudra perfectionner. C'est la seule qui vous permettra de conserver votre stabilité si le cheval part au pas, ou de vous remettre rapidement en selle s'il fait un écart. Le réglage peut, de surcroît, avec l'habitude, s'effectuer d'une main, l'autre main tenant les deux rênes.

▶ **Pour régler ses étriers en avançant sa jambe :**
– sans lâcher vos rênes,
– avancez votre jambe en avant du quartier de la selle,
– aidez-vous de vos deux mains dans les premiers temps pour rallonger ou raccourcir l'étrivière ; puis entraînez-vous aussi à le faire d'une main, en vous servant de votre index pour trouver le trou et y placer l'ardillon [1].

Ressangler à cheval

▸ **Pour ressangler à cheval**, agissez sensiblement de la même façon que pour modifier la longueur de vos étrivières [1] :
– le cheval est arrêté, les deux rênes sont dans une main,
– avancez votre jambe en avant du quartier de la selle,
– puis, soulevez le quartier de la main libre pour chercher le contre-sanglon (description des différentes parties de la selle voir, p. 41),
– tirez-le à vous, tout en posant l'index sur l'ardillon pour l'engager dans le trou du porte-sanglon.

▸ Si votre moniteur ou votre monitrice vous aide à ressangler [2] :
– conservez une rêne dans chaque main,
– déchaussez votre étrier (généralement l'étrier gauche) et avancez votre jambe en avant du quartier de la selle,
– replacez correctement votre jambe et rechaussez votre étrier.

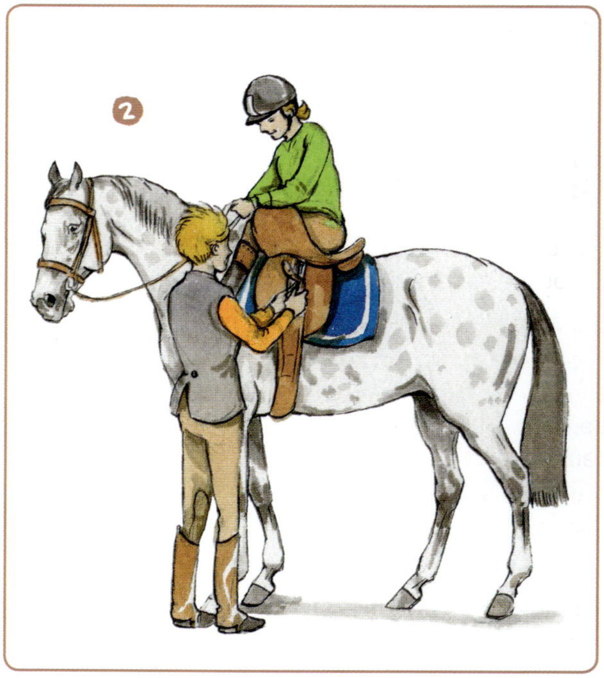

Prendre ses rênes

▸ Avant de partir au pas, il faut prendre ses rênes et les ajuster.

▸ **Pour prendre vos rênes**, posez vos deux mains sur les rênes, de façon à ce que vos pouces soient vers vous [1], les petits doigts en direction du mors. Fermez les mains [2] : les rênes passent alors sous les petits doigts et « ressortent » entre le pouce et l'index, le flot tombe à droite [5].

▸ Lorsqu'elles sont toutes deux **dans la main droite**, la rêne **gauche se place entre le pouce et l'index**, la rêne droite entre l'index et le majeur [3], le flot toujours à droite.

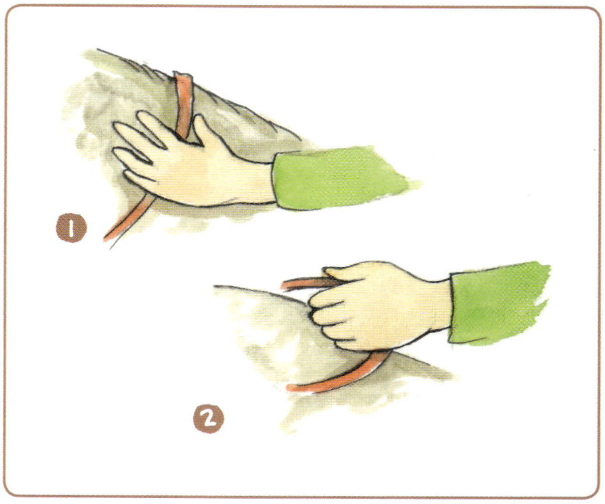

▶ **Pour les prendre de la main gauche [4]**, glissez la rêne droite entre l'annulaire et l'auriculaire.

▶ **Pour guider votre monture et lui transmettre vos intentions,** vous devez ajuster vos rênes : c'est-à-dire qu'elles soient suffisamment courtes pour avoir un contact avec la bouche du cheval (trop longues et sans contact, l'information ne peut pas passer), tout en permettant à votre monture de détendre son encolure.

▶ Les rênes sont alors un « fil conducteur » entre les mains du cavalier et la bouche du cheval.

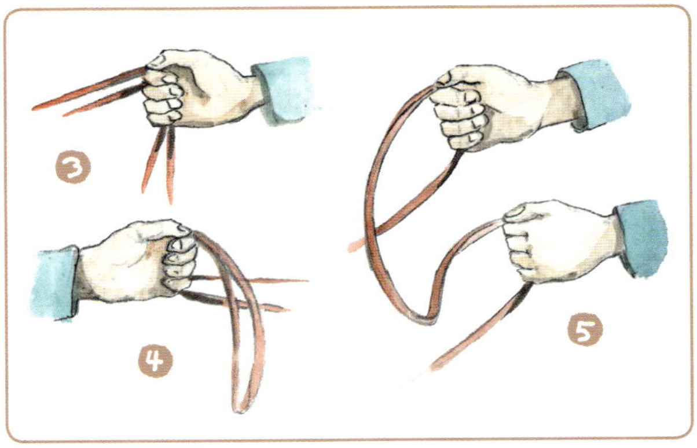

Ajuster ses rênes

▶ Ajuster ses rênes permet d'obtenir un contact avec la bouche du cheval.

▶ Il existe deux façons de faire :
– **les deux rênes dans une main**, posez l'autre main en avant de la première à la place voulue. Tendez vos deux rênes avec cette main avancée, puis replacez l'autre, qui reprend alors la rêne ajustée,
– **une rêne dans chaque main**, vous pouvez aussi « grignoter » le cuir en avançant vos doigts petit à petit jusqu'à obtenir la longueur désirée sur chaque rêne.

▶ **Les rênes sont de la bonne longueur [1]** quand vous avez créé un contact avec la bouche de votre cheval tout en ayant vos bras et vos mains devant vous, les coudes à demi ployés et en avant de votre corps. Vos actions s'effectuent alors vers l'avant.

▶ **Si vos rênes sont trop courtes [2]**, vos coudes seront droits et vos actions tout comme le contact avec la bouche de votre monture deviendront très durs.

▶ **Si vos rênes sont trop longues [3]**, vos coudes sont derrière votre corps. Vous n'avez pas de contact avec la bouche du cheval et vous agissez en reculant vos mains (en tirant).

Tenir ses rênes

▶ **Les pouces fermés** sur les rênes permettent de conserver la longueur désirée. Les pouces sont vers le haut, les mains dans le prolongement des avant-bras, les coudes sont au corps [1].

▶ **Une fois les rênes ajustées**, vous conservez un contact moelleux et constant à chaque allure. Au pas comme au galop, le cheval s'aide de sa tête et de son encolure, par l'intermédiaire de mouvements de balancier, pour se déplacer. Vous accompagnerez ses mouvements grâce à la souplesse de vos épaules, de vos coudes, de vos poignets et évidemment d'une bonne assiette (voir pp. 134-135) qui vous permettra de rester assis et en équilibre sans utiliser vos jambes ou vos mains comme moyen de tenue.

À CONNAÎTRE

Bonnes et mauvaises tenues des rênes

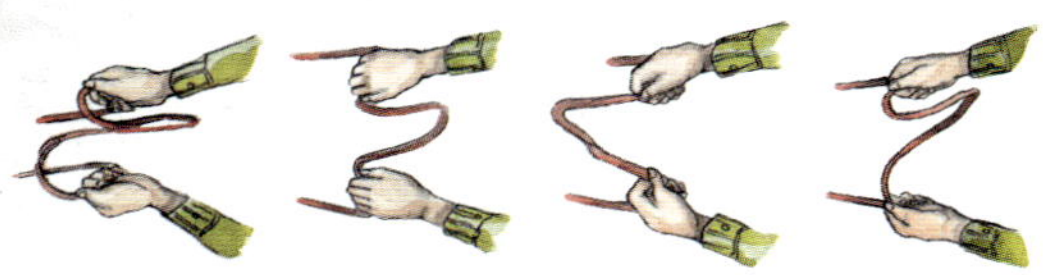

mauvaise — mauvaise — mauvaise — bonne

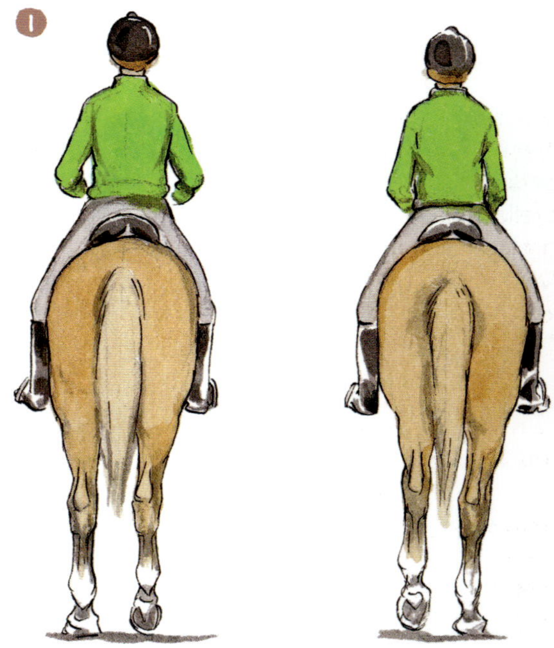

Coudes écartés (mauvaise position) — Coudes au coprs (bonne position)

Lâcher et reprendre ses rênes

▶ Vous devez être capable d'abandonner complètement vos rênes, en les posant sur le garrot puis de les reprendre.

▶ Pratiqué à l'arrêt, au pas, et plus tard au trot ou au galop, cet exercice vous permet de prendre confiance en vous, de travailler l'indépendance de vos aides (voir p. 213), votre équilibre et votre liant; il est indispensable au cheval en fin de séance, car c'est un moment de confort pour lui et le signe qu'il a bien travaillé.

▶ Pour les reprendre, avancez vos mains vers les rênes, les doigts vers l'avant, les pouces dans votre direction, et saisissez-les (voir p. 22).

Rallonger ses rênes

▶ Au début, le cavalier tendance soit à ouvrir ses pouces (les rênes se rallongent d'elles-mêmes [3]), soit à fermer ses pouces mais en rigidifiant ses bras. C'est l'entraînement qui permet de conserver des pouces fermés [2] avec des épaules, des bras, des coudes, des avant-bras et des poignets souples.

▶ Pour rallonger vos rênes, ouvrez vos pouces et laissez filer les rênes de la longueur voulue.

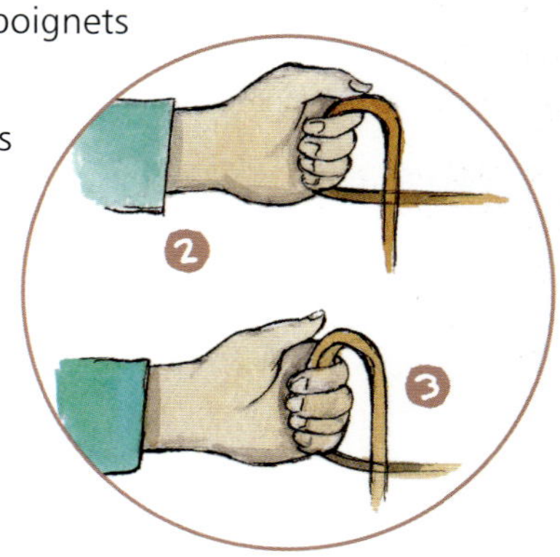

Chausser et déchausser ses étriers

Chausser et déchausser ses étriers à l'arrêt

▶ Pour chausser vos étriers, remontez vos pointes de pied, puis rentrez-les vers l'intérieur [1], en direction du corps du cheval. En principe, vos pieds rencontrent tout naturellement les planchers des étriers. Si vous faites de grands mouvements de jambes ou si vous remontez vos jambes pour les chercher, vous n'avez aucune chance de réussite, au contraire. Dans cet exercice, il est important de relâcher sa jambe et de ne remonter que la pointe de pied.

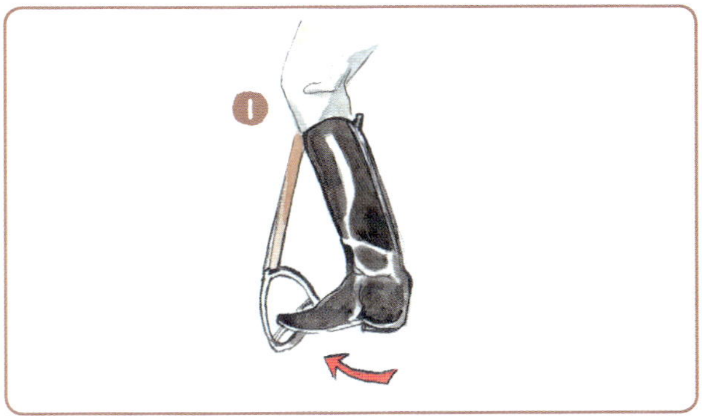

▶ L'étrier **se chausse au tiers du pied** :
– trop chaussé [2], il coince le pied et empêche la cheville de fonctionner,
– chaussé du « bout des pieds » [3], vous aurez tendance à pousser sur vos talons, ce qui avancera vos jambes et reculera vos fesses ; de plus, vous recroquevillerez instinctivement vos doigts de pied pour vous « agripper ».

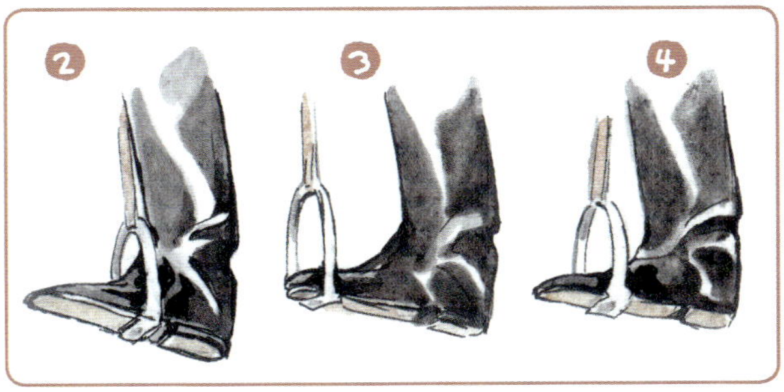

▶ L'étrier au tiers du pied [4] permet, lorsque la jambe tombe naturellement, d'avoir un talon plus bas que la pointe de pied et cependant sous les fesses, ce qui est la position idéale (voir p. 134).

▶ Une fois les étriers chaussés, les étrivières sont sur leur plat [5] et non tordues [6] ; elles suivent la forme de la jambe.

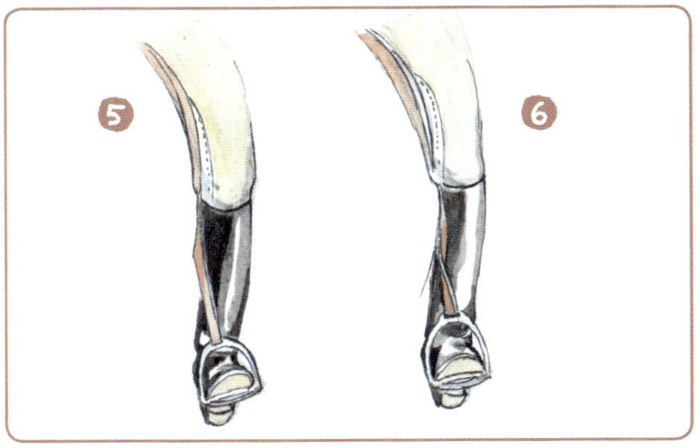

Chausser et déchausser ses étriers au pas

▶ Cet exercice n'est pas beaucoup plus difficile au pas qu'à l'arrêt. En effet, le pas étant une allure confortable, vous n'aurez pas tendance à serrer les jambes (comme au trot par exemple) pour tenir en selle.

▶ Au pas, respectez les mêmes consignes qu'à l'arrêt : relâchez vos jambes et remontez seulement la pointe de pied vers le haut puis vers l'intérieur.

Précision

Il est important de s'entraîner à chausser et à déchausser ses étriers, sans l'aide de vos mains, quelle que soit l'allure.

Pour vous donner toutes les chances de réussir cet exercice, restez redressé, la tête droite et le regard loin devant vous. Si vous regardez vos pieds, vous vous pencherez sur votre selle et serrerez forcément vos jambes pour ne pas tomber ; vous n'avez alors aucune chance de réussir.

Marcher au pas

Être assis dans une bonne posture au pas

▸ Le cheval possède trois allures naturelles : le pas, le trot et le galop (voir p. 52). À chacune de ces allures, ses membres se déplacent dans un certain ordre et tout son corps oscille de façon particulière. Le cavalier étant assis sur le dos du cheval, il reçoit (encaisse) les mouvements de sa monture. Ces mouvements, ou oscillations, sont différents à chaque allure et sont fonction de l'allure : certains sont importants, d'autres légers, certains sont agréables, d'autres désagréables.

▸ **Quand il monte à cheval, le cavalier communique** à l'aide de ses aides : ses mains, ses jambes et le poids du corps par l'intermédiaire de l'assiette (voir *Les aides naturelles et artificielles*, p. 58). Pour communiquer correctement, il doit apprendre à être en équilibre et à ne pas se servir de ses mains et de ses jambes comme moyen de tenue.

▸ Pour l'expliquer, on donne assez généralement l'image du vélo : pour faire du vélo, le cycliste doit être en équilibre sur sa selle et ne pas se servir de ses mains ou de ses jambes pour se tenir. Si ses jambes ou ses mains lui servent à ne pas tomber, elles n'ont pas la liberté nécessaire pour conduire, freiner ou pédaler.

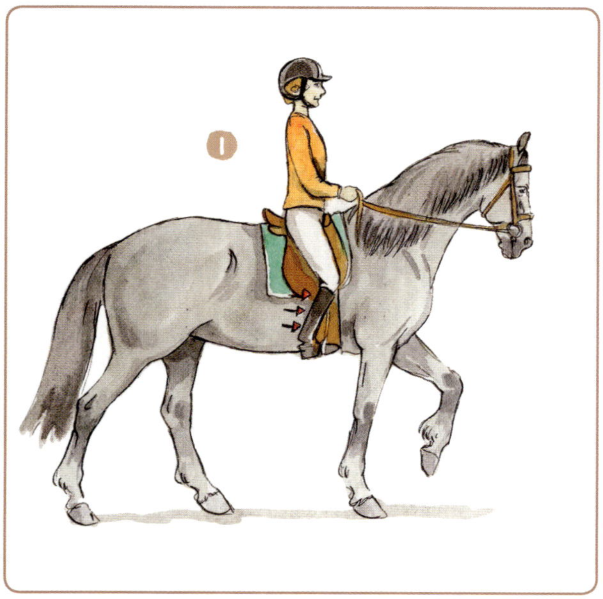

▸ C'est la même chose à cheval. Pour pouvoir librement utiliser vos aides, vous devez pouvoir rester en équilibre, sans vous accrocher avec vos mains ou vos jambes. La différence entre le cycliste et le cavalier, c'est que la selle bouge, parfois même beaucoup.

▸ Si vous vous référez à la position « idéale » du cavalier à cheval sur le plat (voir p. 134) et à l'obstacle (voir p. 188), vous constaterez que les éléments fondamentaux de cet équilibre sont que le cavalier :
- est assis au-dessus de ses pieds,
- conserve une orientation du buste légèrement en avant de la verticale, au pas et au trot enlevé,
- relâche ses jambes (preuve qu'elles ne sont pas un moyen de tenue), les genoux étant au contact de la selle sans être fermés, au pas et au trot enlevé,
- les rênes sont ajustées à partir de cette attitude.

▸ Il existe de nombreux exercices pour apprendre cela. Le trot enlevé en est un. Lâcher, reprendre et ajuster ses rênes au trot enlevé (tel que demandé au Galop 2, voir p. 66) en est un autre.

▸ Un autre consiste à s'exercer à **alterner les positions assise et en équilibre**, au pas ou au trot, sans s'aider de ses mains pour s'enlever de la selle, ni retomber lourdement lorsqu'on se rassoit. Être capable de passer de l'une à l'autre apprend à ne pas glisser dans les deux principaux défauts de la position du cavalier à cheval :
- buste trop en arrière, rein voussé, les jambes vers l'avant (les jambes ne sont pas au contact du corps du cheval et peuvent le surprendre quand le cavalier agit, les rênes sont longues et agissent souvent par à-coups),
- buste trop en avant, rein creux, les jambes en arrière (les jambes s'accrochent au cheval et le rendent froid à leur action, les rênes sont courtes et le contact souvent dur).

Attention

Pour mieux comprendre les défauts d'attitude (rein voussé, rein creux) reportez-vous aux pages 30 et 31.

Prendre le pas

- Les jambes servent à faire avancer le cheval, les mains servent à le diriger et à le ralentir (voir p. 82).
- Pour demander à votre monture de prendre le pas, pressez vos mollets d'arrière en avant, puis relâchez. Votre cheval devrait prendre le pas. S'il ne le fait pas, augmentez votre exigence et donnez un petit coup de vos deux talons en même temps.
- Pour en savoir plus, reportez-vous au paragraphe *Les aides pour avancer*, p. 82.

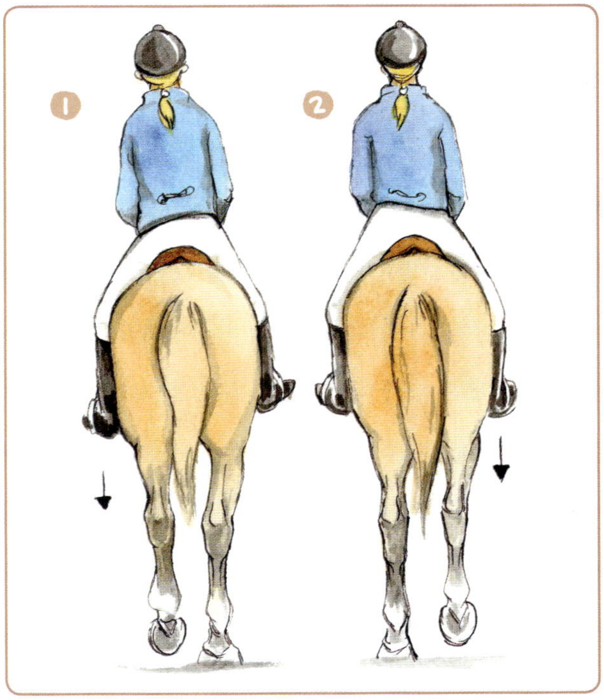

Accompagner le pas

- Le pas est une allure confortable. Le cheval y oscille dans des mouvements de droite et de gauche (et inversement) et de l'arrière vers l'avant. Pour accompagner le pas, il faut laisser aller son rein tout en restant redressé.
- Vous devez avoir l'impression que votre bassin avance en avant de vos mollets [3], que vous ayez ou non vos étriers.
- Si vous êtes complètement décontracté, vous remarquerez que vos jambes ont un léger mouvement vers le bas, l'une après l'autre [1 et 2].

Diriger au pas

- Pour diriger votre monture, et quelle que soit l'allure, vous effectuez **une rêne d'ouverture**. Il s'agit d'écarter votre main, vers l'avant (et non vers vous) dans la direction que vous souhaitez prendre. En écartant votre main vous déplacez la tête du cheval dans la direction à prendre.
- D'une certaine manière, le cheval « suit sa tête ».
- Pour que votre effet de rêne fonctionne bien, vous devez accompagner la demande de votre main d'**une action de jambe**, afin de maintenir l'impulsion (voir p. 84), c'est-à-dire le mouvement en avant de votre cheval.
- Pour en savoir plus, reportez-vous au paragraphe *Les aides pour tourner*, p. 130.

Les premières foulées de trot assis

▸ Le trot est l'allure la plus inconfortable, car le cheval saute d'un bipède diagonal à l'autre (voir pp. 52 et 158), de manière rapide et répétée. Le cavalier a vite l'impression de rebondir dans sa selle. Se lier au trot assis s'apprend. L'idéal pour cela est de travailler sans étriers (voir p. 30) et d'effectuer des séances de *mise en selle* (voir p. 74) pour vous y entraîner.

Précision

Sachez :
– qu'il est plus facile de découvrir le trot assis dans une allure lente, et sans étrier,
– que vous devez chercher à vous relâcher pour épouser le mouvement, et non à vous contracter ou vous durcir pour vous en soustraire,
– qu'un buste légèrement en arrière placera plus aisément votre rein dans la position adéquate pour fonctionner.

Effectuer des transitions simples et espacées entre l'arrêt, le pas et le trot

▸ Les jambes servent à faire avancer le cheval (voir p. 82), les mains servent à le diriger et à le ralentir (voir p. 83). Qu'il s'agisse d'une transition du pas vers l'arrêt ou du trot vers le pas, vous procéderez de la même façon.

▸ À partir de rênes ajustées, augmentez la tension sur vos rênes, en fonction de la réponse du cheval :
– en fermant simplement vos doigts sur vos rênes,
– en fermant vos doigts et en soutenant les poignets, [1],
– en fermant vos doigts, en soutenant les poignets et en vous grandissant vers le haut.
Une fois que le cheval répond, ouvrez vos doigts : cédez [2].

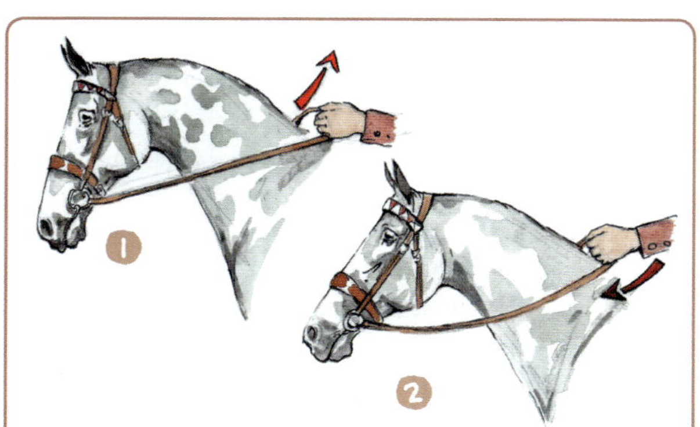

Précision

On appelle **transition montante** : le passage d'une allure à une allure supérieure (de l'arrêt au pas, du pas au trot, du trot au galop).

Un **allongement** dans l'allure s'appelle aussi une transition montante.

On appelle **transition descendante** : le passage d'une allure à une allure inférieure (du pas à l'arrêt, du trot au pas, du galop au trot).

Le **ralentissement** dans l'allure après un allongement est aussi une transition descendante.

À CONNAÎTRE

Comment tenir le pommeau au trot assis

Pour se lier aux premières foulées de trot assis, prenez le pommeau de la selle, tirez vos fesses vers l'avant, relâchez vos jambes et trottez en gardant le pommeau dans une main.

Trotter enlevé en rythme

▸ Le trot enlevé permet de se soustraire aux « secousses » du trot assis. Il peut être maintenu longtemps sans fatigue et vous y serez plus à l'aise et plus fixe qu'au trot assis. Il est généralement utilisé en extérieur ou à l'obstacle.

▸ Le trot enlevé consiste à **s'enlever un temps sur deux** (voir le mécanisme du trot p. 158), et ainsi à se retrouver un temps sur deux « en équilibre » et un temps sur deux assis.

▸ Vous pouvez apprendre à trotter enlevé, de la position d'équilibre ou de la position assise.

▸ Pour apprendre à trotter enlevé **de la position d'équilibre** (voir p. 76), trottez d'abord en équilibre, en tenant éventuellement une poignée de crins, les fesses le plus près possible de la selle sans pour autant être assis. Les articulations des hanches, des genoux, des chevilles sont souples et amortissent les secousses. Cherchez alors à vous asseoir un temps, puis à vous lever de nouveau, pour vous rasseoir… et ainsi de suite.

▸ **De la position assise**, avancez légèrement vos épaules vers l'avant, aidez-vous d'une poignée de crins, puis levez-vous, rasseyez-vous, levez-vous à nouveau, etc. Petit à petit, vous allez être assis (un temps) [2], en l'air (un temps) [1], assis (un temps) [2], en l'air (un temps) [1]…
Le rythme exact, en accord avec le cheval, viendra assez vite. Vous le ressentirez de vous-même.

Aide

Pour vous aider, vous pouvez compter "un", "deux", "un", "deux", "un", "deux"…

Travailler sans étriers

▶ **Le travail sans étriers permet** de gagner le fond de la selle, d'ouvrir ses hanches, de relâcher ses cuisses et de descendre ses jambes. En cela, il permet d'acquérir de l'assiette, de la stabilité, de l'aisance, de la fixité en selle.

▶ Il permet aussi d'être **en contact « direct »** avec le dos du cheval et d'apprendre ainsi à ressentir les mouvements spécifiques de chaque allure.

▶ **Les étriers donnent de la confiance** et permettent d'être plus en équilibre ; mais on a aussi tendance à y prendre appui, à pousser sur ses jambes (ce qui recule le bassin et éloigne du fond de la selle), à avancer ses épaules. Ils faussent donc un peu la position.

▶ C'est pour cela qu'il faut alterner le travail avec et sans : avec pour apprendre à **avancer** et **tourner**, sans étrier pour apprendre à se **lier**.

▶ **Pour les croiser sur l'encolure**, placez d'abord l'étrier droit, puis le gauche [2]. Pourquoi cet ordre ? Parce que si vous mettez pied à terre, vous pourrez facilement remettre l'étrier gauche en place pour remonter.

▶ Une petite astuce consiste, lorsque l'on croise ses étriers, à tirer la boucle de l'étrivière [3] pour la descendre du porte-étrivière, puis à croiser les étriers en prenant soin de mettre l'étrivière à plat : cela évite que l'étrivière fasse une épaisseur, sous le petit quartier, qui vous gênerait aux adducteurs.

Précision

Que vous soyez avec ou sans étriers, ne tentez pas de vous soustraire aux secousses du trot [1] ou aux mouvements du galop en vous raidissant ; au contraire, cherchez à amortir les mouvements du dos du cheval en laissant souplement fonctionner votre rein.

Au besoin, prenez le pommeau d'une main et tirez-le à vous : cela « collera » votre bassin à la selle, tout en développant la sensation du fonctionnement nécessaire à cette allure (voir p. 29 et dessin [4]).

À CONNAÎTRE

Incidence du bassin dans la position du cavalier à cheval

L'assise et la position du bassin sont déterminantes dans la position du cavalier à cheval.

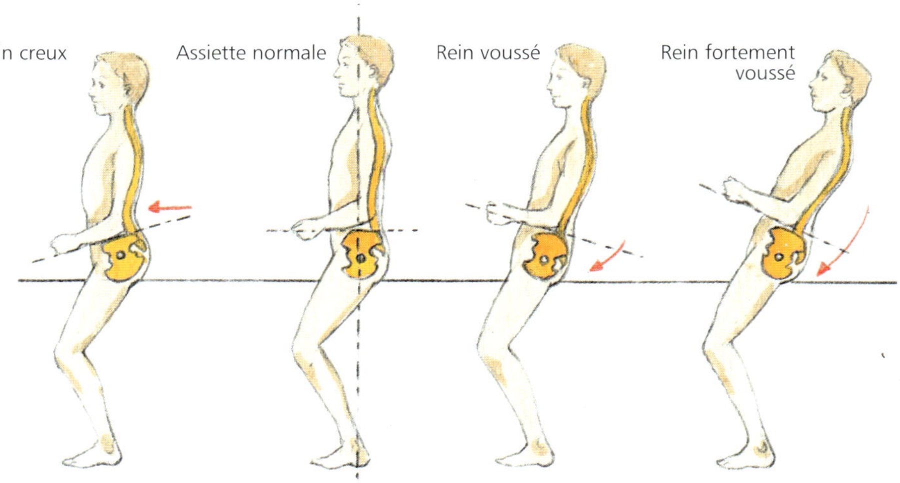

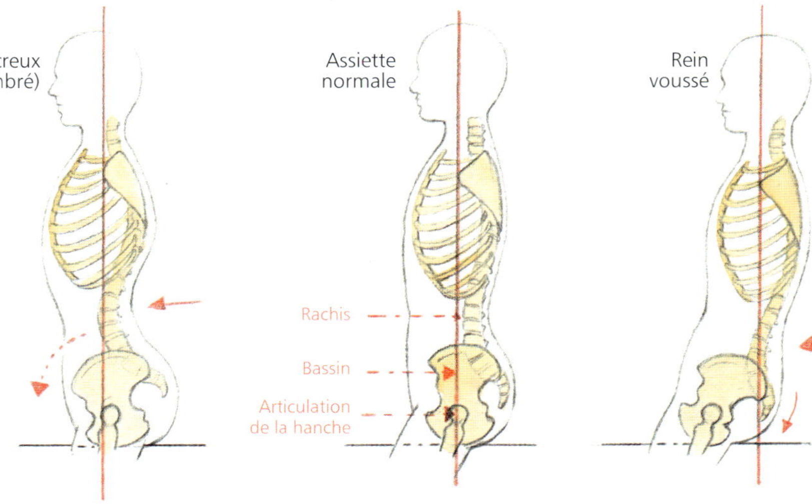

▶ **Au trot assis**, placez d'abord votre bassin (en tirant vos fesses vers l'avant, comme vous le faites en mise en selle, voir p. 74). Puis orientez le haut du corps vers l'arrière et laissez fonctionner votre rein.

▶ Ce sera le même principe lorsque vous apprendrez à galoper assis.

▶ Pour en savoir plus, repportez-vous au paragraphe *Trotter assis en cherchant une bonne posture,* p. 87.

Le premier galop

▶ Le galop est plus rapide que le trot, mais il est plus confortable.

▶ Il existe **plusieurs façons de découvrir** son équilibre au galop car vous pouvez galoper assis ou en équilibre. Chaque moniteur a sa technique pour enseigner ce premier galop.

▶ En général, vous êtes au pas, sur la piste et en tête : votre enseignant vous demande de prendre le trot, puis le galop, afin de rejoindre la queue de la reprise.

Si vous débutez assis

▶ Vous avez les **étriers déchaussés** afin d'acquérir l'habitude de prendre votre cheval dans les jambes, et d'être incité à gagner le fond de la selle ;
– rallongez la rêne intérieure et tenez-la en même temps que le pommeau de la selle,
– raccourcissez et écartez votre rêne extérieure en direction du pare-bottes afin de mettre la tête du cheval vers l'extérieur, ce qui l'incitera à garder la piste,
– penchez le haut du corps vers l'arrière, afin d'assurer votre équilibre, et de mettre votre rein dans une attitude lui permettant de fonctionner au galop,
– prenez le trot, puis, à la faveur du tournant, agissez avec vos jambes pour demander le galop.

▶ Il n'y a plus qu'à vous laisser porter, sans vous raidir, en vous laissant aller au niveau du rein.

▶ Avec l'habitude, vous abandonnerez le pommeau de la selle, ajusterez vos deux rênes et conduirez votre cheval.

Si vous débutez en équilibre

▶ Vous vous mettez en équilibre (voir p. 76) à partir du trot enlevé, en vous aidant, si besoin est, d'une poignée de crins. De la même façon que précédemment, vous demandez le galop dans un tournant en accélérant le trot. À force d'allonger le trot, votre cheval « tombera » au galop : ce départ est appelé un « départ au galop par perte d'équilibre » (voir p. 71). Restez alors en équilibre, en laissant bien le Z de vos jambes (hanches, genoux, chevilles), amortir le galop.

Premier galop, assis, étriers déchaussés

Précision

Pour repasser du galop au trot, vous agirez de la même façon que pour repasser du trot au pas ou du pas à l'arrêt (voir p. 28).

Comment savoir à quelle main vous évoluez ?

- Si la main qui se trouve vers l'intérieur du manège est la gauche, vous êtes **à main gauche**, et vous tournez dans le sens inverse des aiguilles d'une montre.
- Si la main qui se trouve vers l'intérieur du manège est la droite, vous êtes **à main droite**, et vous évoluez dans le sens des aiguilles d'une montre.

Faire une diagonale

- Une diagonale permet de changer de main et de passer de main droite à main gauche, ou de main gauche à main droite.
- Elle se débute toujours après le coin d'un petit côté.
- Elle se termine toujours avant le deuxième coin du grand côté.

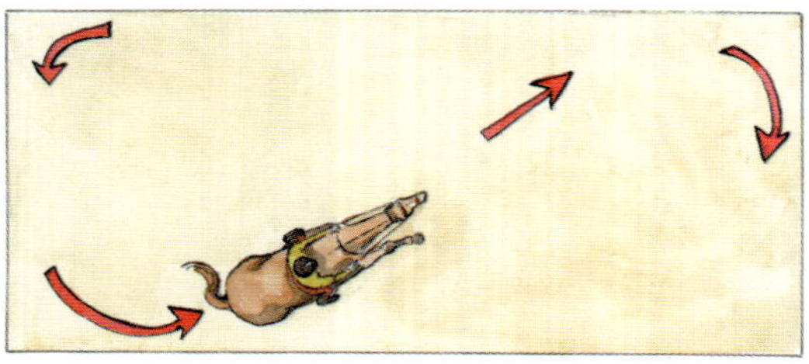

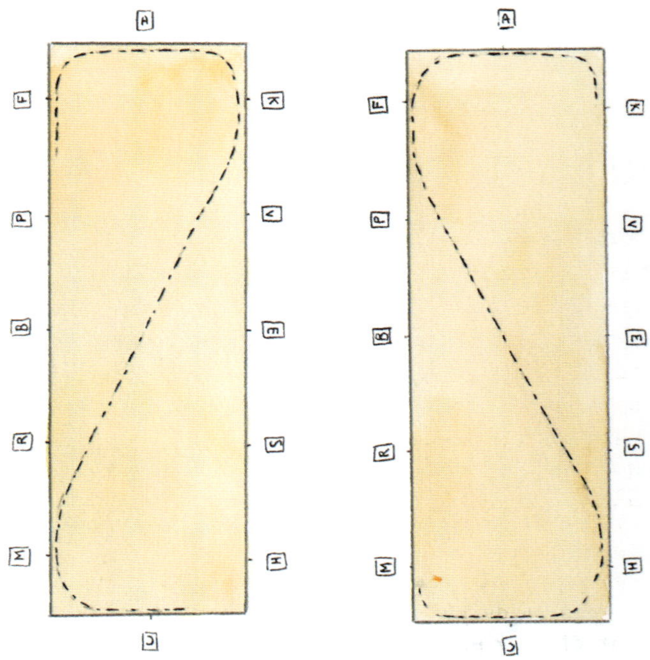

Descendre et rentrer à l'écurie

▸ À la fin de la séance, vous vous arrêtez sur la ligne du milieu, parallèle aux autres cavaliers, en gardant environ 5 mètres entre chaque cheval.
– Veillez d'abord à ce que votre cheval soit bien arrêté [1],
– conservez vos rênes ajustées en les tenant à plat avec la main gauche au niveau du garrot,
– déchaussez vos deux étriers,
– penchez-vous légèrement vers l'avant, puis, dans un deuxième temps, passez la jambe droite par-dessus la croupe,
– laissez-vous glisser sur le côté [2],
– remontez vos étriers [3], dessanglez de deux trous [4], puis attendez l'ordre du moniteur pour rentrer à l'écurie, les rênes sur l'encolure, ou tenues par les deux mains [6] (voir p. 39).

1 2 3 4

Remonter ses étriers

▸ Avant de rentrer à l'écurie, vous devez remonter vos étriers afin qu'ils ne pendent pas le long de la selle :
– saisissez l'étrivière au niveau de l'œil de l'étrier [5] (voir description de l'étrier p. 41),
– laissez l'étrier pendre vers le bas, puis remontez-le jusqu'au couteau,
– passez l'étrivière dans l'étrier et faites une boucle autour de la branche ou du plancher [6].

5

6

Enlever le filet

▸ **Si le cheval est dans son box**, commencez par enlever la selle et laissez-lui le filet [1]; détachez la muserolle et la sous-gorge pour qu'il soit plus à l'aise. Si le cheval a son licol autour du cou, enlevez d'abord le filet, replacez correctement le licol, puis enlevez la selle.

▸ **La présence du filet** dans un cas ou du licol dans un autre, permet de pouvoir tenir le cheval et de le garder sous contrôle.

▸ **Pour enlever le filet,** détachez d'abord la sous-gorge, puis la muserolle [2]. Passez les rênes par-dessus l'encolure [3], puis prenez et passez la têtière par-dessus les oreilles en évitant de les écraser [4]. Laissez le cheval ouvrir la bouche pour lâcher le mors.

▸ **Le filet ne se pose pas par terre**. Il se range sur un porte-filet ou s'accroche quelque part, une fois que le mors est nettoyé.

Précision

Attention de ne pas arracher le mors de la bouche du cheval, ce qui pourrait lui faire très mal.

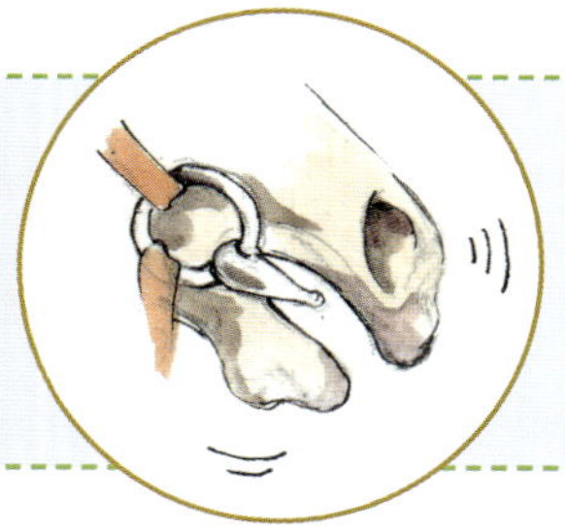

Laver le mors

▸ **Le mors** se nettoie après chaque usage (voir *Entretenir le filet,* p. 129). Il doit être soigneusement rincé dans un seau d'eau, sans que les montants de filet en cuir soient mouillés.

▸ Si vous constatez que le mors est sale quand vous prenez votre filet, vous devez le nettoyer avant de le mettre à votre cheval.

Desseller

- **Les étriers ont été remontés au manège**, lorsque vous avez mis pied à terre [1].
- **Dessanglez et laissez pendre la sangle,** en faisant attention à ne pas la laisser tomber : elle cognerait l'antérieur [2].
- **Saisissez le pommeau et le troussequin** (voir la description de la selle, p. 41) et amenez l'ensemble à vous [3]. Lorsque la selle est dégagée du dos et avant que la sangle ne tombe par terre, mettez la selle sur votre bras et placez la sangle sur la selle.
- **Posez la selle sur un porte-selle** [4].

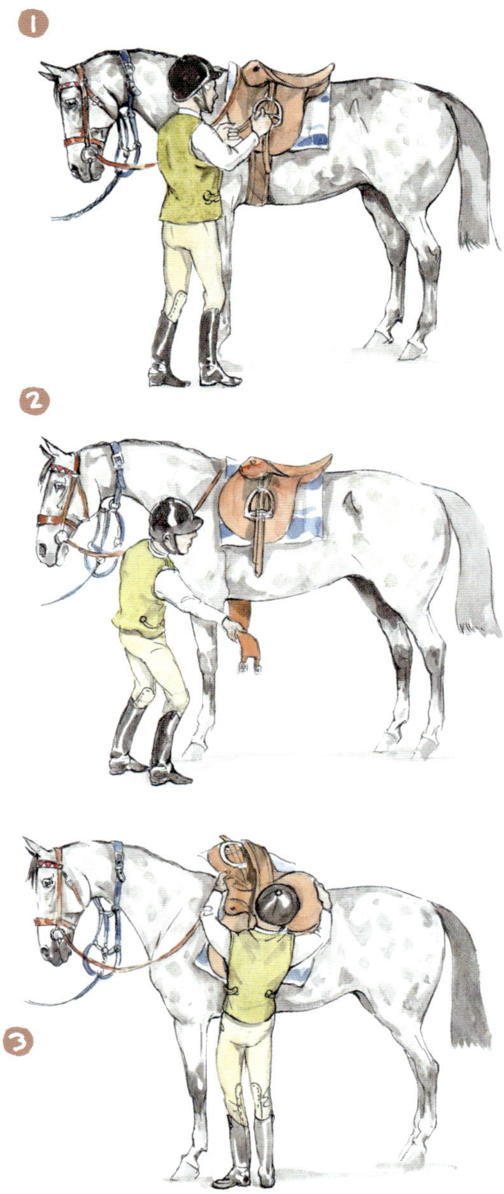

À SAVOIR

Comment poser sa selle à terre

Vous pouvez la poser par terre comme indiqué sur le dessin, seule manière de ne pas risquer d'abîmer le cuir, ou d'endommager son arçon (la partie de bois, sous le cuir, qui forme l'ossature de la selle).

Ranger le matériel dans la sellerie

▶ La sellerie est le lieu où l'on prend, puis où l'on range son matériel.

▶ **Le filet** est rangé sur le porte-filet (ce dernier peut porter le nom de votre cheval si vous pratiquez dans un club où chaque cheval a son matériel).

▶ **La selle** est rangée sur un porte-selle, le tapis est posé par-dessus, la partie au contact du cheval au-dessus pour pouvoir sécher.

▶ **Le sac de pansage** est placé avec les autres.

▶ Dans certains clubs, **les protections** doivent être rangées dans une caisse conçue pour cela.

Précision

Dans tous les cas, veillez à ce que la sellerie soit propre quand vous en sortez.

Amener sa monture en main sur le terrain

▶ **Les étriers sont remontés** afin de ne pas tambouriner sur le corps du cheval.

▶ Pour amener sa monture, en main, sur le terrain, il y a deux façons de faire :
– soit vous conservez les rênes sur l'encolure et vous les tenez toutes les deux avec la main droite [1],
– soit vous les passez par-dessus l'encolure et vous tenez alors les deux rênes de la main droite, à une quinzaine de centimètres du mors, et le reste des rênes (c'est-à-dire le flot), de la main gauche [2].

▶ **Dans les deux cas,** en vous plaçant sensiblement entre l'épaule et la tête du cheval, il vous suffit d'avancer pour que votre cheval vous suive. Comme en licol, évitez de tirer sur les rênes ou de regarder votre cheval. Emmenez-le avec douceur et sincérité.

▶ Faites un appel de langue si necessaire.

1

2

À CONNAÎTRE

Pourquoi emmener son cheval « sans le regarder, ni se retourner vers lui » ?

Parce que dans le cas contraire (je me retourne vers lui, je le regarde), vous aurez tendance à « tirer » votre cheval à vous, ce qui provoquera l'effet inverse : le cheval résistera et, soit restera campé sur ses quatre pieds, soit tirera en sens inverse.

Si vous l'emmenez sans le regarder, sans vous retourner, tout votre corps participera au mouvement, naturellement et sans hésitation ; votre cheval vous suivra spontanément car il ne « verra » pas de raison de ne pas le faire.

Les règles élémentaires de sécurité à mettre en pratique à cheval

▶ L'équitation n'est pas un sport dangereux. Mais, de par les nombreuses particularités du cheval (voir pp. 44-45, 54-55, 100-101, 148-149), il existe plusieurs consignes à respecter, à pied ou à cheval.

Précision

Pour connaître, les règles de sécurité, reportez-vous aux pages 216 et 217.

Les principales parties du licol et du filet

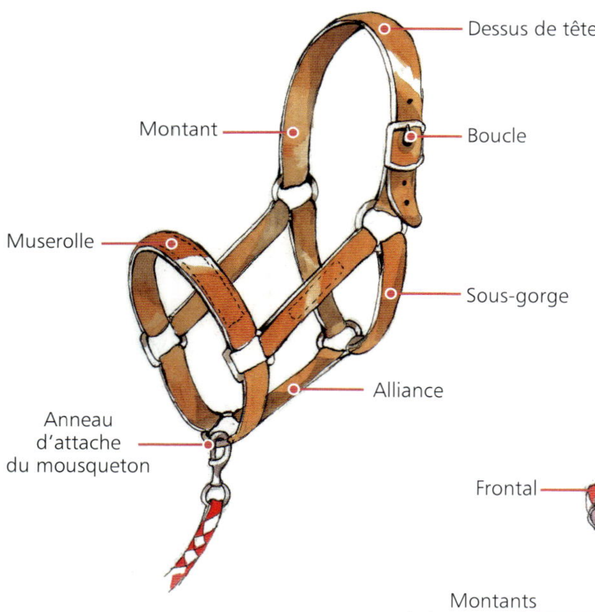

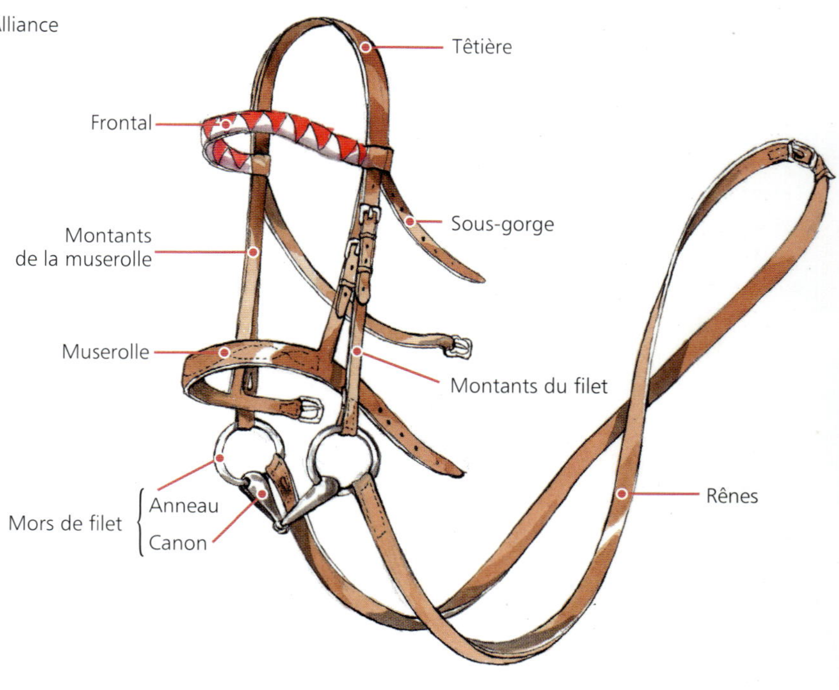

Les principales parties de la selle

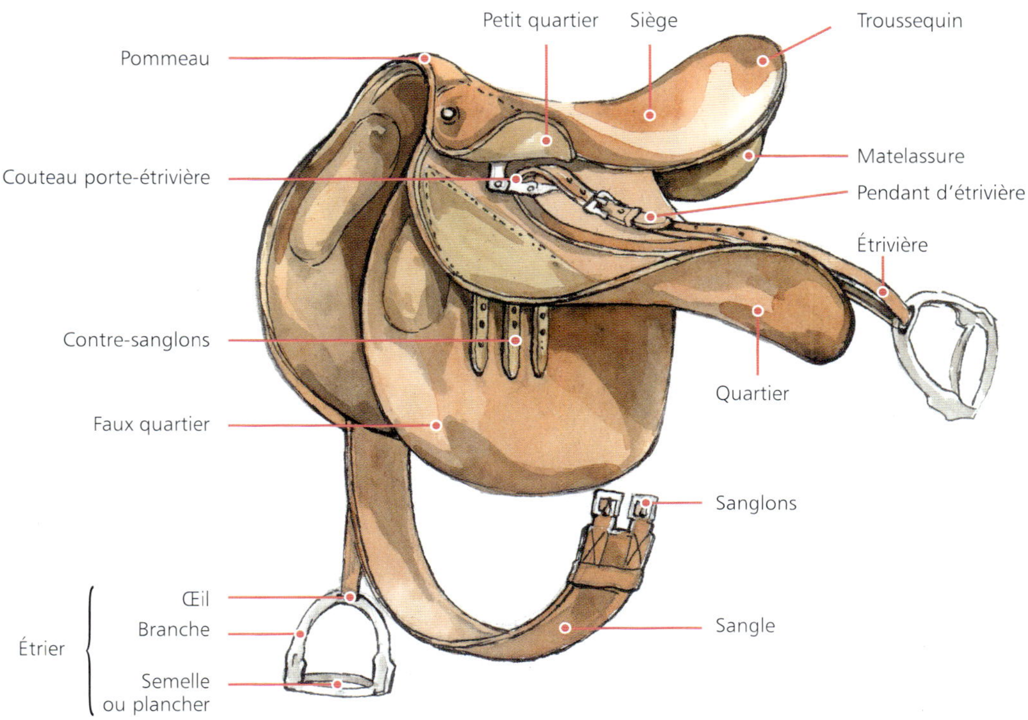

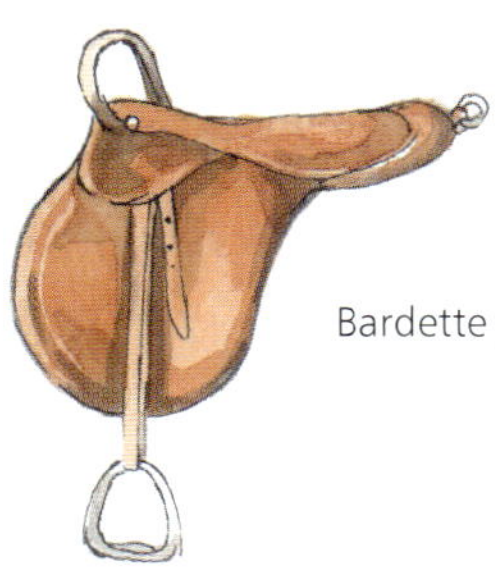
Bardette poney

Selle arabe

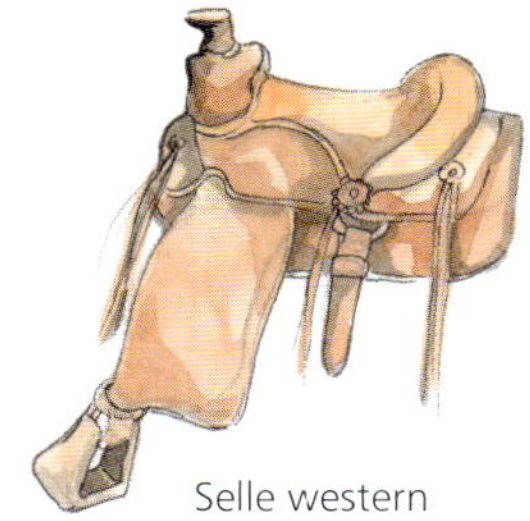
Selle western

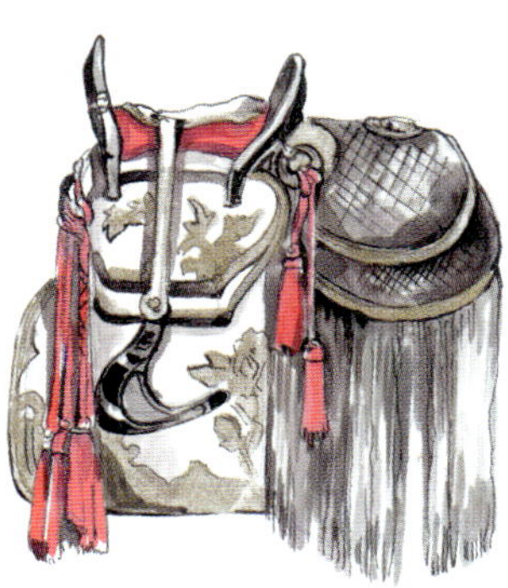
Selle japonaise

Selle d'amazone

Selle portugaise

Mener son cheval en main

Se positionner à côté de sa monture

▶ **Pour mener un cheval en main**, placez-vous à sa gauche, la main gauche à une quarantaine de centimètres du mousqueton de la longe, la main droite tenant le flot de la longe [1]. Votre bras droit est naturellement tendu (mais pas raide), vous êtes à 70/80 cm du cheval.

▶ Vous êtes positionné **au niveau de l'encolure**, entre la tête et les épaules de votre monture :
– trop près de la tête, vous ne pourriez avoir un œil sur ses expressions et ainsi réagir en cas d'imprévu (cheval qui relève la tête et s'arrête net parce que quelque chose l'intrigue ou lui fait peur) ;
– trop loin (aux épaules), vous n'auriez pas la possibilité d'agir si votre cheval avait peur ou partait au trot vers l'avant.

▶ Marchez d'un pas franc, sans excès, sans regarder votre cheval (voir p. 39).

1

S'arrêter

▶ Pour s'arrêter, il vous suffit de cesser de marcher. Le cheval fera de même.

▶ Vous pouvez renforcer votre demande par :
– une indication de la voix,
– une indication de la voix et une action progressive sur la longe.

▶ Cessez toute action dès l'arrêt obtenu.

Éloigner son cheval de soi

▶ Ne vous laissez pas dépasser par votre cheval. Identifiez d'abord les raisons de son comportement (peur, insecte qui le pique, etc.). Peut-être faites-vous des petits pas alors qu'il en fait des grands (cela donne l'impression qu'il va trop vite et qu'il vous dépasse) ?

▶ S'il semble simplement joueur ou un peu indiscipliné, calmez-le de la voix, arrêtez-le souvent pour ne pas être dépassé ; au besoin, obligez-le à rester derrière vous [2 à 4]. S'il vous dépasse, levez votre bras droit d'un geste vif (mais sans le toucher) pour l'inviter au respect ou agitez légèrement la longe en le grondant la voix.

▶ Si cela ne suffit pas, arrêtez-le et faites le régulièrement reculer (voir p. 88), pour qu'il conserve ses distances.

Mener en main au pas sur un tracé simple alternant lignes droites et courbes des deux côtés

▸ Vous marchez, votre cheval en main.

▸ S'il **accélère**, ralentissez-le en le freinant :
– de la voix,
– si cela ne suffit pas, ralentissez vous-même,
– associez une action progressive, de la longe, vers l'arrière.

▸ S'il **ralentit**, encouragez-le de la voix et, si cela ne suffit pas, associez une action progressive, de la longe, vers l'avant.

▸ Dans tous les cas, cessez votre demande dès que le cheval y répond.

▸ Pour emprunter un **passage étroit**, passez devant votre cheval, qui doit pouvoir vous suivre en restant un bon mètre derrière vous.

▸ **Pour tourner vers la gauche** [5], changez tout naturellement de direction (éventuellement en exerçant une légère traction sur la longe), le cheval vous suivra.

▸ **Pour tourner vers la droite** (le cheval se trouve donc à l'intérieur du tracé [6]), ralentissez votre monture et augmentez l'amplitude de vos pas tout en orientant la tête du cheval dans la direction demandée. La difficulté consiste à rester positionné au niveau de l'encolure (le premier tiers est l'idéal) sans se faire dépasser, mais sans courir. C'est le cheval qui doit ralentir.

▸ Vous pouvez utiliser un stick pour renforcer votre action. (voir p. 88)

5

6

Précision

En main, l'action de la longe ne s'envisage qu'en dernier recours. Le langage de votre corps associé à votre voix doivent suffire. Si votre attitude est naturelle et franche (et donc, non hésitante), votre cheval devrait se « caler » sur vous.

Observer le poney ou le cheval et son comportement

▶ Pour comprendre l'autre, il faut d'abord l'observer.

▶ Quelle que soit votre expérience, vous pouvez vous asseoir dans un pré ou vous appuyer au-dessus de la porte du box pour observer votre cheval ou plusieurs chevaux.

▶ Prenez un cahier et un stylo et notez :
– leurs mouvements, leurs déplacements (ou non),
– leurs expressions faciales et postures (voir p. 54-55),
– leurs affinités (regardez qui est à côté de qui, à quelle distance, cheval à l'écart, etc.),
– leurs centres d'intérêts (ce qu'ils regardent, ce qui les intrigue, ce dont ils se moquent totalement, etc.),
– leurs activités (manger, se reposer, se déplacer, jouer, etc.),
– leurs émotions (peur, colère, gaieté, tristesse, etc., en essayant de ne pas interpréter),
– etc.

▶ Le plus difficile est d'observer sans juger. Notez, sans tenter d'expliquer.

Précision

Pour décrypter le comportement du cheval, reportez-vous aux pages 44-45, 54-55, 100-101, 148-149.

Exemple :

▸ **Observation :** Ulric et Tintin sont tête-bêche, les yeux à demi-fermés. Parfois l'un d'eux fouaille de la queue ou lève un antérieur pour chasser les mouches.

▸ **Observation et jugement :** Ulric et Tintin sont tête-bêche, les yeux à demi-fermés. Ils dorment car ils sont fatigués, ils ont eu une grosse séance d'obstacles ce matin. Parfois l'un d'eux fouaille de la queue ou lève un antérieur pour chasser les mouches. Il tape du sabot car il en a assez des mouches.

Précision

Sachez qu'il existe des stages d'observation du cheval, encadrés par des spécialistes de l'éthologie.

S'occuper du cheval avant et après le travail

▸ Vous devez prendre soin de votre cheval et veiller à ce qu'il ne manque de rien.

▸ Ainsi, il vous faut **panser** votre monture, avant et après le travail (voir pp. 51, 94-95, 143-144), lui **curer les pieds** (voir pp. 96 et 143), vérifier l'état de la **ferrure** (voir p. 195) et vous assurer que **l'abreuvoir** est propre et en bon état de marche (voir p. 146)

▸ L'hiver, après le travail, vous le **bouchonnez** (voir p. 196) s'il a transpiré et vous lui remettrez sa **couverture** (voir p. 98).

▸ L'été, vous pourrez lui **doucher** les membres (voir p. 144) afin de les nettoyer tout en lui massant les tendons, et éventuellement le doucher en entier (voir p. 144).

▸ Deux à trois fois par semaine, vous **graissez les pieds**, à l'aide d'une graisse ou d'un onguent (voir p. 143).

▸ D'une manière générale, vous **inspectez son corps** pour vous assurer qu'il n'y a ni atteintes, ni blessures, et plus particulièrement :

– la place de la selle (garrot, passage de sangle, place du tapis...) qui ne doit comporter ni blessures, ni parties où le poil aurait été enlevé, ni gonflements, ni poils collés par la sueur, etc.

– la tête et plus particulièrement la place de la têtière, de la muserolle, des montants ;

– la commissure des lèvres qui ne doit pas présenter de coupures ou d'écorchures ;

– les autres parties du corps telles que les flancs (blessures d'éperons par exemple) ou un endroit où le cheval se serait cogné...

Capter l'attention de sa monture au box et à l'attache

▸ Avant d'aborder un cheval, qu'il soit au box, à l'attache, en stalle, au paddock ou au pré, vous devez capter son attention. Ce premier contact entre lui et vous doit refléter une confiance et un respect mutuels.

▸ Le cheval étant extrêmement réceptif à vos émotions, il est important que vous ayez confiance en vous, et que vous respectiez votre monture.

▸ Pour **capter son attention**, appelez-le par son nom ou faites un « appel de langue ».

▸ Si votre cheval montre les signes de confiance, vous pouvez l'aborder [1]. Sinon (agressivité, peur, inquiétude, mouvement de recul ou fuite), immobilisez-vous [2] et patientez, le temps qu'il prenne confiance.

À CONNAÎTRE

Les signes d'un cheval en confiance
- il vous regarde, son regard est franc,
- ses oreilles sont orientées vers vous,
- son encolure est relâchée, et sa nuque environ au niveau du garrot,
- il reste à sa place quand il vous voit (il ne cherche pas à fuir),
- il vient naturellement vers vous,
- il est calme et serein.

1

2

Aborder son cheval

▶ D'une manière générale, dans les clubs, aborder, mener son cheval en main ou monter, s'effectuent à gauche du cheval (le cheval se tenant donc à droite du cavalier). Cette pratique traditionnelle est héritée des militaires.

L'aborder au box

▶ Avant d'entrer dans le box, vous devez capter son attention : prévenez-le, soit par un « appel de langue », soit en l'appelant par son nom, afin qu'il ne risque pas d'être surpris. Lorsque le cheval remarque votre présence et qu'il vous regarde, ouvrez la porte et entrez, avec franchise mais sans empressement [1]. S'il montre des signes d'inquiétude (il relève la tête, fait un pas en arrière), immobilisez-vous et laissez-le prendre confiance. Dès que vous sentez que la tension baisse, faites un pas de plus.

▶ Abordez-le en vous rapprochant de la tête ; caressez longuement l'encolure, puis le chanfrein.

1

L'aborder en stalle

▶ Les stalles ne sont pas fermées et séparent les chevaux par un bat-flanc. Les chevaux y sont toujours attachés au licol.

▶ Bien que le cheval se présente toujours croupe face au cavalier, l'aborder suit la même logique qu'au box : prévenez-le par un appel de langue, ou en l'appelant par son nom, puis, entrez dans la stalle [2] en lui poussant un peu la croupe de côté, vers la droite, afin de l'aborder par la gauche, et de ne pas risquer d'être « coincé ». Caressez-le longuement, en remontant jusqu'à sa tête.

2

L'aborder à l'attache

▶ À l'attache, le cheval s'aborde de la même façon qu'au box. Captez son attention, puis avancez vers lui avec assurance, mais sans brusquerie, s'il vous paraît en confiance et si vous êtes certain qu'il vous a bien vu ou qu'il vous regarde.

▶ Évitez de l'aborder par l'arrière, il existe un « angle mort » dans sa vision (voir p. 101), ce qui pourrait le surprendre si vous surgissiez de ce dernier.

▶ Comme au box, ne vous ruez pas vers lui, surtout s'il marque des signes d'inquiétude.

Précision

Le premier contact est toujours très important. Quand vous abordez un cheval, privilégiez le calme et la retenue. Caressez-le longuement, en silence et ne vous empressez pas de lui mettre un licol ou un filet.

Changer de côté en toute sécurité

▶ Que votre cheval soit à l'attache ou dans son box, il est important de toujours le prévenir de ce que vous faites. Parlez-lui, caressez-le, pour conserver la **confiance mutuelle**.

▶ Pour changer de côté, passez sous son encolure [1]. S'il est à l'attache, déplacez-le éventuellement pour qu'il ne soit pas trop près du mur.

▶ Évitez de passer derrière sa croupe, surtout à un mètre ou deux.

1

Le caresser

▶ Le cheval aime le contact. Évitez toutefois de lui asséner de grandes claques sonores. Il préfère les caresses dans le sens du poil.

▶ Caressez d'abord l'encolure, en observant ses oreilles et son faciès, la tonicité de son corps (voir pp. 54 et 55), qui vous indiqueront s'il aime cela [1] ou non [2]. Vous pouvez lui dire des mots doux en même temps. Insistez sur l'encolure, car la peau y est fine et sensible.

▶ Si vous connaissez bien votre cheval, vous pouvez lui caresser la **tête**, mais aussi le **dos** et la **croupe**.

1
2

L'éloigner de soi

▶ Votre cheval ne doit pas vous marcher sur les pieds ni vous bousculer. S'il est trop près de vous, ce n'est pas vous qui devez reculer ou vous déplacer, mais lui. Dans la nature, le dominant est celui qui fait bouger l'autre. Si vous souhaitez que votre cheval vous respecte, apprenez-lui à se déplacer à votre demande. Qu'il soit en main (en licol) ou à l'attache, vous devez toujours être capable d'éloigner votre cheval de vous.

▶ Pour l'éloigner de vous, **déplacez ses épaules**. Vous pouvez le faire reculer (voir pp. 88 puis 139) ou simplement « pousser » ses épaules d'un geste de la main (associé à la voix).

▶ Dans tous les cas :
– agissez de manière progressive.
– dès que le cheval esquisse le mouvement demandé, cessez d'agir (cédez) puis recommencez le cas échéant.

Mettre un licol

▸ **Le licol** est un harnachement simple en cuir ou en nylon, qui permet d'attacher un cheval ou de le déplacer en main. Il est associé à une longe, qui peut avoir différentes longueurs.

▸ **La longe** (corde, nylon, chaîne) est reliée au licol à l'anneau d'attache par un nœud coulant, un mousqueton simple ou un mousqueton de sécurité.

▸ **Avant de mettre le licol**, préparez-le : la boucle est défaite et vous l'avez ouvert de façon à bien voir où le nez du cheval va entrer.

▸ **Placez-vous à gauche du cheval**, le dessus de tête (la longue lanière) dans la main droite, la boucle ainsi que la longe dans la main gauche ; glissez le licol autour du nez du cheval, passez le dessus de tête derrière les oreilles (sur la nuque) [1] puis attachez-le [2].

▸ **Bien réglé**, le licol n'est ni trop serré [3] (il pourrait gêner la respiration ou étrangler le cheval) ni trop grand [4] (car il pourrait l'enlever). La muserolle est à mi-chanfrein (voir p. 150), et vous devez pouvoir facilement passer la main entre la muserolle et la tête du cheval, ainsi qu'entre l'alliance, la sous-gorge et la tête du cheval (voir la description *Les différentes parties du licol* p. 40).

▸ **Pour déplacer votre cheval en main**, reportez-vous aux pages 42 et 43.

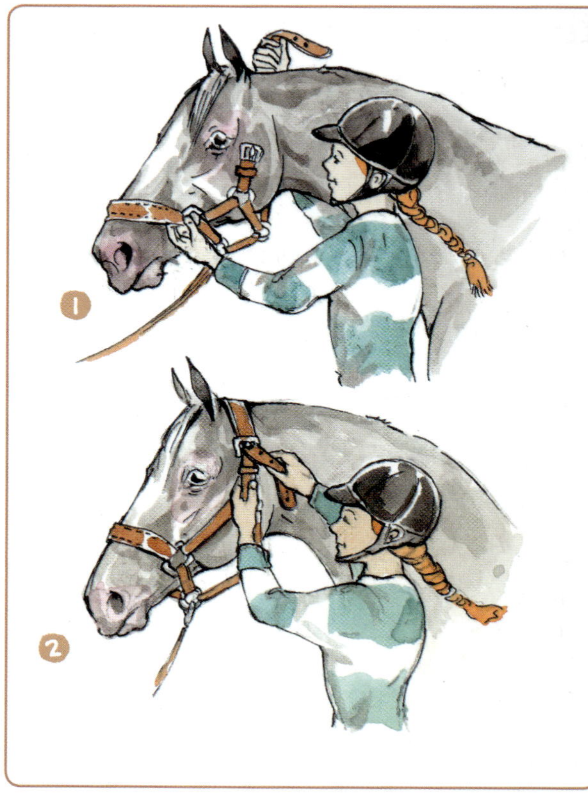

À CONNAÎTRE

Faire un nœud d'attache

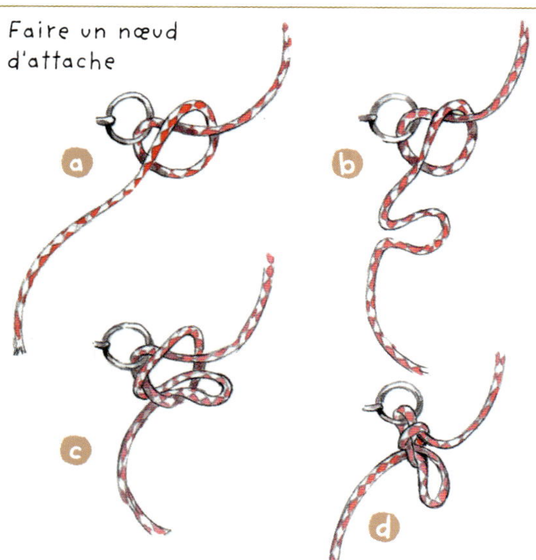

Précision

En équitation dite "éthologique", on apprend au cheval à céder à la pression des doigts sur sa nuque. Pour mettre un licol, le cavalier vérifie cette cession puis passe son bras droit au-dessus de l'encolure, tout en présentant le licol, ouvert, de sa main gauche. Le cheval y avance le bout du nez de lui-même.

Utiliser une brosse sur l'ensemble de son corps et une étrille

Avant de pratiquer un pansage élémentaire, tel qu'au Galop 2 (voir pp. 94 et 95), vous devez **apprendre à brosser votre cheval**, tout au moins sommairement. Le but est de nettoyer son corps afin de le débarrasser de la poussière ou d'éventuelles traces de crottins, et de nettoyer ses crins afin de les démêler et d'en ôter la paille.

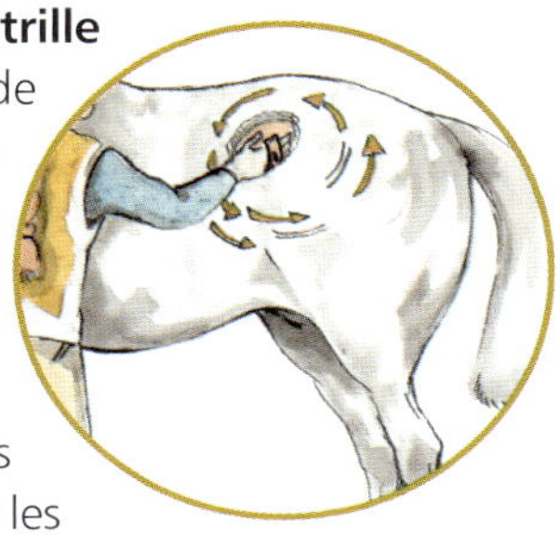

Vous **passerez d'abord l'étrille [2] en gestes ronds**, afin de décoller la poussière. Attention de ne pas être brutal dans vos gestes. Vous devez être efficace sans pour autant risquer de lui faire mal. Pour cela, vous ne passerez l'étrille que sur les parties dites charnues c'est-à-dire les muscles et non les membres, en faisant attention aux épaules et aux hanches de votre monture.

Une fois la poussière décollée, vous passez la **brosse douce [1]**. Il s'agit d'une brosse dont les poils ne sont pas trop durs (le cheval est sensible, une brosse dure peut lui faire mal). Brossez-le en des gestes amples dans le sens du poil (ne faites pas d'aller-retour), du haut de l'encolure vers le corps, du corps vers la croupe. Brossez ensuite les membres, toujours dans le sens du poil, et donc vers le bas. Enfin, brossez la tête avec une extrême douceur, en évitant les yeux, le nez et la bouche.

Les crins se démêlent et se nettoient avec les doigts, poils après poils, ou éventuellement avec la brosse douce si elle n'arrache pas les crins.

Précision

Le pansage s'effectue toujours de l'avant-main vers l'arrière-main.

Notions sur les allures

▸ Les allures désignent les différents modes sur lesquels le cheval se déplace.
On distingue les allures naturelles (le pas, le trot, le galop, que le cheval prend spontanément lorsqu'il est en liberté) et les allures artificielles ou acquises par le dressage.

▸ **Le pas** (voir ses caractéristiques et défauts p. 158) est une allure marchée. Le cavalier s'y sent bien. C'est l'allure de l'apprentissage et d'assouplissement pour l'un comme pour l'autre [1].

▸ **Le trot** (voir ses caractéristiques et défauts p. 158) est une allure sautée. On reconnaît bien le mouvement si particulier du cheval qui saute d'un diagonal sur l'autre. C'est une allure souvent inconfortable pour le cavalier, surtout dans les débuts de l'instruction [2].
C'est une allure de travail, de gymnastique, mais aussi celle des trottings, qui sont au cheval ce que le footing peut être à l'humain.

▸ **Le galop** (voir ses caractéristiques et défauts p. 208) est l'allure de sport par excellence et l'allure la plus rapide [3]. Elle peut paraître impressionnante, mais est souvent beaucoup plus confortable que le trot.
C'est l'allure privilégiée de nombreuses disciplines (voir pp. 161 à 163) : saut d'obstacles, cross, voltige, polo, horse-ball, etc.
Le cheval peut galoper à droite ou à gauche (voir pp. 208 à 209).

▸ **Dans le dressage du cheval**, on dit souvent « initier au pas, travailler au trot, confirmer au galop ».

Le respect du cheval

▸ Le cheval n'est pas un objet. Il est **un être vivant, sensible**, qui nécessite (comme tout ce qui vit sur terre) le respect de ceux qui le côtoient et qui le montent.

▸ Le respect du cheval est un **état d'esprit** qui recouvre de nombreux domaines, à commencer par soi : bannir les tenues débraillées, les attitudes avachies ou au contraire rigides et supérieures, les gestes ou les paroles grossières, brutales, racistes, etc., à l'égard des chevaux comme d'autrui, apprendre à garder son calme, respecter son enseignant, les autres cavaliers et tous les autres chevaux.

▸ Au-delà du respect du matériel, du club, de la nature et de tous ceux que vous côtoyez, vous devez toujours garder à l'esprit que chaque cheval est un être vivant particulier. Il n'y a pas deux chevaux identiques. **Chaque cheval a sa vie** avec son lot de bonnes expériences et de mauvais souvenirs. Sachez que si vous le montez 1 heure par jour, son histoire englobe les 23 autres heures, et chaque jour de son existence depuis sa naissance.

▸ À vous d'en tenir compte et de toujours chercher **à comprendre** ce qui se passe avec lui (que vous envisagiez le résultat comme une réussite ou un échec), et de vous adapter.

▸ Comprendre et s'adapter implique de **se former**. L'ignorance du cavalier est à 99,99 % l'unique responsable des problèmes. Il vous appartient donc d'apprendre (éthologie, biomécanique, histoire, techniques, etc.), sans cesse, de toujours vous remettre en question et pour cela de rester **humble** et à **l'écoute des autres** (de votre monture comme de ceux qui ont plus d'expérience).

▸ Aider aux écuries, s'essayer à plusieurs disciplines, parler avec les anciens, lire des livres sont autant de moyens de se former.

▸ Apprendre à perdre, être fair-play, refuser le dopage font aussi partie du « respect du cheval ».

▸ Le respect du cheval touche chaque geste : à pied comme en selle. Parce que « le diable se cache dans les détails », vous ne devez rien négliger. Chacun de vos gestes doit être fait « en conscience » et avec responsabilité.

▸ Le cheval ne vous appartient pas, pas plus que « votre » chien ou votre « chat ». De la même façon que **vous n'appartenez à personne, le cheval n'appartient qu'à lui-même**. Si vous le montez régulièrement, si vous avez une demi-pension, si vous l'avez acheté, ou si vous le montez pour la première et la dernière fois, vous en avez cependant l'entière charge et la complète responsabilité. Cela implique de fait des devoirs, au premier rang desquels ne jamais porter atteinte à son intégrité physique et morale, et faire tout son possible pour favoriser son bien-être.

▸ Cela n'équivaut cependant ni à le laisser faire tout ce qu'il veut, ni à ne plus rien oser faire une fois dessus. Être ferme sans être laxiste ni devenir dur (ou violent), garder une certaine sensibilité sans anthropomorphisme, font partie de tout l'enjeu de l'apprentissage, de votre apprentissage.

▸ On obtient toujours plus et avec beaucoup plus de facilité avec **l'adhésion** de l'autre que sans. De plus, il s'agit-là d'un gage d'harmonie qui procure chaque fois le plaisir des deux partenaires.

▸ **Le respect du cheval** va de soi, mais n'est pas inné, il **s'apprend**. Il est en filagrame des **Galops** et un des principaux enjeux de votre future vie d'homme ou de femme de cheval.

Précision

Relisez la Charte du cavalier (site web de la FFE).

Les principales caractéristiques du comportement du cheval

▸ Pour avoir toutes les chances de dialoguer avec son cheval, vous devez apprendre à le comprendre, puis apprendre à communiquer avec lui. Pour paraphraser Albert Einstein, si vous jugez un poisson à ses capacités à grimper à un arbre… vous passerez votre temps à croire qu'il est stupide, et il le croira lui aussi.

▸ Il est donc impératif, en premier lieu, de savoir que le cheval est… un cheval. Il réagit donc comme un cheval (non comme un chien par exemple) et en fonction de critères liés à son espèce : il s'agit d'un herbivore, qui a l'habitude de vivre en liberté, en groupe, sans territoire. En tant que proie, le plus souvent il fuit le danger (voir pp. 148-149).

▸ **Chaque cheval est un être à part**, qui possède sa propre histoire (naissance, débourrage, éducation, conditions de vie, race, tempérament, différents cavaliers et soigneurs auxquels il a eu affaire). Chaque individu est donc différent d'un autre.

▸ Sa domestication a des avantages et des inconvénients. Si elle apporte un certain confort (soins, abris, protection contre les prédateurs, etc.), elle génère aussi des inconvénients qu'il faut savoir prévenir et enrayer (voir p. 198).

Les principales expressions et postures du cheval

▸ Le cheval utilise des **expressions et postures particulières** pour communiquer avec ses congénères, ou avec l'humain (à pied comme sur son dos).

▸ Elles sont toujours **progressives**, par étapes ; chaque posture annonce la suivante et s'arrête dès qu'il obtient réponse.

▸ Par exemple, un dominant, importuné par un autre cheval :
– il couche les oreilles,
– il couche les oreilles et tourne vivement la tête en direction d'un importun,
– il couche les oreilles, tourne la tête et les dents en avant,
– il couche les oreilles, tourne la tête, les dents en avant, et tente de mordre.

▸ Il faut donc apprendre à **« lire » le corps du cheval**, dans son ensemble, pour comprendre les signaux qu'il émet et donc ce qu'il dit. Cela permet, entre autres, à pied ou à cheval, d'identifier un problème (présent et à venir) et donc de l'éviter ou de le rectifier avant qu'il ne prenne trop d'ampleur.

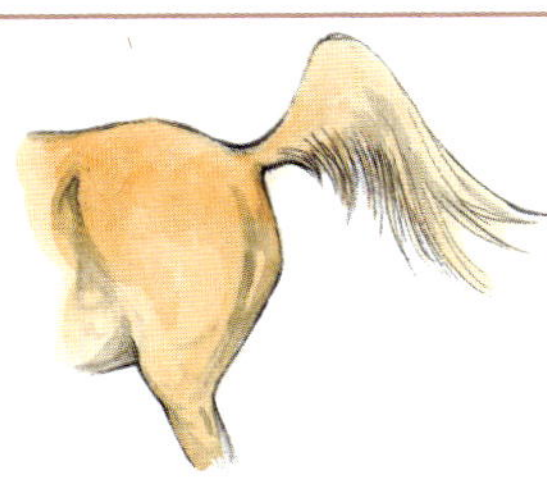
Queue soulevée : grand besoin de mouvement, signal de jeu, forte excitation.

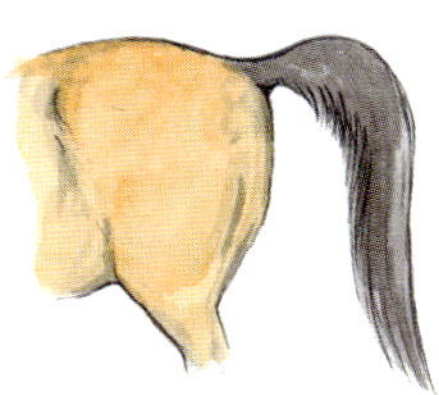
Queue haute : besoin de mouvement, attention, excitation moyenne.

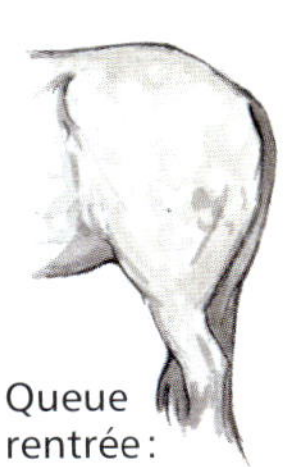
Queue rentrée : peur.

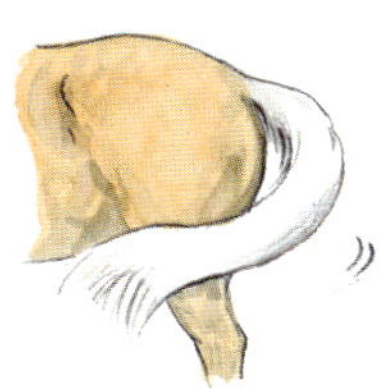
Fouaillement de queue : chasse un insecte.

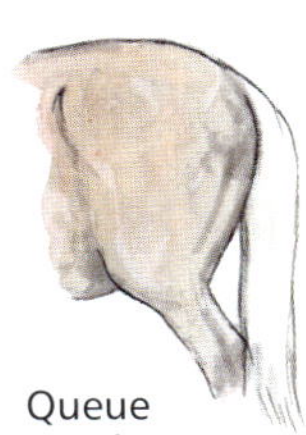
Queue pendante : pas de besoin de mouvement, par d'excitation, éventuellement douleur.

Oreilles tournées vers l'avant : volonté de coopérer, réceptivité, attention dirigée vers l'avant.

Oreilles relâchées : somnolence, acceptation.

Oreilles tournées vers l'arrière : insécurité, soumission, malaise, attitude défensive, douleur, parfois peur, attention dirigée vers l'arrière.

Oreilles sur le côté et vers l'arrière : parfois inquiétude, attention dans différentes directions

Oreilles couchées : agressivité, grande peur, refus violent, attitude négative.

▸ Enfin, la tension posturale est aussi un indice : une encolure et un corps relâchés et une tête au niveau du garrot sont des signes de décontraction et de confiance.

Les robes : le noir, l'alezan et le bai

Les robes de base

▸ Une nouvelle classification des robes existe depuis 1999. L'ancienne, basée sur la couleur des poils (une, deux ou trois couleurs, mélangées ou séparées), ne permettait plus de différencier tous les appaloosas, palominos et autres pintos qui prospèrent en France ; elle n'était plus, non plus, en phase avec les connaissances désormais acquises dans le domaine de la génétique.

▸ La nouvelle nomenclature, fondée sur la génétique, est divisée en **trois grandes familles** (robes de base, mélange de poils, panachure) qui comportent leurs **sous-familles** (voir tableau).

Famille	Sous-famille	Robes ou caractéristiques
Robes de base	Sous-famille du **noir**	**Noir**, Noir pangaré
	Sous-famille du **bai**	**Bai**, Isabelle, Souris
	Sous-famille de l'**alezan**	**Alezan**, Alezan brûlé, Palomino, Café au lait
	Sous-famille des « autres »	Chocolat, Gris, Crème, Blanc
Mélanges de poils	Sous-famille du granité	Mélange stable de poils blancs (ex : alezan granité ou aubère)
	Sous-famille grisonnant	Mélange évolutif de poils blancs
	Sous-famille mélangée	Plusieurs robes de base mélangées
	Sous-famille fumée	
Panachures	Sous famille type pie	Pie Tobiano, Pie Overo, Pie Sabino, Pie Balzan, Pie Tovero
	Sous-famille type tacheté	Léopard, Tacheté, Cape, Marmoré, Rayé (de blanc)

Quelques éléments sur les robes noires, baies et alezanes

▸ **Noir :** très rare, les crins et les poils sont entièrement noirs. La plupart des chevaux que l'on pense « noirs » sont généralement bai brun foncé (les poils sont marrons foncés).

▸ **Bai :** les poils sont de couleur fauve et les crins (de la crinière et de la queue) sont noirs.
On distingue plusieurs nuances de bai (voir p. 156).

▸ **Alezan :** les crins sont de même couleur que la robe, c'est-à-dire fauves.
On distingue plusieurs nuances d'alezan (voir p. 156).
Lorsque les crins sont plus clairs que les poils, comme c'est le cas des poneys Haflingers, on dit que les chevaux sont alezans crins lavés.

Précision

Pour en savoir plus, reportez-vous aux pages 160 et 156 ainsi qu'aux pages 200 et 201 pour identifier une robe.

Les principales parties extérieures du cheval

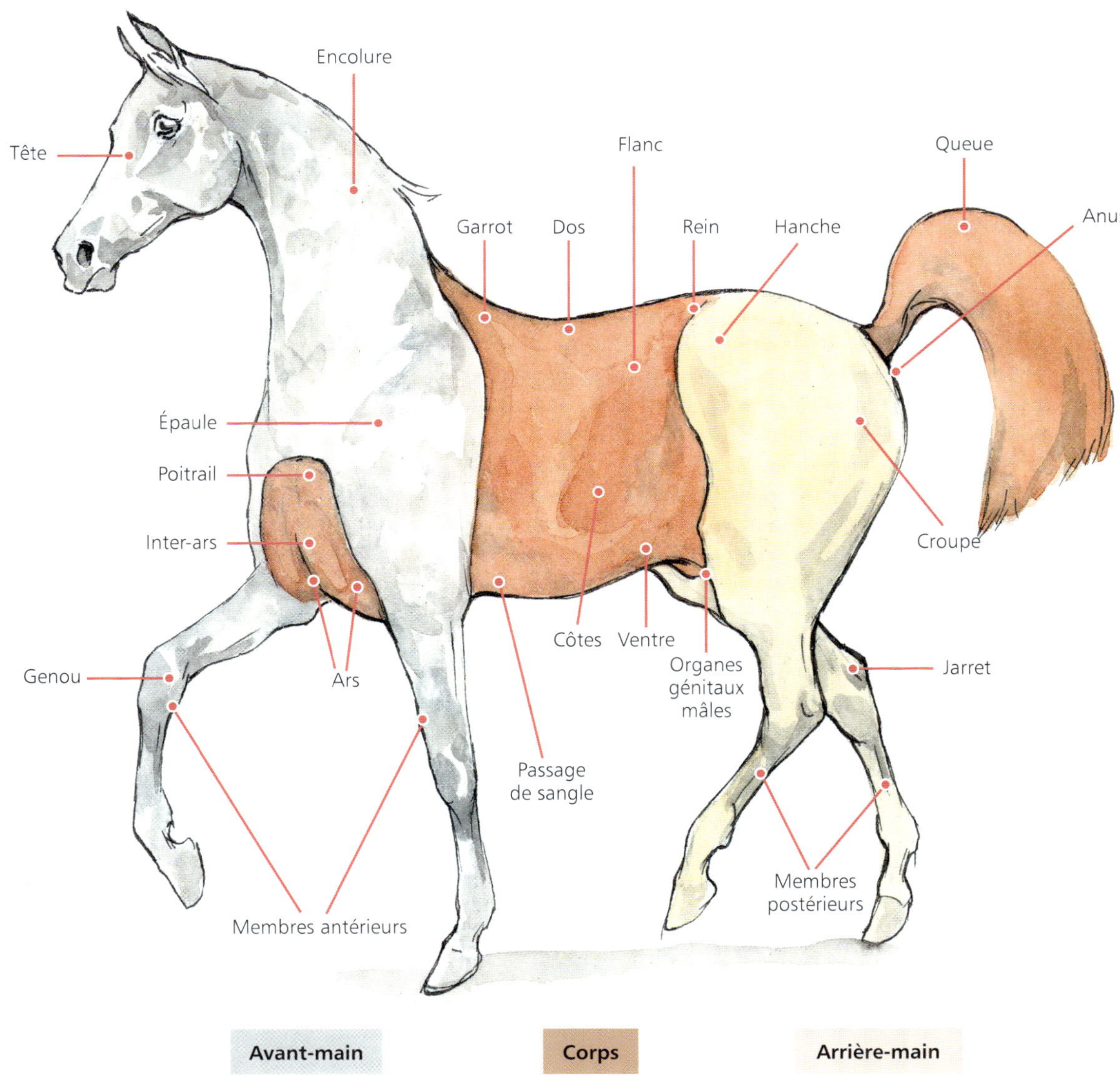

Les aides naturelles et artificielles

▶ Les aides sont les moyens dont dispose le cavalier pour conduire son cheval et communiquer avec lui.
On distingue :
– les aides naturelles,
– les aides artificielles.

▶ **Les aides naturelles** sont :
– les mains,
– les jambes,
– le poids du corps par l'intermédiaire de l'assiette,
– la voix qui, associée aux trois premières, permet souvent de diminuer leurs actions, de rassurer, de gronder ou d'encourager son cheval.

▶ Les aides peuvent **agir, céder ou résister**.

▶ **Les mains** agissent sur la bouche du cheval par l'intermédiaire des rênes et du mors.
Elles nécessitent d'avoir des rênes ajustées et de conserver un contact moelleux et constant avec la bouche de son cheval, ce qui est possible grâce à la liberté des articulations des épaules, des coudes et des poignets, et une bonne assiette.

▶ **La bouche** étant une partie sensible (voir p. 102), toute action s'effectue de façon :
– **discontinue**, car toute action continue entraîne des résistances de la part du cheval (le cheval résiste en sens inverse),
– **progressive**, car vous devez doser votre action en fonction de la sensibilité du cheval et de la réponse que vous obtenez,
– **sans à-coups**, car le mors doit presser la muqueuse de la bouche sans la cogner.

▶ **Le rôle des mains** est d'accueillir l'impulsion puis :
– de la gérer (avancer plus ou moins vite),
– de l'emmener à droite ou à gauche (tourner),
– de régler l'équilibre.

▶ **Les qualités de bonnes mains** sont d'être :
– **fixes**, par rapport à la bouche du cheval (et non au corps du cavalier),
– **légères**, car si elles tirent, elles diminuent l'impulsion et incitent le cheval à lutter contre la gêne occasionnée en levant la tête, en tirant dans l'autre sens, etc.,
– **douces**, car dures elles ne permettraient aucune communication dans le plaisir et la confiance,
– **délicates**, pour garder intactes et même renforcer sa confiance et sa sensibilité.

▶ Les aides agissent de façon progressive (voir pp. 82 à 85).

▶ Elles dépendent d'une bonne assiette, seul moyen pour qu'elles ne soient plus un moyen de tenue en selle.

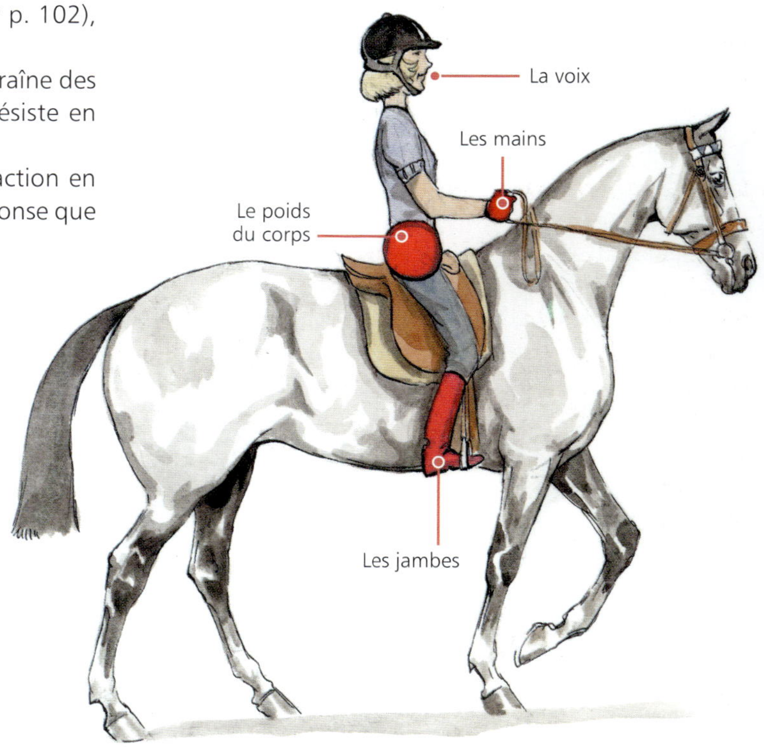

Précision

C'est l'indépendance des aides (mains, jambes, poids du corps) qui vous permettra d'apprendre à les accorder (voir p. 213).

▶ **Les jambes** agissent sur le corps du cheval par pressions discontinues d'arrière en avant (voir p. 82). Elles peuvent être renforcées par la cravache (voir p. 70).

Le rôle des jambes est de:
– provoquer ou maintenir l'impulsion (avancer),
– déplacer les hanches (tourner),
– incurver (s'équilibrer, initié à partir du Galop 4).

Les qualités de bonnes jambes sont d'être:
– **descendues**: qu'elles soient les plus longues possibles pour envelopper le cheval,
– **fixes**, contre le corps du cheval sans pour autant être plaquées, afin que les différentes pressions qu'elles exercent puissent être correctement interprétées par le cheval,
– **relâchées**, afin qu'elles pendent et fonctionnent sans aucune tension,
– **légères**, car il est inutile qu'elles soient plaquées ou brutales pour être ressenties (un cheval peut ressentir une mouche posée sur son poil!).

▶ **L'assiette** est la qualité qui permet au cavalier de rester maître de son équilibre en toutes circonstances et quelles que soient les réactions de son cheval. Elle est aussi la capacité du cavalier à rester redressé et à se lier avec son cheval à toutes les allures et quels que soient ses mouvements.

Une bonne assiette nécessite d'être assis profondément dans sa selle, d'être redressé afin que le haut du corps reste totalement «empilé» au-dessus du bassin. Elle exige la tenue du dos associé à la souplesse des reins et l'ouverture des hanches, seul moyen de rester en équilibre tout en accompagnant chaque allure.

▶ **Les aides artificielles** renforcent l'action des aides naturelles.
On distingue:
– **la cravache** [1] (voir p. 70),
– **les éperons**: ils ne sont généralement pas utilisés avant le Galop 5 car ils réclament une jambe fixe. Ils agissent en renfort de la jambe, par petits pincements d'arrière en avant,
– **la chambrière** [2], pour longer son cheval.

Précision

L'usage des mains et des jambes dépend d'une bonne assiette qui, seule, permet que mains et jambes ne soient pas un moyen de tenue en selle.

Les règles élémentaires de sécurité à mettre en pratique à pied

▸ L'équitation n'est pas un sport dangereux. Mais, de par les nombreuses particularités du cheval (voir pp. 44-45, 54-55, 100-101, 148-149), il existe plusieurs consignes à respecter, à pied ou à cheval.

Précision

Pour connaître, les règles de sécurité, reportez-vous aux pages 216 et 217.

Les principaux espaces de mon club

La carrière ou le manège

▸ **La carrière** [1] est un espace de travail spécialement conçu pour la pratique équestre. Elle est souvent plus grande que le manège mais ne possède pas de toit.

▸ **Le manège** possède un toit [2]. Il peut être de différentes dimensions. Les longues planches de bois fixées sur le mur, le long de la piste, forment le **pare-bottes**. Elles sont une protection pour le cheval comme pour le cavalier. Au-dessus du pare-bottes, il y a des lettres précises, à des places précises, et que l'on appelle les **lettres de manège.**

La sellerie

▸ **La sellerie** [3] est le lieu où l'on range le matériel pour monter à cheval : selles, filets, brides, enrênements, tapis, pads et protections de dos ou de garrot, matériel de pansage, protection des membres pour les chevaux (guêtres, protège-boulets, etc.).
Dans certain clubs, vous y trouverez aussi l'armoire à pharmacie, ainsi que les couvertures des chevaux, différentes en fonction des saisons.

Le club house

▸ Il s'agit de l'endroit [4] où l'on se retrouve avant ou après être monté. C'est un lieu convivial, où l'on trouve aussi parfois la feuille de monte, grande feuille sur laquelle est attribuée le cheval que l'on monte.
Cette feuille sert aussi à vérifier que chaque cheval travaille tous les jours. Elle permet aussi de répertorier le travail qu'il fait (plat, saut d'obstacles) et ainsi d'équilibrer son travail au fil de jours, et donc, de le préserver.

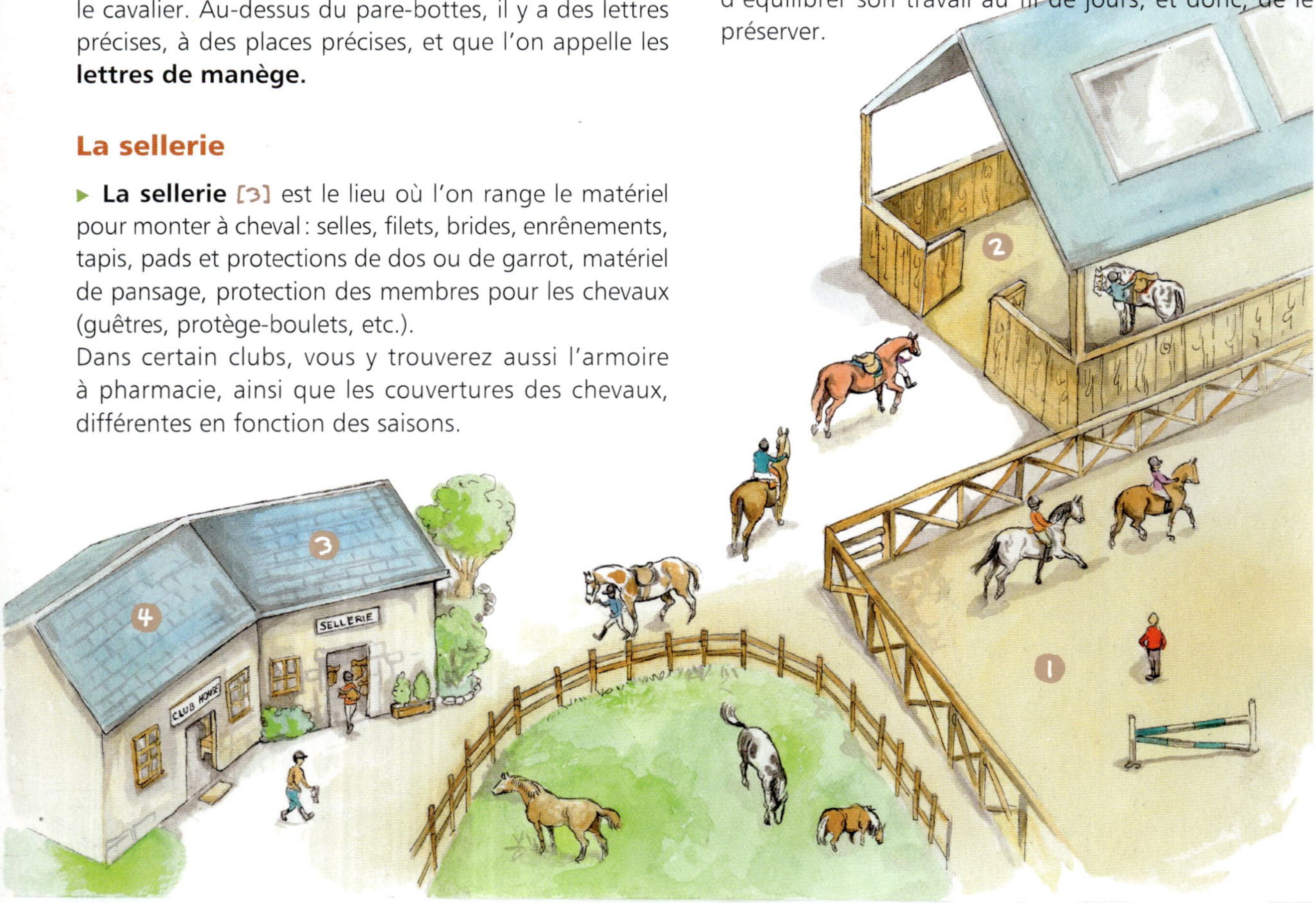

Les lettres de manège

▸ Le manège et la carrière sont « balisés » par différentes lettres. Sachez que vous retrouverez ces mêmes lettres, à la même place, dans tous les manèges.

▸ Si le choix de ces lettres et leurs origines sont assez mal connus, elles ont de nombreux avantages :
– elles permettent au cavalier débutant de se repérer dans l'espace,
– elles permettent au cavalier plus confirmé d'être précis dans ses tracés,
– enfin, elles servent de « points de repère » lors des compétitions de dressage.

▸ Ces dernières s'effectuent dans une carrière ou un manège aux dimensions bien précises : 60 x 20 m.

▸ Mais il existe une autre dimension, assez répandue, et sur laquelle vous passerez sans doute vos examens fédéraux jusqu'au Galop 4 : 40 x 20 m.

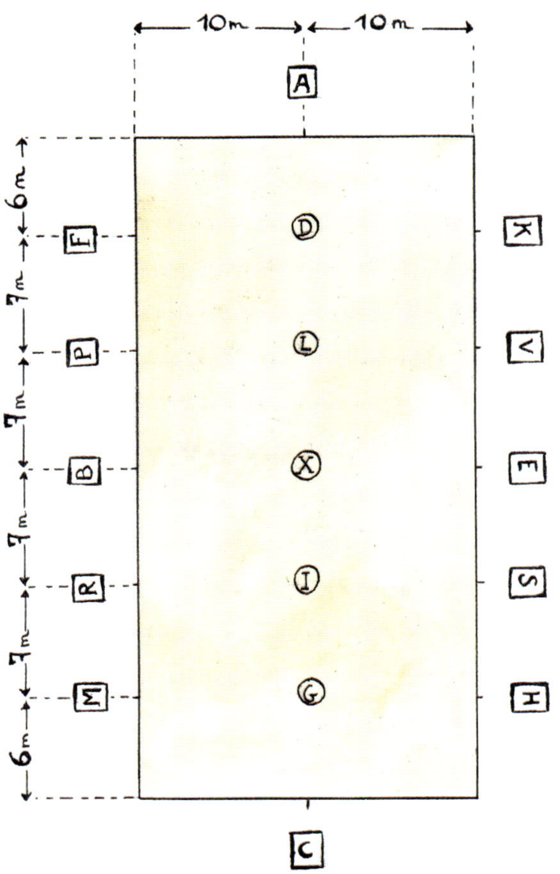

Précision

Vous devez mémoriser l'ordre et la place de ces lettres, ainsi que la distance qui les sépare.

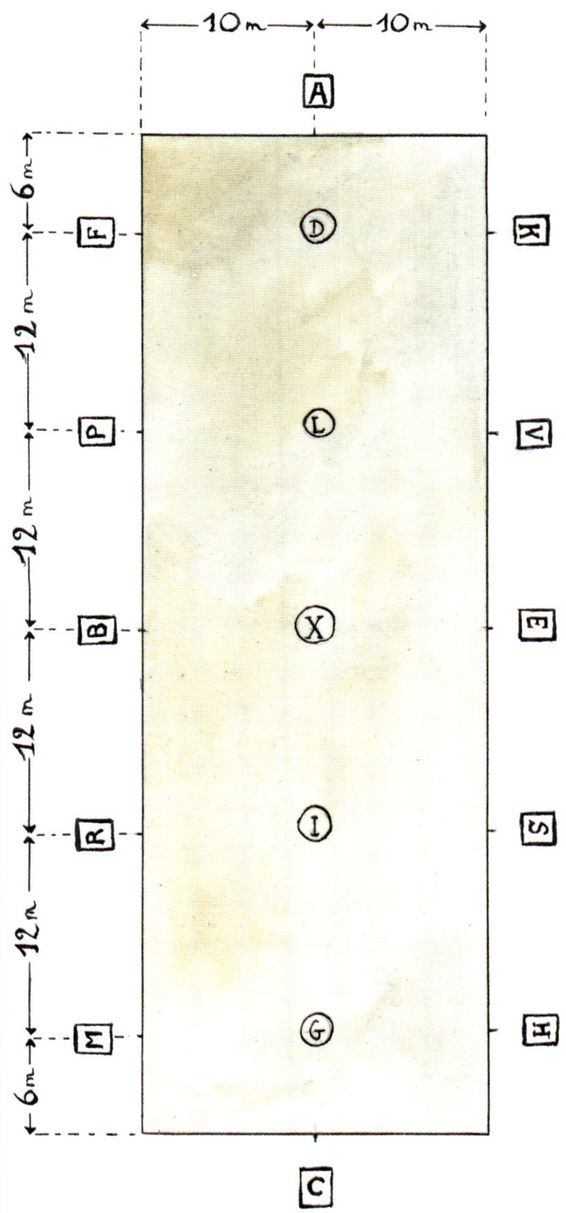

Sommaire

Partie spécifique

Partie commune

galop 2

Se mettre seul en selle

▶ Avec la pratique, se mettre seul en selle, ressangler seul et régler seul vos étriers ne posent plus de problème :
– vous avez acquis l'expérience nécessaire pour **maintenir votre monture à l'arrêt** pour toutes ces tâches, sans conserver un contact fort avec la bouche de votre cheval.
– vous avez **gommé les principaux défauts liés au montoir** (voir p. 19).
– vous **ressanglez seul,** sans vous accrochez aux rênes (voir p. 22).
– vous savez **régler vos étriers à pied puis en selle** (voir pp. 18 et 21).

Les règles de circulation en manège ou en carrière

▸ En carrière ou au manège, vous pouvez évoluer en reprise (les uns derrière les autres) ou individuellement (seul). La question de la priorité se pose quand les cavaliers évoluent individuellement et que deux cavaliers se retrouvent face à face sur la piste. Comme sur la route, il y a des règles qu'il faut connaître.

▸ D'une manière générale, **la priorité est à main droite et à l'allure supérieure**. Cela veut dire qu'à même allure, celui qui est à main droite garde la piste, tandis que celui qui vient en face s'écarte pour le laisser passer (dessin ci-dessous).

▸ Lorsque l'un des deux cavaliers est dans une allure supérieure, c'est l'allure la plus importante qui garde la piste :
– le cavalier au trot garde la piste si celui d'en face est au pas,
– le cavalier au galop garde la piste si celui qui est en face est au trot ou au pas.

▸ Il est indispensable **de ne pas faire d'exception**. Si vous avez la priorité, prenez-la, et évitez de la céder parce que celui ou celle qui vient en face vous paraît sympathique. Cela risquerait d'entraîner rapidement la confusion dans l'esprit de chacun. De la même façon, si vous devez céder la piste, cédez-la, quels que soit votre état d'esprit ou vos difficultés.

▸ **Cédez la piste suffisamment tôt** pour qu'il n'y ait pas d'ambiguïté dans l'esprit du cavalier d'en face. Veillez à ne pas couper la diagonale de celui qui s'y est engagé, ou le cercle de celui qui l'exécute. Plus qu'une question de priorité, il s'agit-là de simple politesse.

▸ Pour respecter toutes ces règles, il est important de regarder où vous allez. Un des principaux défauts du cavalier est de fixer la tête de son cheval. Pensez à **regarder loin devant vous** : outre de ne pas percuter ou gêner un autre cavalier, cela vous permettra aussi de conserver une attitude redressée et par voie de conséquence, une bien meilleure équitation.

Précision

Attention, **chaque club possède ses usages**. Certains demandent la priorité à main gauche et à l'allure supérieure, d'autres donnent la priorité à main gauche quelle que soit l'allure (comme sur les paddocks de concours officiel de dressage). Il est donc indispensable de vous renseigner auprès de votre moniteur.

Lâcher les rênes, les reprendre et les ajuster au trot enlevé

▸ Nous avons vu comment lâcher, reprendre et ajuster ses rênes (voir p. 24). Le principe ne change pas que vous soyez au pas, au trot ou au galop.

▸ L'exercice s'effectue désormais au trot enlevé. Il vise à perfectionner l'équilibre au-dessus de vos pieds entamé au Galop 1 (voir p. 29) et à **perfectionner votre trot enlevé**.

▸ En principe, au Galop 2, le trot enlevé ne vous pose plus de problème. Les articulations des jambes sont souples et les genoux s'ouvrent d'un angle équivalent à celui des coudes : c'est ce qui permet aux mains de rester en place quand vous vous enlevez de votre selle ou quand vous vous rasseyez [1 et 2].

▸ Vos chevilles se plient et vos talons descendent lorsque vous vous enlevez de la selle, de par le transfert de poids de vos fesses à vos jambes ; vos jambes restent en place.

▸ Vous parvenez à vous mettre en équilibre (voir p. 77) sur quelques foulées. Vos fesses sont alors très près de la selle, les jambes sont ployées, vous pouvez trotter quelques foulées ainsi, en laissant les articulations de la hanche, des genoux et des chevilles jouer leur rôle amortisseur. Vous êtes stable, sans pour autant vous raccrocher à la crinière, grâce au poids du corps dans vos talons, eux-mêmes sous les fesses.

▸ Vous êtes capable de lâcher, de reprendre et d'ajuster vos rênes sans modifier votre trot enlevé ni tomber dans les principaux défauts. C'est le signe que vous maîtrisez votre équilibre.

À CONNAÎTRE

Les principaux défauts du trot enlevé

– se lever trop haut de sa selle (en poussant sur ses jambes au lieu de se laisser enlever),

– agiter ou lever les mains en même temps que votre buste,

– se raccrocher aux rênes pour conserver son équilibre,

– se redresser exagérément en cambrant le rein et en gardant les fesses en arrière (au lieu de se redresser en gardant le dos droit et en avançant les fesses au-dessus des talons),

– être penché en avant avec les fesses exagérément en arrière,

– retomber lourdement dans sa selle,

– conserver des genoux « vissés »,

– avoir un talon plus haut que la pointe des pieds et garder une cheville bloquée,

– avancer ses jambes en se levant de la selle.

1

2
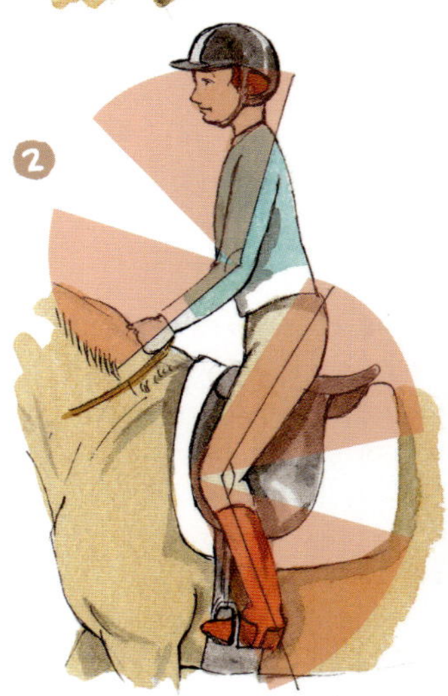

Trotter assis en cherchant une bonne posture

▸ **Le trot** exige une souplesse maximale de votre rein. C'est principalement au trot – et d'abord sans étriers – que vous apprendrez le mieux à vous lier à votre cheval.

▸ Le trot est une allure sautée à deux temps, par bipèdes diagonaux : entre le lever et le poser de chaque bipède diagonal, il y a une période de projection. Le dos du cheval monte donc deux fois par foulée. Si le cavalier « encaisse » assez bien la montée, il prend du retard dans la descente ; de fait, quand le dos du cheval remonte, il heurte les fesses du cavalier qui ne sont pas encore descendues : le cavalier rebondit, se crispe et ressent davantage l'impact à la foulée suivante. Voilà pourquoi le cavalier se « tape les fesses ».

▸ Pour se lier intégralement au mouvement, il faut :
– amortir le « choc » de la montée du dos du cheval en avançant le bassin et en arrondissant le rein,
– laisser son rein retrouver sa position « neutre » (c'est-à-dire le laisser reprendre sa place) pendant la descente du dos du cheval, pour que les fesses ne perdent pas le contact avec la selle.

Précision

Grandissez-vous, les épaules légèrement en arrière, afin que le rein, soulagé du poids des épaules, puisse jouer librement.

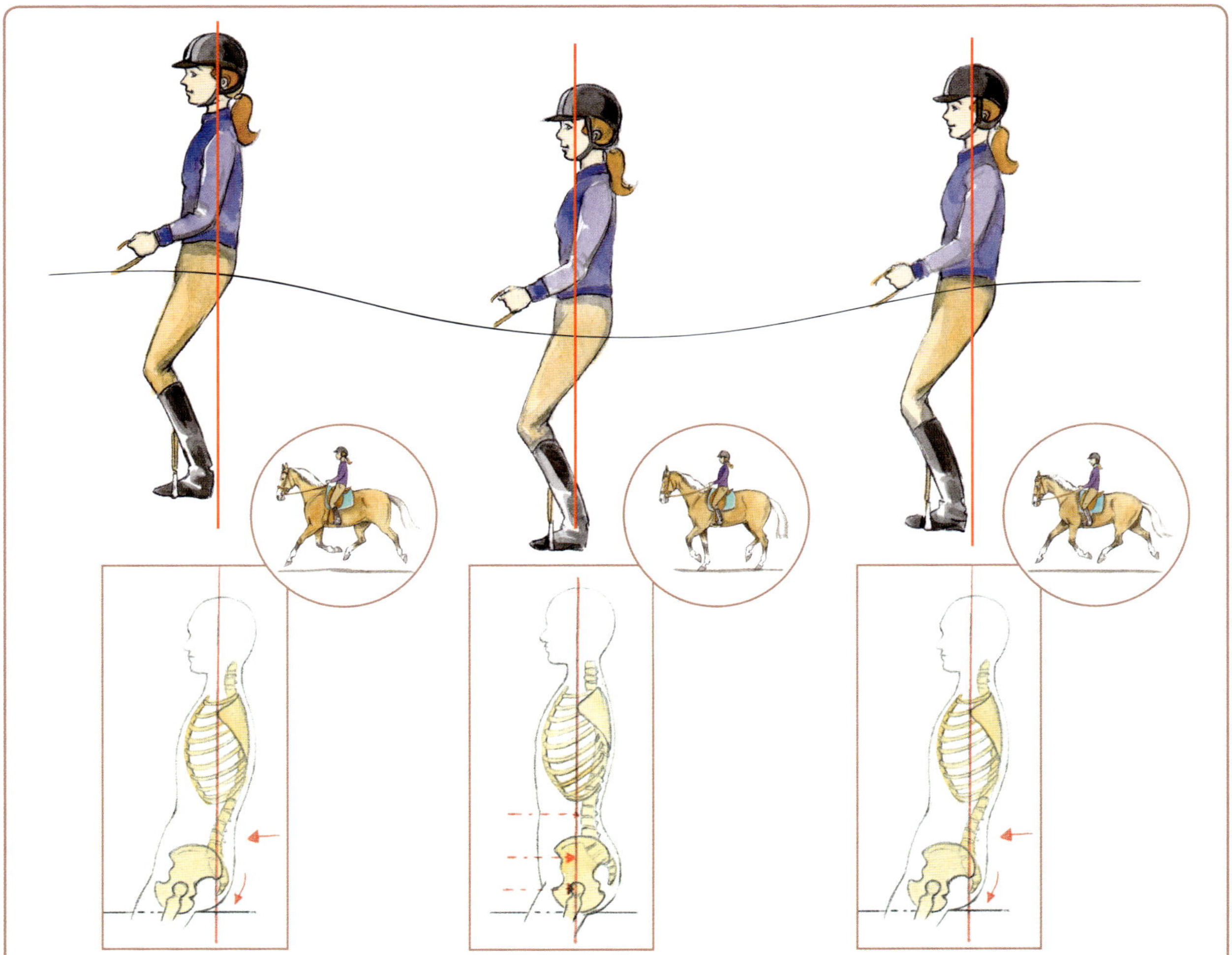

Posé d'un diagonal — Projection — Posé d'un diagonal

Galoper assis en cherchant une bonne posture

▸ **Le galop** est une allure basculée, sautée, à trois temps, auxquels s'ajoute une période de projection.

▸ Le mouvement du rein y est similaire à celui que l'on adopterait sur un cheval à bascule en bois, qu'il faudrait faire basculer d'avant en arrière et d'arrière en avant, tout en gardant le haut du corps le plus droit possible et les pieds posés à terre : le rein se creuse quand le cheval est sur les épaules (la tête vers le bas), il s'arrondit quand il est sur les hanches (la tête en haut).

▸ Au galop à droite, le rein est ainsi :
– fléchi au premier temps (poser du postérieur gauche) ;
– droit au deuxième temps (poser du diagonal gauche) ;
– en extension au troisième temps (poser de l'antérieur droit) ;
– à nouveau droit lors de la période de projection.

▸ Au galop, restez redressé et gardez vos épaules légèrement effacées : cela permettra au rein de jouer son rôle (comme au trot assis, voir p. 28).

▸ C'est le bassin qui doit suivre le mouvement et non les épaules (attention de ne pas « galoper avec vos épaules »).

▸ Le fonctionnement du cavalier au galop est satisfaisant lorsque :
– l'assiette ne décolle plus, notamment au premier temps du galop ;
– la souplesse du rein est telle qu'elle permet aux mains d'accompagner totalement le mouvement de l'encolure, notamment au troisième temps.

Précision

Avant tout exercice :
– (re) placez votre bassin,
– redressez-vous,
– relâchez vos jambes,
– (ré) ajustez vos rênes.

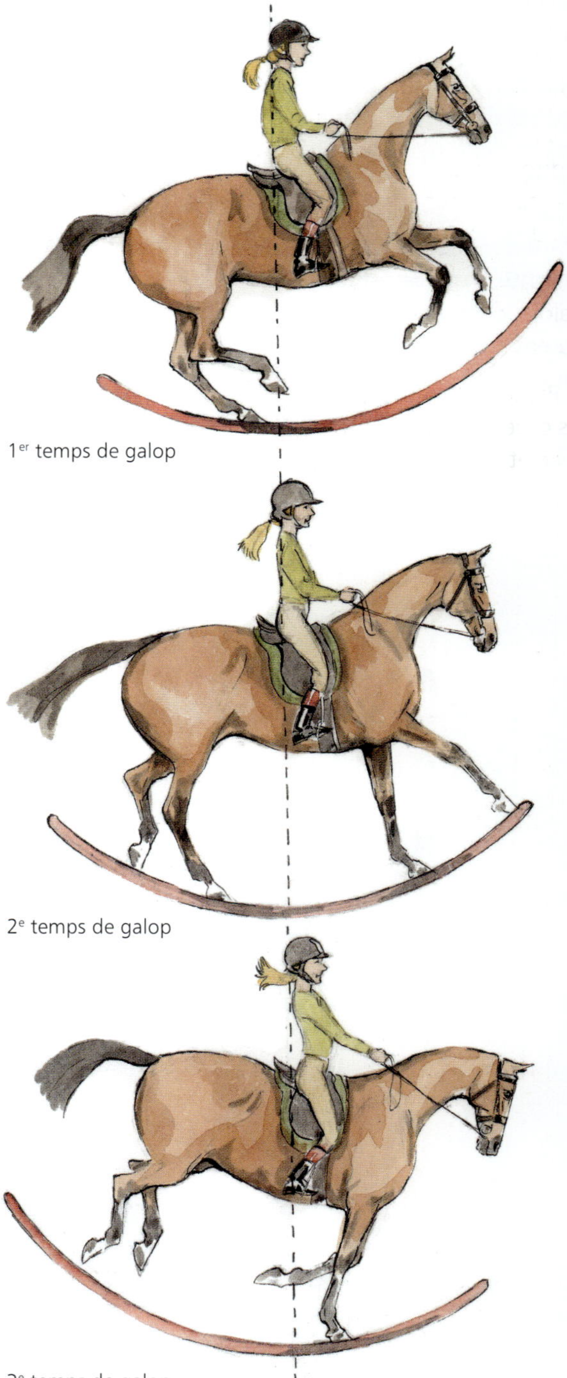

1er temps de galop

2e temps de galop

3e temps de galop

Alterner l'équilibre assis et sur les étriers au pas, au trot et au galop

▶ Cet exercice perfectionne celui débuté au Galop 1, visant à vous faire alterner l'équilibre assis et sur les étriers au pas et au trot (voir p. 26).

▶ Son but est de vous apprendre à fonctionner (c'est-à-dire à vous lier aux mouvements du dos de votre monture), tout en gardant une bonne attitude (au-dessus de vos pieds).

▶ Au Galop 2, vous découvrez votre équilibre assis au galop, c'est-à-dire comment galoper assis sans l'aide du pommeau.

▶ Parce qu'il est difficile de gagner le fond de sa selle les étriers chaussés, il est important d'alterner le travail avec et sans étriers (voir p. 30).

▶ Une des difficultés de cet exercice est d'ouvrir ses hanches et de relâcher ses cuisses pour laisser descendre ses jambes, même lorsque l'on a ses étriers. Il faut s'entraîner, seul moyen d'y parvenir.

▶ Pour rester assis au trot ou au galop et pouvoir passer en position d'équilibre et inversement, vous pouvez imaginer être semblable à des pantins de bois aux bras et aux jambes articulés [1 à 4]. Quand vous êtes assis, vous reposez sur vos fesses, les articulations des bras et des jambes fonctionnent librement (voir le fonctionnement des jambes au trot et au galop p. 13). Pour passer en équilibre, vous transférez simplement votre poids dans vos jambes en avançant légèrement le haut du corps. Les articulations doivent toujours fonctionner, vous sentez vos jambes bouger comme des ressorts.

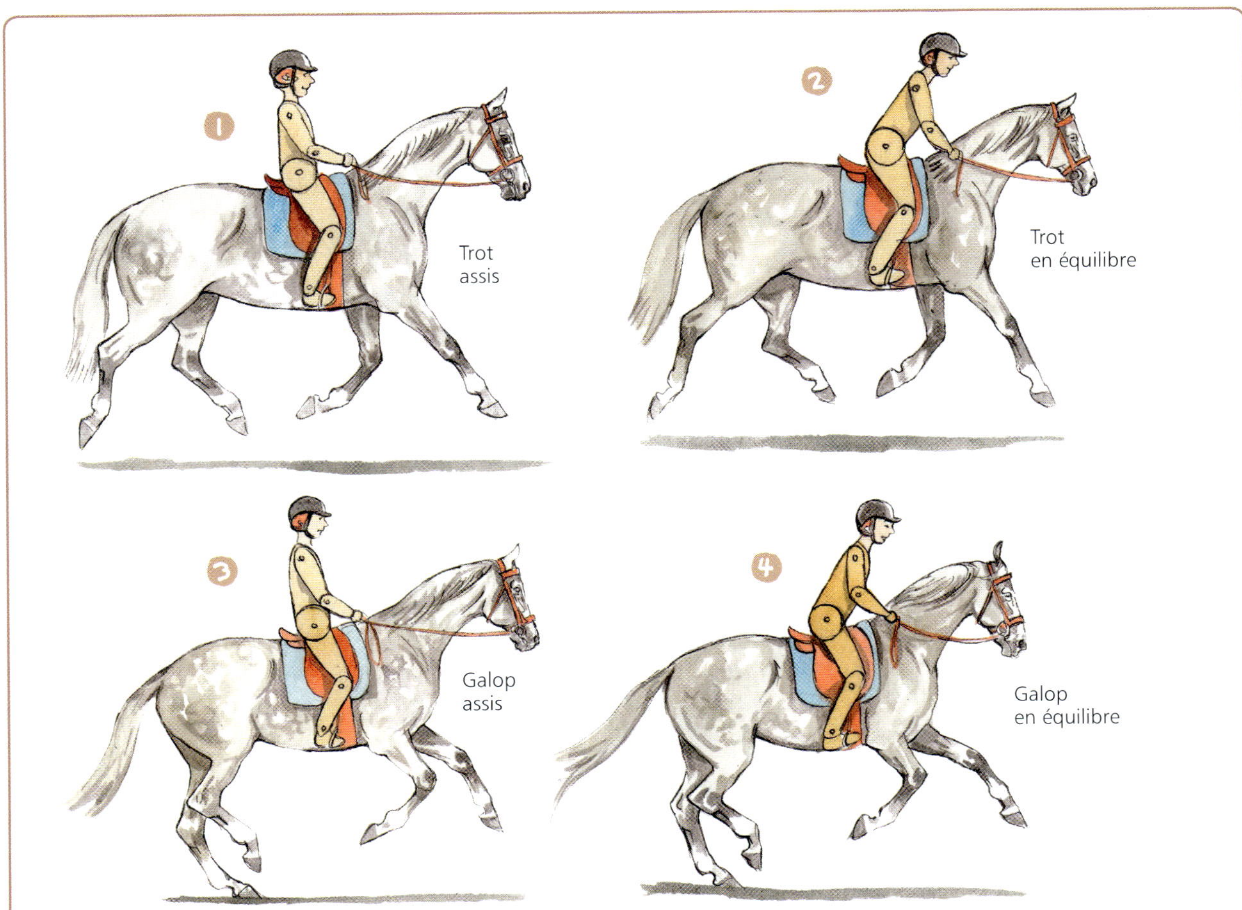

Prendre et se servir d'une cravache

▸ Si votre cheval répond peu ou pas aux jambes, vous pouvez vous servir d'une cravache. La cravache se prend dans la main, en même temps que la rêne [1].

▸ Elle s'utilise derrière la jambe, en « **rappel à l'ordre** ». La réponse aux jambes est quelque chose « d'appris » chez le cheval, non un réflexe. Si vous donnez un coup de cravache sur les fesses d'un cheval (ou d'un humain), il rentre les fesses et fait quelques pas en avant : c'est un réflexe « physique ». Mais si vous pressez vos jambes d'arrière en avant sur un cheval, le fait que cela puisse vouloir dire « avance » est quelque chose d'appris. Si votre cheval « oublie », la cravache le lui rappelle.

▸ Pour vous servir d'une cravache, fermez vos jambes, relâchez-les puis, si le cheval ne répond pas, prenez vos deux rênes dans une main et donnez-lui un petit coup bref et « claquant » en arrière de votre jambe, à la place où elle doit agir [2]. Votre cheval « s'enfuira » vers l'avant. Repassez au pas et caressez.

▸ On appelle cela la « **leçon de jambe** ».

▸ Vous pouvez aussi utiliser votre cravache par petits coups sur l'encolure ; mais cela ne le fera pas avancer, cela stimulera tout au plus son attention… et vous donnera peut-être du courage.

Précision

Dans tous les cas, dosez votre action (inutile qu'elle soit forte) et faites bien attention :

– que le coup ne « résonne » pas dans la bouche du cheval,

– que vous ne vous retrouviez pas accroché à vos rênes s'il fait un bond en avant.

1

2

Partir au galop et maintenir le galop

▶ Vos départs au galop se perfectionnent. Vous n'avez plus besoin de vous pencher en arrière et d'attraper le pommeau de votre selle : vous êtes redressé et conservez vos deux rênes ajustées (avec ou sans étriers).

▶ Votre départ s'appelle un « **départ au galop par perte d'équilibre** ».
– vous écartez la rêne extérieure (côté pare-bottes) afin de mettre la tête du cheval vers l'extérieur, ce qui l'incitera à garder la piste,
– la rêne et la main droites restent à leur place,
– vous êtes redressé, le haut du corps très légèrement vers l'arrière, afin d'assurer votre équilibre et de mettre votre rein dans une attitude lui permettant de fonctionner au galop,
– prenez le trot,
– à la faveur du tournant, agissez avec vos jambes pour demander le galop.

▶ Si votre cheval **ne prend pas le galop**, ralentissez-le pour reprendre le trot de travail, puis redemandez le départ.

▶ Une fois au galop, vous devez **maintenir l'allure**. Pour cela :
– accompagnez le galop avec votre rein,
– relâchez vos jambes afin de ne pas « tenir » le galop (de peur que le cheval repasse au trot), ni blaser votre cheval avec des jambes continuellement fermées,
– ne faites rien s'il n'y a rien à faire (votre cheval doit galoper tout seul, sans votre aide ni votre insistance),
– agissez dès que vous sentez le galop ralentir, et cessez d'agir (cédez) quand le résultat est obtenu.

Précision

Vos aides doivent être passives, muettes, si vous n'en avez pas besoin.

Changer d'allure sur des transitions simples et progressives (arrêt/pas, pas/trot, trot/galop)

▸ Pour changer d'allure à volonté vous devez rester en équilibre au-dessus de vos pieds, les rênes ajustées, et l'action de vos aides (mains et jambes) ne doit pas perturber votre équilibre.

▸ Sachez que les changements d'allure et de direction ont toujours tendance à **perturber l'équilibre** et donc la stabilité du cavalier.

▸ Pour effectuer une **transition descendante**, asseyez-vous et redressez votre buste [1]; on dit que vous devez mettre « le haut du corps et les épaules au bout de vos bras » [2]. Puis, tout en restant redressé, soutenez vos poignets et agissez de façon discontinue avec vos mains jusqu'à l'obtention de l'allure inférieure [2 et 3]. Dans le cas particulier d'une transition du galop au trot, continuez d'agir si votre cheval repasse dans un « grand » trot jusqu'à obtenir un trot plus ralenti [4].

▸ Pour effectuer une **transition montante** (vers l'allure supérieure) fermez progressivement vos jambes jusqu'à l'obtention de l'allure.

▸ D'une manière générale, pensez à raccourcir vos rênes après chaque transition, notamment les transitions descendantes (c'est-à-dire du galop vers le trot, du trot vers le pas, du pas vers l'arrêt), car les rênes ont toujours tendance à se rallonger à ces moments-là. Pensez aussi à vous rasseoir lors de vos transitions descendantes car cela redresse le haut du corps, assure la fixité et un usage plus précis des mains.

▸ Pensez à **rester droit** lors de vos transitions montantes pour être « emporté » dans l'allure supérieure (ne vous penchez pas en avant : ce sont les jambes qui provoquent le départ et non le haut du corps), sans pour autant rester accroché aux rênes. Ouvrez vos doigts afin de permettre au cheval d'avancer légèrement le bout du nez (et ainsi de prendre l'allure supérieure).

Diriger au pas et au trot sur un tracé défini incluant cercles, voltes, diagonales et doublers

▸ **Les figures de manège** apprennent à **diriger**, c'est-à-dire à gérer l'impulsion (avancer) et la direction (tourner).

▸ La **valeur** de l'enchaînement des figures de manège **réside dans la précision** que vous leur donnez.

▸ Vous devez apprendre :
– à faire des cercles ronds,
– à quitter et revenir à la piste là où vous le souhaitez et non où le cheval le veut,
– à imposer votre volonté pour des tracés précis,
– à vous repérer dans l'espace.

▸ **Lorsqu'elles sont enchaînées au trot, elles s'effectuent généralement au trot assis.** Car si vous êtes capable de passer du trot enlevé (sur la piste) au trot assis (à l'approche de la figure, puis lors de la figure), puis à nouveau au trot enlevé (sur la piste), vous êtes capable de descendre dans votre selle, de vous y asseoir et de vous relever : cela indique que vos articulations (hanches, genoux, chevilles) se plient, qu'elles fonctionnent, que vous vous assouplissez, tout en restant maître de votre équilibre.

▸ C'est la **possibilité de passer de l'une à l'autre** et inversement qui vous permet d'acquérir une bonne position au trot enlevé comme au trot assis.

▸ Si vous n'y arrivez pas, c'est peut-être parce que vous avez trouvé une position de confort, loin de l'attitude et du fonctionnement idéals que vous devez acquérir.

Précision

Retrouvez toutes les figures de manège sur les rabats de cet ouvrage.

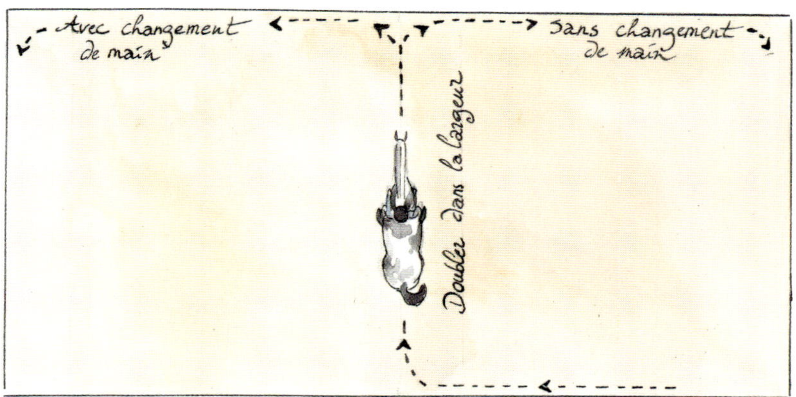

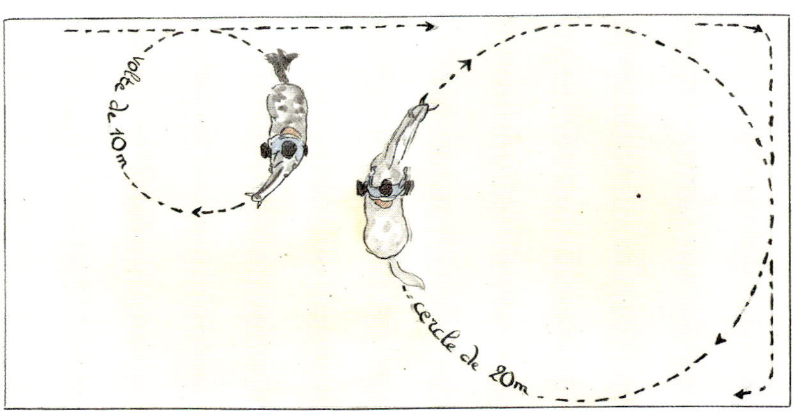

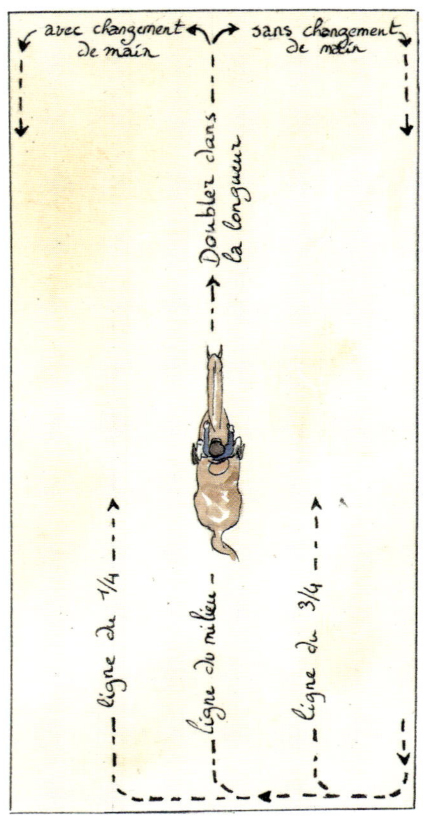

Les mises en selle sur le plat

▸ **Les mises en selle sur le plat (MES)** servent à vous mettre dans des situations qui réclament la pleine liberté de votre corps. Le but est de dénouer les articulations, de diminuer les contractions, de vous mettre en confiance, et finalement de vous permettre d'acquérir une position juste et une meilleure indépendance des différentes parties du corps.

▸ En matière d'instruction comme en matière d'éducation du cheval, « on initie au pas, on travaille au trot, on confirme au galop ». Mais cette progression reste fonction du bien-être et de la confiance du cavalier.

▸ Les mises en selle débutent par la mise en place du bassin, se prolongent par le redressement du buste, la liberté des épaules et se terminent par la descente des jambes.

▸ L'orientation du haut du corps dépend de **la place du bassin** (voir dessins p. 31) :
– trop vers l'avant, en antéversion, il vous obligerait à cambrer exagérément le dos, et, souvent, à vous raccrocher par les jambes,
– trop vers l'arrière, en rétroversion, il vous inciterait à vousser exagérément le rein, à renvoyer le haut du corps vers l'arrière, et, généralement, à vous accrocher à vos rênes.

▸ **Le bassin est correctement placé** lorsque la colonne vertébrale retrouve, à cheval, l'attitude naturelle qu'elle a lorsque vous êtes à pied. Asseyez-vous d'aplomb, les fesses en avant de la selle (voir p. 30).

▸ **En selle, le haut du corps** s'oriente comme à pied : redressé, le buste et la tête sont droits, les épaules légèrement effacées. Évitez d'avancer vos épaules, ce qui aurait comme conséquence d'arrondir le haut du dos (voir pp. 134-135).

▸ **Les jambes** tombent naturellement. Les pointes de pied sont vers le bas si vous n'avez pas d'étriers, les talons sont plus bas que la pointe des pieds si vous les chaussez.

▸ Assis de cette façon, vous vous entraînez à **accompagner les allures**, grâce au jeu souple du rein qui amortit les ondulations du dos du cheval, et grâce aux exercices d'assouplissement.

▸ Voici quelques exercices que vous effectuerez sûrement à vos débuts au Galop 4 :
– à l'arrêt : ressangler ou régler ses étriers la jambe en avant du quartier de la selle,

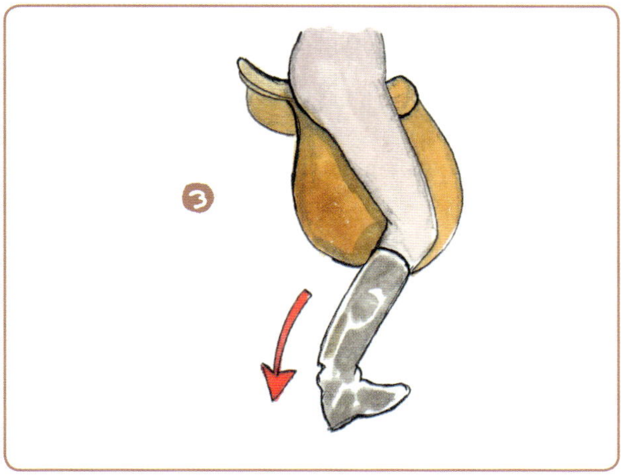

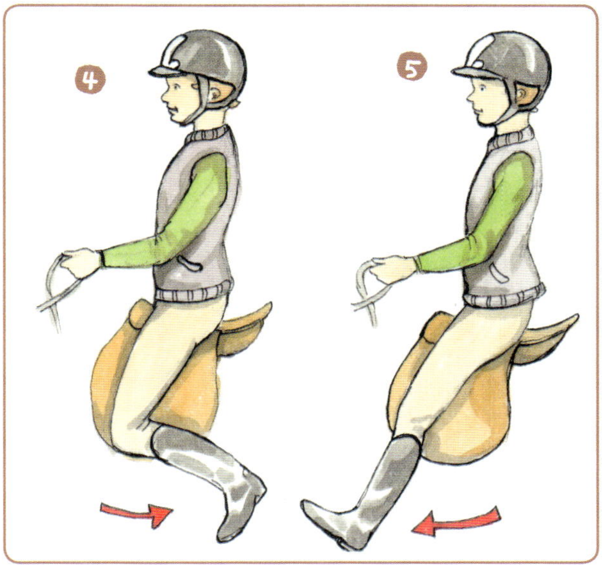

– **à toutes les allures:** chausser et déchausser ses étriers sans s'aider de ses mains (voir p. 25), être capable de mettre une jambe ou les deux en même temps, en avant du quartier de la selle, soulever une ou deux jambes, se mettre debout sur les étriers sans se raccrocher à la crinière (voir p. 115), etc.
– **au trot enlevé:** être capable de trotter enlevé sur quelques foulées, avec un seul étrier ou sans étriers.
– **à toutes les allures:** rotations des bras [7] et [8], mouvements du haut du corps [1] et [2], des cuisses, flexions des jambes [4 à 6], rotations des chevilles, coups de talon vers l'arrière et vers le bas [3], etc.

▸ Ces exercices peuvent se coupler de séances de mise en selle en longe (pour découvrir son équilibre aux trois allures, principalement au galop, tout en développant sa confiance en soi), à l'obstacle (voir p. 124) ou plus ludiques en voltige, horse-ball, ou jeux équestres.

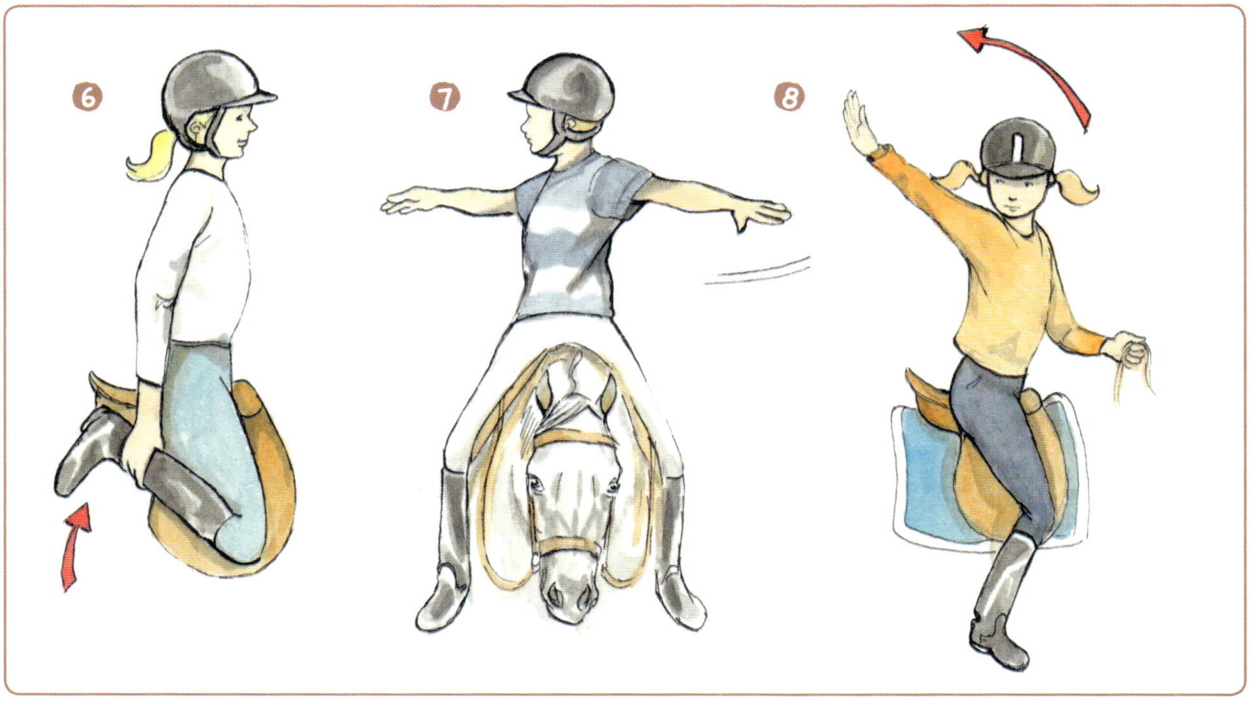

La position d'équilibre

▶ La position d'équilibre, dite parfois « en suspension », est généralement adoptée au galop, en extérieur et pour l'obstacle. Elle peut être maintenue longtemps sans fatigue (à condition de ne pas se raidir) et permet au cavalier de moins subir les mouvements du cheval, ce qui le rend plus fixe et toujours plus précis.

▶ **Le cheval est plus libre de ses mouvements**, ce qui lui permet de fonctionner correctement et de pouvoir galoper vite ou d'aller facilement sauter.

▶ **En équilibre, vous êtes près de votre selle** sans être assis, et vous laissez les articulations des hanches, des genoux et des chevilles (le Z des jambes) amortir l'allure. Votre position d'équilibre peut être plus ou moins éloignée de votre selle. C'est ce qu'on appelle les équilibres 2 points et 2 points et demi.

▶ **Que ce soit au trot ou au galop**, vous ne serez stable que si vous restez au-dessus de vos pieds, les talons vers le bas, le poids du corps dans les talons.

▶ Ne vous laissez pas lourdement tomber sur le dos de votre cheval si vous devez vous rasseoir : au contraire, **restez maître de votre équilibre** et rasseyez-vous progressivement, en fléchissant vos articulations pour vous rapprocher lentement de la selle. Il existe un exercice classique pour s'y entrainer à lire page 115.

▶ Vous pouvez évidemment ralentir, accélérer ou tourner tout en restant en position d'équilibre.

▶ **Pour ralentir, vous utilisez vos mains** en vous redressant et en rapprochant vos fesses de la selle (vers un équilibre deux points et demi, voir p. 135).

▶ **Pour accélérer, vous utilisez vos jambes**, en faisant attention à ne pas modifier l'orientation de votre buste (ne vous penchez pas en avant).

▶ **Pour tourner, vous combinez mains et jambes** en vous redressant et en vous rapprochant de la selle vers l'équilibre deux points et demi.

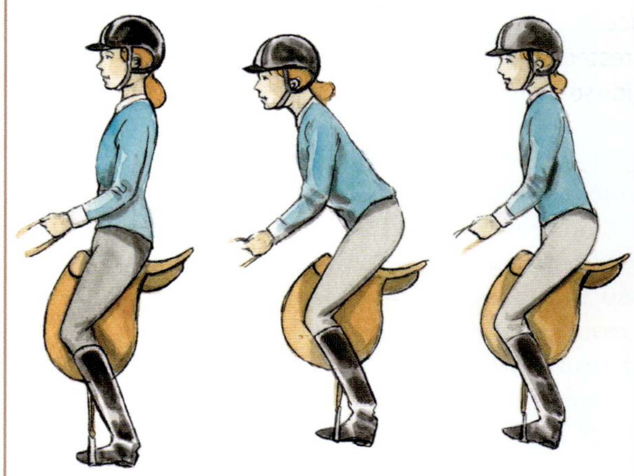

Assis | Équilibre 2 points | Équilibre 2 points et demi

Les premiers sauts d'obstacles

▶ Les premiers sauts s'effectuent au trot ou au galop, mais toujours en **position d'équilibre**.

▶ L'obstacle est généralement contre le pare-bottes et encadré d'une « oreille » (barre posée sur le chandelier et sur le sol) pour « canaliser » le cheval.

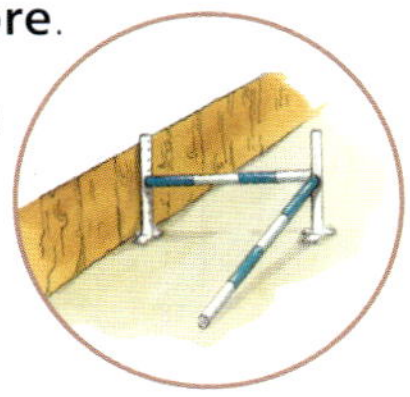

▶ Il est toujours de faible hauteur (environ 30 cm).

▶ Votre enseignant vous donnera tous les conseils nécessaires. Retenez néanmoins que pour sauter avec succès, vous devez :

– rester en équilibre sur des jambes souples : ne vous raidissez pas !

– garder vos talons bas et les mains devant vous. Les bras devant vous assureront la stabilité de votre position. Au besoin, prenez un peu de crinière.

– regarder loin devant vous, que ce soit avant, pendant ou après le saut. Cela stabilisera votre attitude générale et vous permettra de ne pas vous figer « mentalement » sur les sauts.

– prendre l'allure demandée (trot ou galop) et la conserver jusqu'à l'obstacle ; après le saut, reprenez le trot puis le pas et caresser votre cheval.

Précision

Un obstacle s'aborde toujours perpendiculairement et en son milieu.

Mettre un filet

▸ Si le cheval est attaché au licol, commencez par lui mettre la selle, puis le filet. S'il est dans son box, faites l'inverse : d'abord le filet puis la selle.

Comment mettre le filet ?

▸ Placez-vous à gauche de votre cheval, mettez-lui le licol autour de l'encolure [1], puis :
– passez les rênes par-dessus l'encolure [2],
– passez la main droite autour du chanfrein tout en saisissant les deux montants du filet,
– prenez le mors dans la main gauche, rapprochez-le de la bouche du cheval, puis glissez votre pouce et votre index au niveau de la commissure des lèvres [3],
– la présence de vos doigts va l'inciter à entrouvrir la bouche ; dès que c'est le cas, glissez-y le mors (sans vous presser, afin de ne pas risquer de heurter les dents), tout en remontant l'ensemble du filet avec votre main droite,
– passez la têtière par-dessus les oreilles en faisant attention de ne pas les écraser [4],

▸ Il ne reste plus alors qu'à sortir le toupet et à ajuster la sous-gorge et la muserolle [5].

Précision

Dans tous les cas, vous ne risquez absolument rien à mettre vos doigts dans la bouche du cheval au niveau de la commissure des lèvres, car le cheval n'a pas de dents à ce niveau ; de plus il a une tendance naturelle à ouvrir la bouche quand on y glisse les doigts.

▸ **Les muserolles** servent à limiter l'ouverture de la bouche du cheval. Il en existe plusieurs types, qui s'attachent de façon précise :

– les muserolles allemandes [6] se ferment par-dessus le filet,

– les muserolles françaises [7] passent sous les montants de filet et s'ajustent à deux doigts de l'apophyse zygomatique.

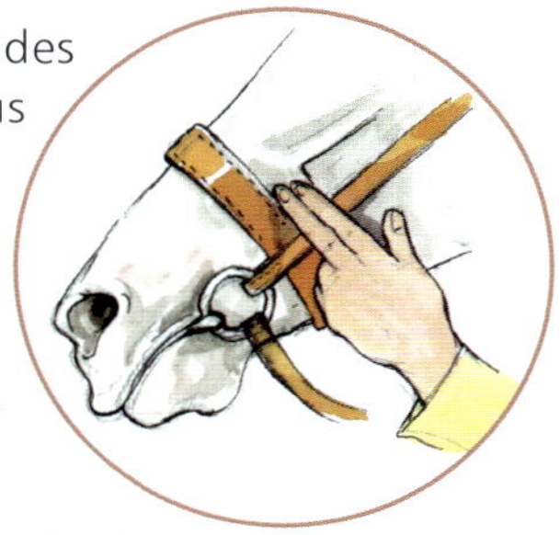

▸ Les muserolles ne doivent pas être trop serrées, pour éviter gênes et douleurs chez le cheval. Lorsqu'elles sont fermées, vous devez pouvoir passer trois doigts entre le cuir et le cheval :

- pas plus, car elles ne serviraient à rien,
- pas moins, pour ne pas risquer de blesser le cheval.

6

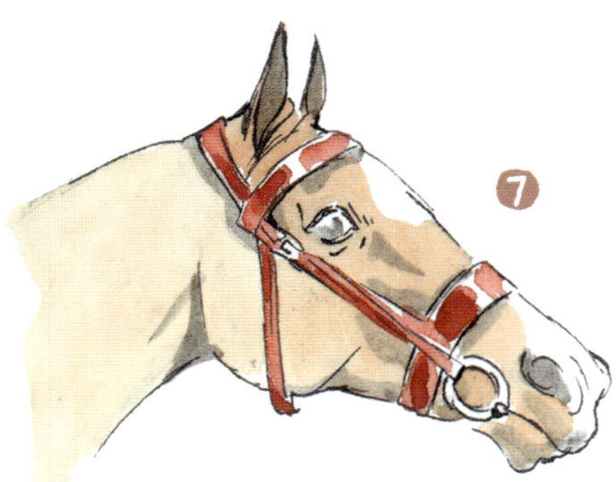

7

▸ **Le filet est bien ajusté** (assez court, assez long) lorsque le mors ne crée pas plus d'un ou de deux plis au niveau de la commissure des lèvres.

▸ Enfin, une fois le filet mis, placez-vous devant votre cheval pour vérifier que la muserolle, le frontal et le mors sont bien droits (voir la description du filet p. 40).

À CONNAÎTRE

Un filet bien ajusté

Deux plis à la commissure des lèvres : filet bien ajusté

Filet trop court

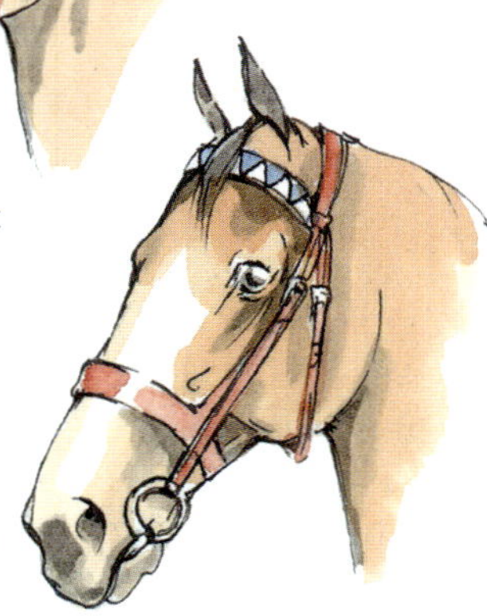

Filet trop long

Seller

▶ Pour mettre la selle, posez d'abord le **tapis** en avant du dos du cheval, sur le garrot, puis faites-le glisser vers l'arrière, pour que le poil se mette dans le bon sens, jusqu'à ce qu'il recouvre encore le garrot sans plus [1].

▶ Posez ensuite la **selle** (étriers remontés, sangle posée sur le siège) de la même façon : d'abord en avant du garrot, puis en la faisant glisser vers l'arrière (en prenant garde que le tapis reste à sa place) [2].

▶ Faites le tour du cheval pour enlever la **sangle** du siège et la faire pendre (ne la laissez pas tomber, pour qu'elle ne cogne pas le membre antérieur) [3].

▶ À nouveau à gauche du cheval, réajustez la place de la selle tout en **dégarrotant** le tapis. Vous devez pouvoir passer un poing entre le tapis et le garrot.

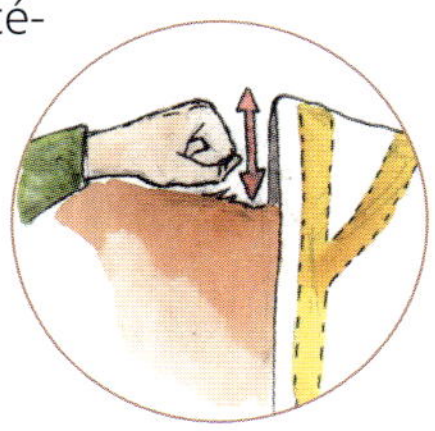

▶ **Pourquoi ?** Car pendant votre séance, le tapis risque de glisser vers l'arrière, de compresser le garrot et de le blesser. En dégarrottant suffisamment, vous épargnez le garrot.

▶ Vous pouvez aussi passer le passant du tapis dans le premier contre-sanglon pour éviter qu'il glisse vers l'arrière pendant la leçon !

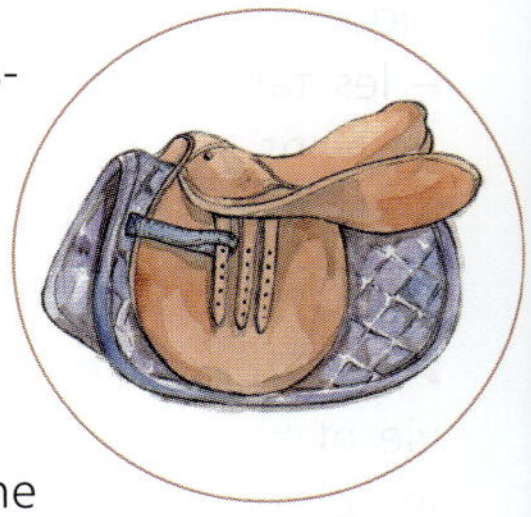

▶ **Sanglez**, sans trop serrer. On dit toujours : « Sangler en trois fois : une fois quand on met la selle, une fois avant de monter, une dernière fois après la détente. [4] »

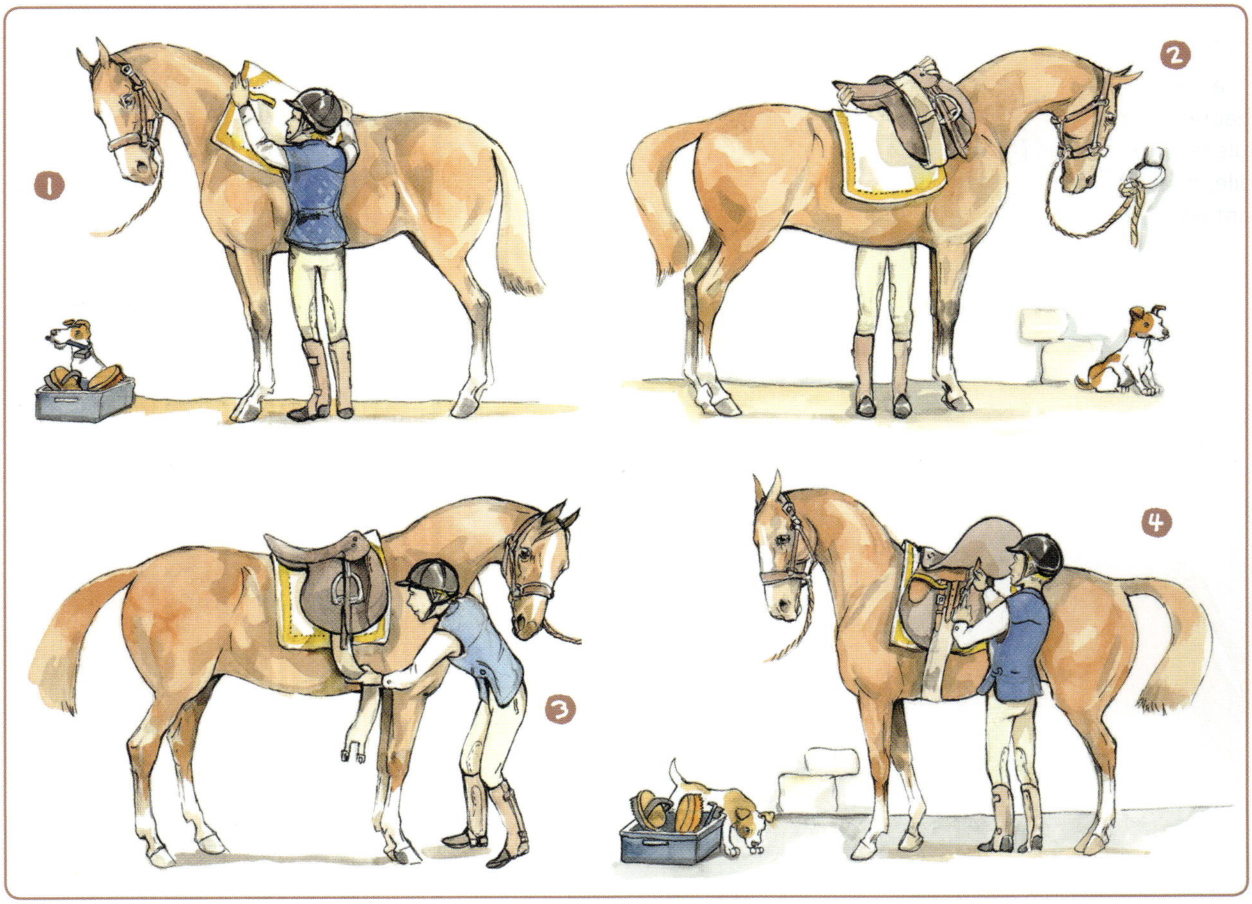

Entretenir la selle

▶ Il est impératif que le harnachement soit toujours propre :
– les cuirs non entretenus peuvent casser et blesser le cheval,
– les mors non nettoyés s'usent et s'abîment plus vite ; ils risquent de blesser le cheval et sont loin d'être hygiéniques,
– les tapis sales se durcissent, blessent le cheval et peuvent entraîner des infections,
– il en va de même pour les sangles sales,
– ainsi que pour les protections.

▶ Entretenir le harnachement lui garantit une longue vie et vous permet de **vérifier son état** : coutures intactes, non usées, mors ne présentant pas d'imperfection, de zones d'usure…

▶ Vous devez entretenir votre selle, mais aussi le filet (voir p. 129), les protections (de transport de travail et de repos), et d'une manière générale tout type de harnachement.

▶ La **sangle** et les **protections** se brossent après chaque usage afin d'enlever le plus gros de la saleté, puis se lavent avec une éponge humide si elles sont en toile, avec une éponge et du savon glycériné si elles sont en cuir.

▶ La **selle** peut être nettoyée après chaque usage grâce à une éponge, un seau d'eau et du savon glycériné. Fait tous les jours, cela peut suffire. Sinon, elle sera graissée une fois par mois, ou une fois par semaine si elle sert tous les jours, avec une graisse spéciale pour cuir qui lui assurera une bonne protection.

▶ Pour cela, retirez d'abord la sangle, les protège-sanglons et les étrivières. Passez l'éponge savonneuse (ou la graisse) sur toutes les parties sans exception (matelassure, sous les petits quartiers, sous les quartiers…). Nettoyez les étrivières. Brossez puis nettoyez les étriers avec une éponge et de l'eau.

▶ Graissez (sans excès) chaque partie à l'aide d'une graisse spéciale pour les cuirs, à l'aide du chiffon ou de vos doigts.

▶ Pensez à laver régulièrement le tapis :
– une fois par semaine minimum en hiver s'il sert tous les jours,
– tous les jours ou tous les deux jours en été.

Précision

Le cavalier montant toujours à gauche, l'étrivière gauche est plus régulièrement soumise au poids du cavalier que la droite. Elle a donc tendance à se détendre plus rapidement : c'est pourquoi il ne faut pas se fier aux numéros inscrits sur chaque trou.

Pour limiter cette dissymétrie, il est conseillé d'inverser les étrivières une fois par semaine après les avoir graissées : mettez l'étrivière gauche à droite et vice-versa. Elles s'allongeront ainsi toutes les deux sensiblement de la même façon.

Les aides pour avancer et leur graduation

Les aides pour avancer

▶ Les aides pour avancer désignent les moyens dont vous disposez pour créer, entretenir et diriger l'impulsion (voir p. 84) ; elles peuvent être naturelles ou artificielles (voir p. 58).

▶ **Pour avancer** de l'arrêt au pas, ou du pas au trot, servez-vous de vos jambes. Elles agissent par degrés, en fonction de la réponse du cheval :
– par des pressions discontinues, d'arrière en avant [1],
– par des petits coups de talon, s'il n'y a pas de réponse du cheval [2],
– par un coup de talon associé à un petit coup de cravache, en dernier recours.

▶ Vous devez être assis d'aplomb (c'est-à-dire le même poids dans les deux fesses) pour que vos jambes agissent de façon symétrique [5].

▶ Lorsque vous vous servez de vos jambes, vous devez baisser vos mains afin de diminuer la tension des rênes. Une fois que le cheval répond, cessez d'agir : cédez. Restez redressé, laissez-vous porter par l'allure.

▶ **Pour entretenir l'allure**, vous utilisez vos jambes si l'activité de votre cheval diminue, vos mains si elle augmente.

▶ **Pour ralentir**, passer à l'allure inférieure ou vous arrêter, servez-vous de vos mains. Agissez sur la bouche du cheval par l'intermédiaire des rênes et du mors [3] et [4].

1

2

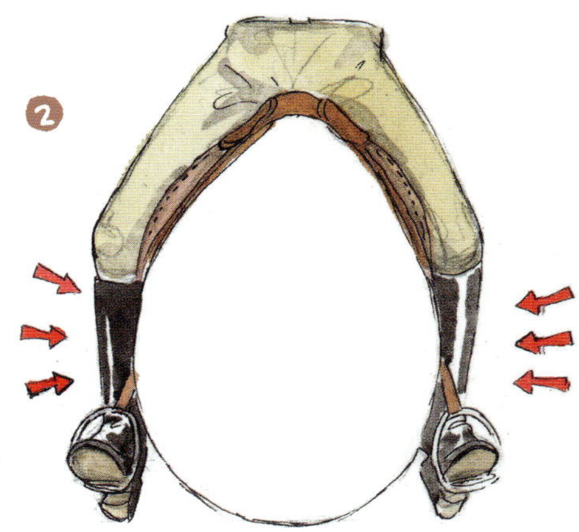

6

▶ **Le poids du corps** par l'intermédiaire de l'assiette est aussi une aide pour avancer. Lorsque vous êtes assis, vous recevez directement dans vos fesses les ondulations du dos du cheval liées à ses déplacements aux différentes allures [6]. En laissant fonctionner vos reins, vous accompagnez l'allure et lui permettez de prendre toute son expression.

▶ Si vous accentuez cet accompagnement, vous incitez votre cheval à augmenter son allure ; en diminuant cet accompagnement tout en vous grandissant, vous diminuez l'allure.

▶ La cravache et les éperons peuvent renforcer l'action de vos aides pour avancer.

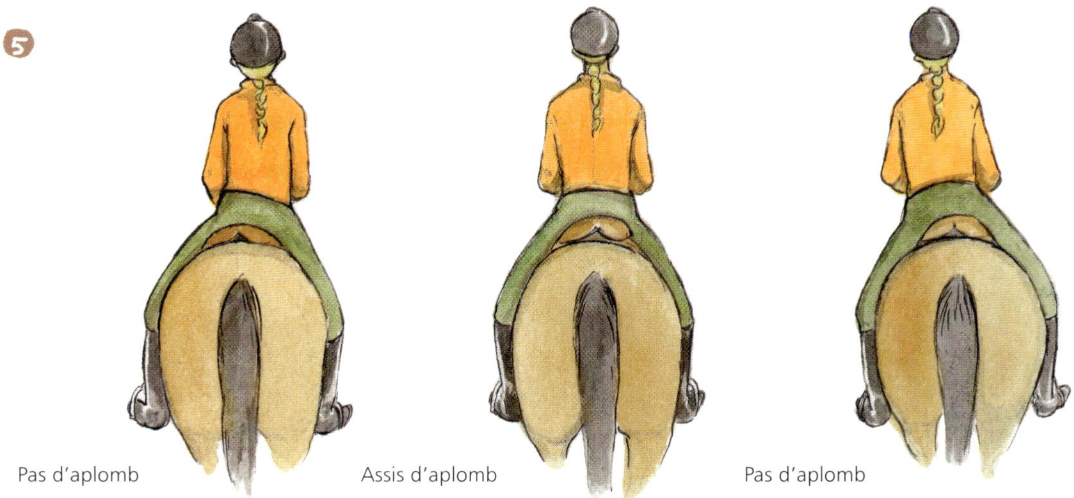

Pas d'aplomb Assis d'aplomb Pas d'aplomb

3ᵉ temps Projection

Connaissances générales

L'impulsion

▶ **L'impulsion est le désir du cheval** de se porter en avant. Chez certains chevaux, ce désir est naturel, chez d'autres, il est acquis par le dressage. Il dépend du tempérament, mais aussi de la race : certaines races dites « de sang » ont naturellement plus d'impulsion que d'autres.

▶ **L'impulsion se caractérise par la poussée des postérieurs**, et s'associe à l'idée d'un rôle propulsif de l'arrière-main.

▶ Monté, un cavalier confirmé parvient à ressentir l'impulsion dans ses fesses, son rein, son dos et à la recueillir dans ses mains. Le cheval est alors « en avant des jambes et sur la main ». Il est :
– toujours prêt à se porter dans le mouvement en avant ; il marche d'un pas franc, trotte de façon énergique et part sans peine au galop,
– tout en respectant néanmoins la main qui règle et dirige cette impulsion.

▶ Comment l'obtenir ?
Grâce aux *Aides pour avancer*, voir p. 82.

La graduation des aides

▶ Les aides doivent agir avec graduation et en partant de l'intensité la plus faible :

▶ À pied ou monté, vous pouvez garder à l'esprit la graduation suivante :
– niveau 1 : les aides agissent au contact du poil (c'est l'intensité la plus faible) ;
– niveau 2 : les aides agissent au contact de la peau ;
– niveau 3 : les aides agissent au contact de la chair :
– niveau 4 : les aides agissent au contact de l'os (c'est l'intensité la plus forte).

▶ Le cavalier agit toujours en commençant par l'intensité la plus faible. Il n'augmente l'intensité que si le cheval ne répond pas. Il cède impérativement et immédiatement dès la réponse obtenue.

Précision

L'impulsion est la base de l'équitation. Le colonel Challan-Belval dans *Dressage* (Émile Hazan, 1964) écrit : « L'équitation est l'art d'exploiter l'impulsion, ce n'est QUE cela, mais c'est TOUJOURS cela. »

L'impulsion telle qu'illustrée par le commandant Licart.

Dessiner sur un papier et nommer les figures de manège usuelles : cercle, volte, diagonale, doublers

▸ Nous avons vu ces figures de manège aux pages 61.

▸ **Photocopiez ou recopiez le dessin ci-contre** qui représente une carrière ou un manège de 60 x 20 m et dessinez :

– un cercle de 20 m de diamètre en A,
– un cercle de 20 m de diamètre en C,
– un cercle de 20 m de diamètre en B,
– un cercle de 20 m de diamètre en E,
– une volte de 10 m en A,
– une volte de 10 m en B,
– une volte de 10 m en C,
– une volte de 10 m en E,
– un doubler dans la largeur avec changement de main en B,
– un doubler dans la largeur avec changement de main en E,
– un doubler dans la largeur sans changement de main en B,
– un doubler dans la largeur sans changement de main en E,
– un doubler dans la longueur avec changement de main en C,
– un doubler dans la longueur avec changement de main en A,
– un doubler dans la longueur sans changement de main en C,
– un doubler dans la longueur sans changement de main en A.

▸ Les solutions sont en page suivante.

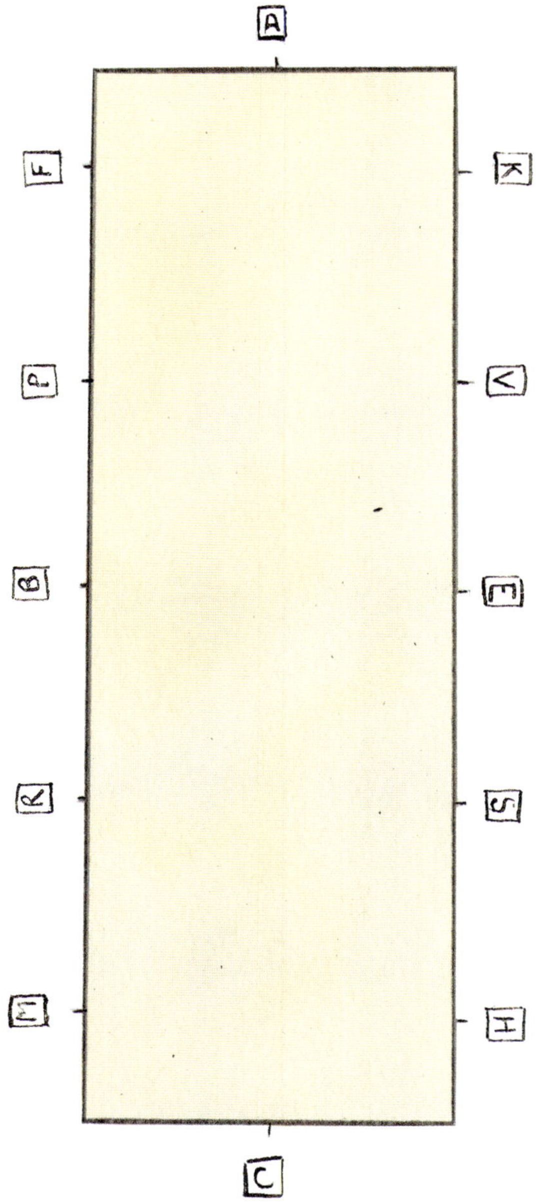

Solution des figures de manège usuelles

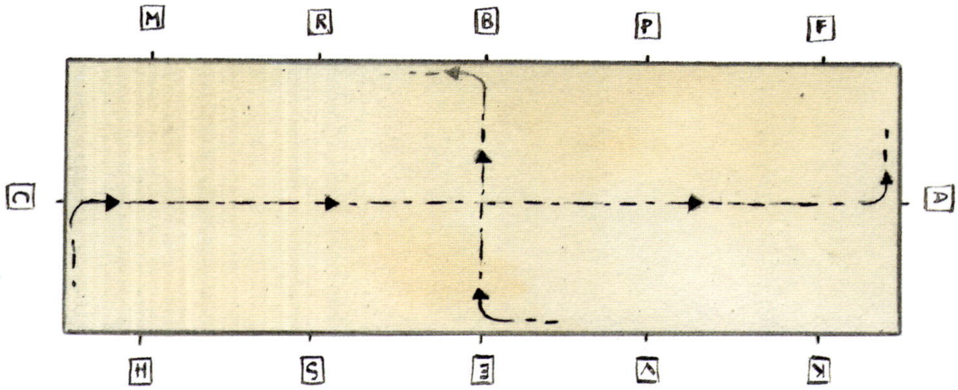

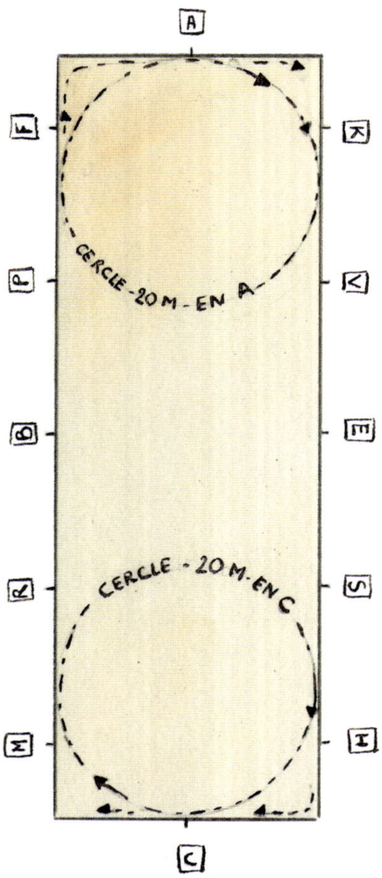

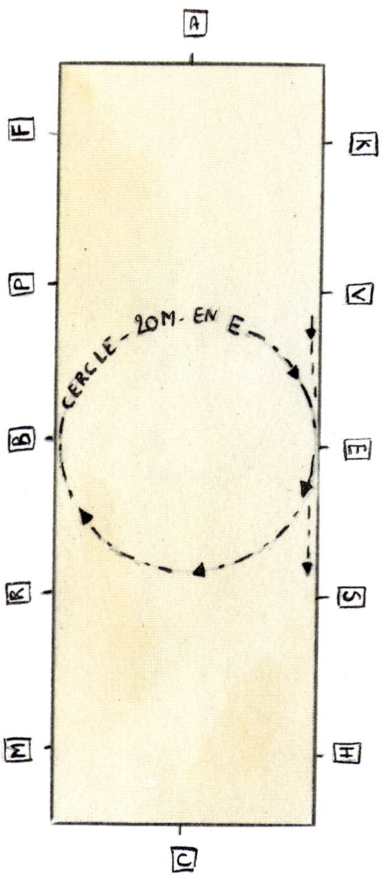

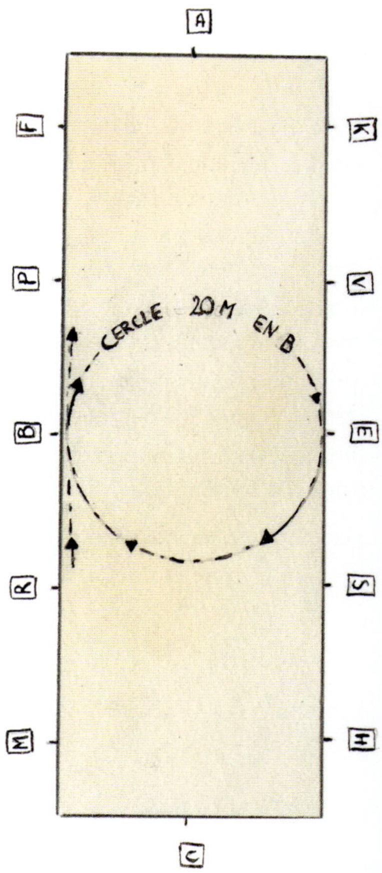

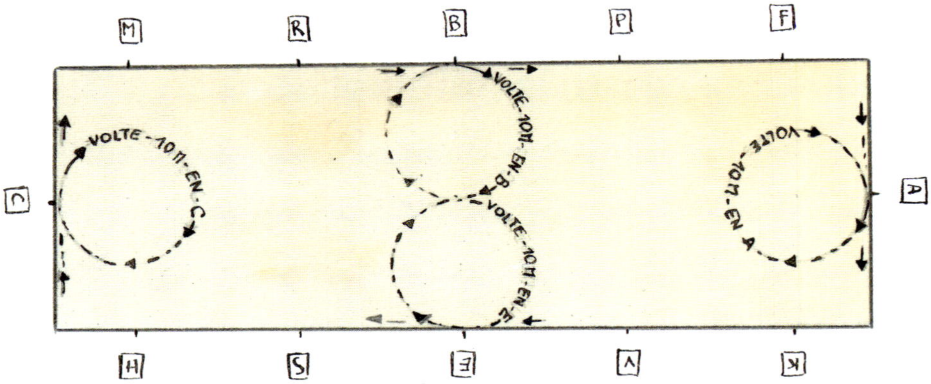
M
R
B
P
F
C
A
H
S
E
V
K
VOLTE-10 M-EN-C
VOLTE-10 M-EN-B
VOLTE-10 M-EN-E
VOLTE-10 M-EN-A

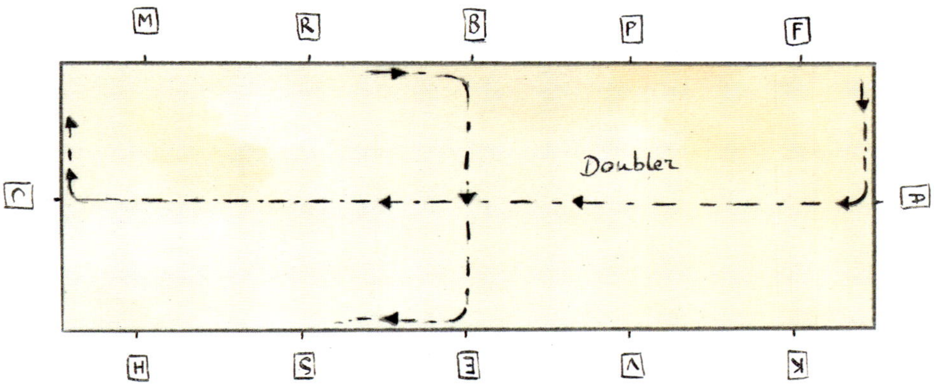
M
R
B
P
F
C
A
Doubler
H
S
E
V
K

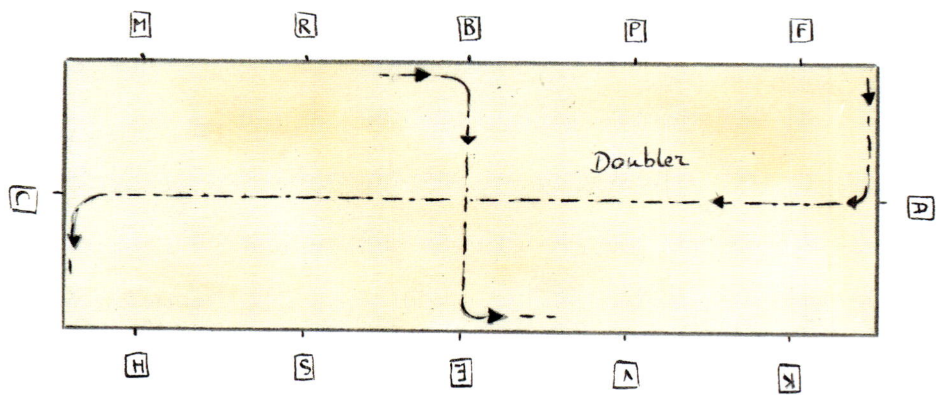
M
R
B
P
F
C
A
Doubler
H
S
E
V
K

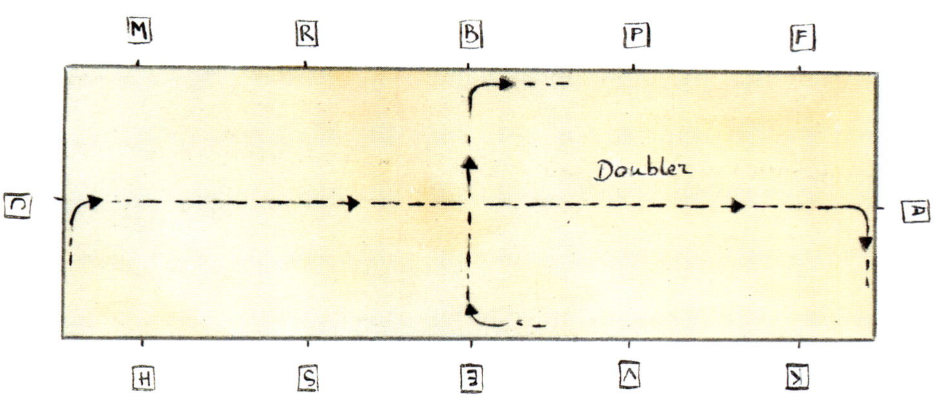
M
R
B
P
F
C
A
Doubler
H
S
E
V
K

Reculer de deux pas contre le pare-bottes

▶ Dans le reculer, le cheval se déplace par diagonaux. Un pas de reculer est le recul d'un diagonal, deux pas est le recul de deux diagonaux. Le reculer doit s'effectuer droit.

▶ Votre cheval est contre le pare-bottes (celui-ci l'incitera à le faire reculer droit).

▶ Placez-vous sur le côté ou devant votre monture, votre corps orienté vers l'arrière-main. Avancez avec franchise sans brusquerie, votre cheval devrait suivre votre mouvement et ainsi reculer.

▶ Agissez graduellement :
– votre déplacement suffit à le faire reculer,
– vous accompagnez votre déplacement d'un appel de langue ou d'un encouragement de la voix,
– vous accompagnez votre déplacement d'un encouragement de la voix et d'une traction progressive sur la longe.

▶ Cédez dès l'amorce du reculer.

▶ Si votre cheval refuse de reculer ou se bloque dans ce mouvement, n'insistez pas :
– arrêtez-le puis redemandez (c'est la répétition de la demande qui produit l'effet, non l'acharnement),
– si cela ne suffit pas, faites-le avancer quelques foulées, avant de l'arrêter et de demander à nouveau le reculer.

▶ Caressez-le souvent.

Précision

Quel que soit le travail à pied, votre cheval reste confiant et respectueux. Il est attentif (observez ses oreilles et son regard. Voir p. 55), décontracté (son encolure est relâchée - voir p. 54), conserve une allure calme mais franche sans chercher à vous dépasser, à vous bousculer ou à se faire tirer.

Mener son cheval en main au trot quelques foulées

▶ Vous marchez au pas, votre cheval en main (voir p. 42). Pour prendre le trot, vous agissez progressivement :
– vous prenez vous-même le trot (votre cheval vous suit, comme il suit vos déplacements),
– si votre cheval ne répond pas, vous prenez le trot et l'encouragez de la voix,
– vous effectuez une action progressive sur la longe,
– vous renforcez votre demande par l'action du stick de dressage.

▶ **Le stick** est une longue cravache utilisée pour le dressage et le travail à pied. Il est une aide indispensable pour mobiliser les hanches ou les épaules de votre cheval, à pied, et peut renforcer l'action impulsive.

▶ Il se tient dans la main gauche (avec la longe) et agit par une suite de touchers sur la croupe lorsque vous souhaitez prendre le pas ou le trot. Il est alors une aide au même titre que la cravache.

▶ Le trot doit être calme, franc et dynamique et votre cheval doit rester à votre côté. S'il ralentit ou tente de vous dépasser, agissez comme au pas voir p. 42.

Mener son cheval en main sur un tracé précis

▸ Les consignes sont les mêmes que page 43, la précision du tracé en plus.

Déplacer la tête du cheval en haut et en bas

▸ L'objectif de ces exercices est que votre cheval déplace sa tête où vous le lui demandez, sans résister. C'est un signe de confiance mais aussi un moyen de développer cette confiance, sa décontraction et sa disponibilité générale.

Votre cheval est à l'arrêt, sans licol

▸ Caressez-le pour vérifier qu'il est en confiance (voir p. 49). Placez votre main droite sur la nuque, et l'autre sur le chanfrein et demandez-lui de baisser la tête. Cédez dès qu'il cède, insistez sans brusquerie en cas d'hésitation.

Votre cheval est à l'arrêt en licol

▸ Pour lui demander de baisser la tête, tendez légèrement votre longe vers le bas de façon continue et attendez. Dès qu'il baisse la tête, cédez et récompensez-le de la voix.

▸ S'il relève la tête, ne soyez pas brusque : il cherche ce qu'il doit faire. Maintenez simplement une tension constante et insistez. Cédez à la moindre marque de bonne volonté.

▸ Lorsque vous obtenez facilement cet exercice, vous pouvez lui faire baisser la tête jusqu'au sol, en procédant de la même façon. Tendez, cédez dès qu'il cède, puis recommencez ainsi de suite jusqu'à l'amener le plus bas possible.

▸ Procédez de la même façon pour lui **monter la tête** : levez, insistez, cédez dès qu'il vous obéit, recommencez.

Précision

Vos gestes doivent toujours être doux. Vous devez le guider, lui faire comprendre ce que vous souhaitez, sans jamais vous énerver ni devenir brutal (ce qui aurait l'effet strictement opposé).

Déplacer la tête du cheval à droite et à gauche

▸ Vous êtes à gauche de votre cheval. Il est en licol ou en filet. Dans ce dernier cas, les rênes sont longues.

▸ **Pour effectuer une flexion latérale gauche**, placez votre main droite au niveau de la moitié de l'encolure, puis amenez sa tête vers vous en repliant votre bras gauche, par une action douce mais continue sur la longe ou la rêne gauche. À la moindre cession, cédez.

▸ **Ne cherchez pas à obtenir une flexion trop prononcée dès le début**. L'objectif est le consentement du cheval dans le plus complet relâchement.

▸ Recommencez, cédez, recommencez, etc. Jusqu'à la complète flexion de l'encolure.

▸ **Placez-vous à droite du cheval** et effectuez une flexion vers la droite, en procédant de la même façon.

Déplacer les hanches à partir de l'arrêt

▸ **Pour déplacer les hanches autour des épaules**, placez-vous à gauche de votre cheval (en licol ou en filet) de trois quarts face aux hanches. Votre main gauche tient la longe ou la rêne gauche, la main droite est prolongée par un stick.

▸ Effectuez une flexion de la tête sur l'encolure et poussez les hanches en touchant le postérieur gauche de façon répétée, avec votre stick.

▸ Le cheval déplace ses hanches autour de ses antérieurs.

▸ Votre action doit être délicate. En effet, le cheval ne doit pas fuir, mais déplacer ses hanches, et vous devez garder l'impression que sa tête reste « légère » dans votre main.

▸ En procédant ainsi, demandez un pas ou plusieurs, et arrêtez le mouvement à volonté par une indication de la voix.

▸ Faite le même exercice, à l'autre main, en vous plaçant à droite de votre cheval.

Précision

Votre cheval doit rester **décontracté et confiant**. Son encolure est détendue et il n'oppose pas de résistance. Observez-le très régulièrement, pour vous assurer qu'il reste calme et à votre écoute.

Déplacer les épaules à partir de l'arrêt

▸ **Pour déplacer les épaules de votre cheval vers la droite**, autour des hanches, placez-vous à gauche du cheval, à mi-encolure, les rênes ou la longe de licol dans la main gauche et le stick dans la main droite. Dans cet exercice, le stick se pose sur les épaules, soit parallèle au sol, soit légèrement de biais.

▸ Avancez en poussant l'avant-main de la longe et du stick comme si vous souhaitiez le contourner. Si vous le pouvez, regardez par-dessus son encolure, ce qui vous aidera à situer votre propre mouvement dans l'espace et par rapport à lui [1].

▸ Cet exercice n'est pas difficile pour le cheval. Le principal problème vient généralement du cavalier qui ne contourne pas suffisamment sa monture, mais avance en « rentrant » vers le cheval [2].

▸ **Si les hanches dérapent** (si elles ne restent pas en place et se déplacent vers vous), posez votre stick sur la fesse, ce qui immobilisera l'arrière-main [3].

▸ Comme dans l'exercice précédent, votre cheval doit rester léger, calme et confiant.

▸ Faites le même exercice, à l'autre main, en vous plaçant à droite de votre cheval.

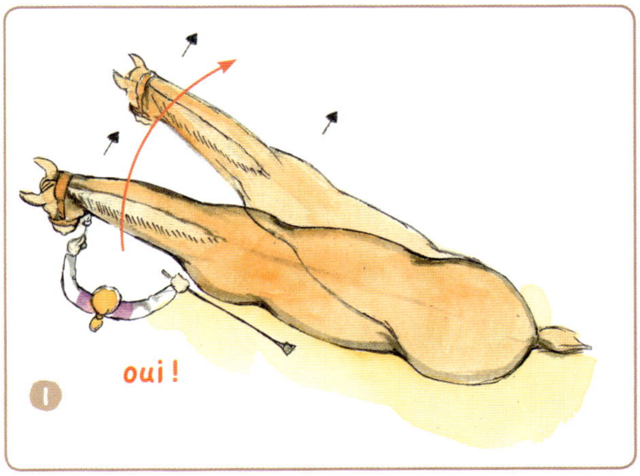

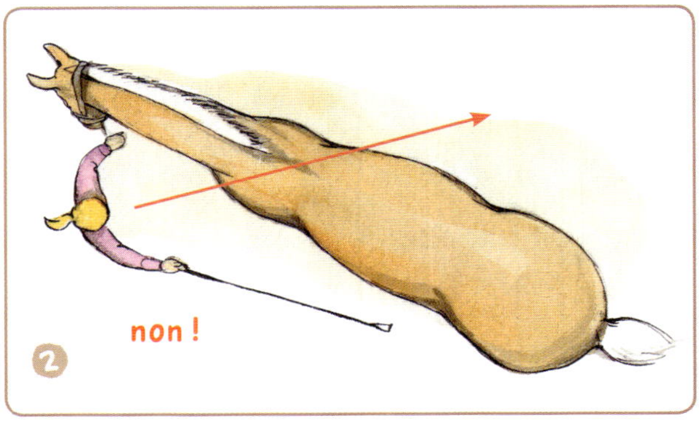

Précision

Que vous mobilisiez les hanches autour des épaules ou l'inverse, procédez avec douceur. Vous devez indiquer sans contraindre, ce qui vous permettra de demander un pas ou plusieurs, à loisir, et de cesser le mouvement à votre demande.

Aborder son cheval

L'aborder en stabulation

▸ Avant d'entrer dans une stabulation (grand box où vivent plusieurs chevaux, page 108), prenez quelques minutes pour observer les chevaux qui s'y trouvent et vous assurer que tous les sujets sont calmes. Appelez celui que vous venez chercher, afin de capter son attention et éventuellement qu'il se rapproche de la porte. Entrez et restez près de la porte pour que ce soit lui qui vienne à vous. S'il ne vient pas, dirigez-vous vers lui tout en l'appelant pour qu'il s'intéresse à vous, et arrêtez-vous à un mètre de lui. Il doit vous regarder, signe que vous vous connectez, et faire le dernier pas.

▸ Caressez-lui longuement le chanfrein, puis l'encolure, et mettez-lui son licol.

▸ Pour sortir votre cheval d'une stabulation, ne vous laissez pas déborder par les autres. Écartez-les de vous, approchez-vous de la porte et postez-vous devant la porte en les maintenant à distance. Sortez, puis demandez à votre cheval de sortir avant de refermer la porte derrière lui.

L'aborder au paddock ou au pré

▸ Aborder un cheval au paddock ou au pré suit les mêmes principes qu'en stabulation. Entrez dans le pré ou le paddock si tous les chevaux sont paisibles et éloignez-vous de la clôture une dizaine de mètres. Appelez celui que vous venez chercher. Il doit venir à vous et s'arrêter à quelques mètres. Si ce n'est pas le cas, approchez-vous tout en l'appelant jusqu'à ce qu'il s'intéresse à vous.

▸ S'il est avec d'autres chevaux et qu'ils viennent tous vers vous, attendez qu'ils soient tous là, calmes et (relativement) immobiles.

▸ Caressez le vôtre (chanfrein, encolure), puis mettez-lui son licol.

▸ Écartez les autres et emmenez votre cheval vers la sortie. Sortez-le du pré en procédant comme dans une stabulation.

À CONNAÎTRE

L'approche-retrait

Ce principe s'applique face à un cheval qui, au pré ou au paddock, vous semble peureux ou hésitant. Il consiste à s'avancer, s'immobiliser, reculer, puis avancer de nouveau vers le sujet, afin de ne pas déclencher la fuite et que votre cheval ne vous prenne pas pour un prédateur. En procédant avec lenteur et par étapes (avancer, reculer, avancer, etc.), vous diminuerez la distance qui vous sépare et l'approcherez progressivement sans que sa crainte augmente suffisamment pour qu'il s'enfuie.

Lâcher un cheval (box, pré, paddock, stabulation)

▶ Pour lâcher un cheval au box, au pré, au paddock ou en stabulation, assurez-vous que les autres chevaux (s'il y en a), sont calmes. Éloignez-les de la porte et entrez avec le vôtre.

▶ Restez près de l'entrée et faites-le tourner de façon à ce qu'il soit face à la porte. Maintenez la connexion entre vous (qu'il vous regarde) et détachez le licol. Si possible, caressez-le quelques secondes, puis sortez tranquillement du box ou du pré.

Observer et décrire les comportements des chevaux entre eux

▶ Reportez-vous aux paragraphes :
– *Observer le comportement du cheval*, pp. 44-45,
– *Les comportements des chevaux entre eux*, pp. 100-101,
– Ainsi que ceux liés à l'éthologie du cheval, p. 54-55, 148-149 et 198-199.

Faire un pansage en utilisant la brosse douce, l'étrille et le bouchon

Le matériel de pansage

▶ Le matériel de pansage élémentaire est constitué d'une étrille, d'un bouchon, d'une brosse douce et d'un cure-pieds.

▶ **L'étrille** [3, 4, 5 et 6] peut être en plastique ou en fer. Il en existe de différentes tailles (achetez-en une adaptée à votre main !) et de différentes « duretés ». Les plus souples peuvent s'utiliser sur le corps et sur les membres, les plus dures (en fer) uniquement sur les parties charnues (c'est-à-dire constituées de chair, de muscles, ce qui n'est pas le cas de la tête et des membres). Elle sert à décoller, en profondeur, les saletés (poussière, sueur, boue…) accumulées à la racine du poil.

▶ **Le « bouchon »** [8] est constitué de poils en nylon ou en chiendent assez rigides. Il sert à enlever le plus gros des saletés décollées par l'étrille. Il s'utilise sur l'ensemble du corps et peut être employé pour démêler les crins de la crinière et de la queue s'il n'arrache pas les crins.

▶ **La brosse douce** [7] possède des poils en soie naturelle ou en nylon. Elle permet de lisser le poil (c'est-à-dire de le remettre dans le sens de sa pousse) tout en le débarrassant des dernières poussières. On l'utilise aussi pour nettoyer la tête du cheval.

9

▶ **Le cure-pieds** [1 et 2] sert à curer les pieds. Il permet de nettoyer la sole et de dégager les lacunes de la fourchette (voir p. 152). Il s'utilise cependant avec précaution, sa forme courbée et pointue pouvant heurter certaines parties assez sensibles du pied.

▶ Enfin, un sac ou une caisse [9] vous permettront de ranger et de transporter facilement tout votre matériel.

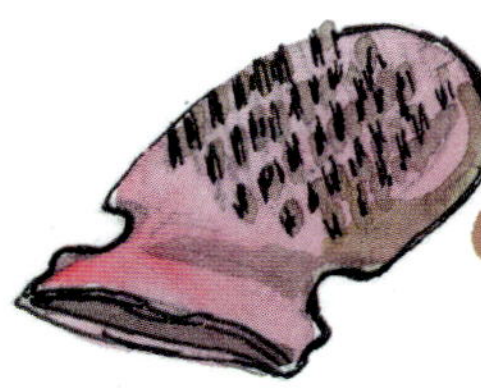

4

7

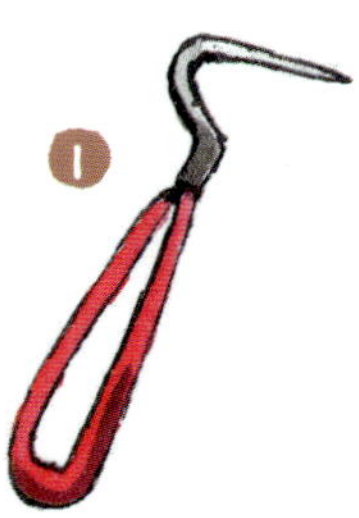

1

3

6

8

2

5

Le pansage élémentaire

▸ Le pansage s'effectue avant que le cheval ait été monté, puis après, et éventuellement une troisième fois dans la journée.

▸ S'il peut s'effectuer dans le box, c'est à l'extérieur qu'il vaut mieux le faire :
– d'abord parce que vous y aurez plus de place,
– ensuite, parce que cela évitera que tout ce que vous enlevez se mêle à la litière du cheval.

▸ **Passez d'abord l'étrille**, par de grands gestes circulaires sur le corps, la croupe, l'encolure (pas sur la tête, ni sur les membres) [10].

▸ Après l'étrille, **passez le bouchon**. Il enlève la plus grande partie des saletés décollées par l'étrille. Il se passe sur le corps, sur la tête et dans la crinière dans le sens des crins pour les mettre dans le même sens. Vérifiez bien que la nuque soit propre (sous la têtière), ainsi que les joues et le passage de sangle. Le frottement du harnachement sur des parties sales risque de blesser le cheval.

▸ **Le bouchon** s'utilise pour la queue, s'il n'est pas trop rigide (afin de ne pas arracher le poil). Placez-vous à gauche de votre cheval, sur le côté, prenez la queue dans la main gauche et lâchez progressivement les mèches, que vous brossez. Notez que les professionnels démêlent presque tous la queue des chevaux à la main !

▸ Brossez enfin les membres du cheval [14].

▸ Nettoyez régulièrement l'étrille et le bouchon des saletés qu'ils contiennent en frottant le bouchon contre l'étrille [11] puis en tapant l'étrille par terre [12] pour la débarrasser de la poussière, c'est ce que l'on appelle un « témoin [13] ».

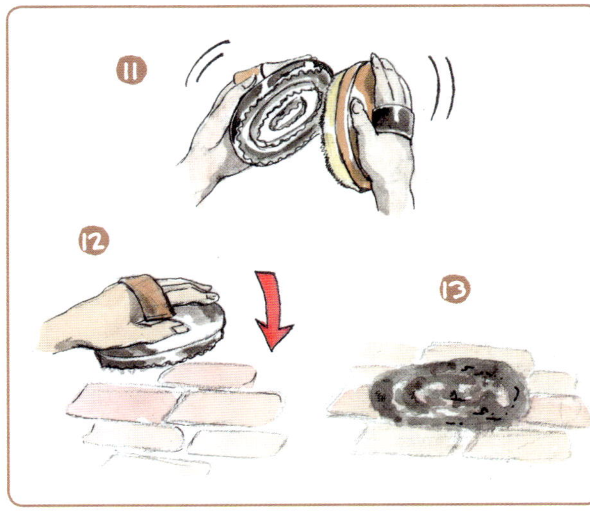

▸ Le pansage se termine par **la brosse douce,** dans le sens du poil, de la tête à la queue, par le lisser [15].

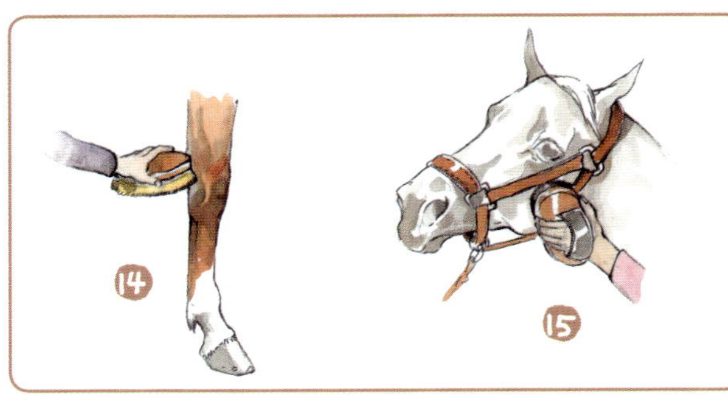

Précision

Certains chevaux chatouilleux ou sensibles, supportent difficilement d'être brossés avec fermeté (ils secouent la tête, tentent de mordre, se campent…). Sachez adapter votre énergie et éventuellement la brosse à la sensibilité de chaque cheval.

Curer les pieds antérieurs, prendre un postérieur

▸ Avant de sortir du box, vous devez curer les pieds. Vous les curerez à nouveau à l'issue du travail.

▸ **Commencez par l'antérieur gauche**, puis le postérieur gauche, puis l'antérieur droit et finissez par le postérieur droit. Placez-vous de côté, face à la croupe, dos à la tête du cheval, et :

– **pour les antérieurs** [1], glissez votre main le long du membre et appuyez votre épaule contre celle du cheval pour déplacer son poids sur l'épaule opposée. Saisissez le pied au niveau du boulet et demandez-lui de vous donner son pied par un petit appel de la voix. Quand le pied se lève, prenez-le à pleine main [2].

– **pour les postérieurs**, caressez l'arrière-main, descendez votre main le long de la jambe, saisissez le boulet [3] par l'intérieur, puis, comme pour les antérieurs, demandez-lui de vous donner son pied. Lorsque le pied se dégage du sol, prenez-le à pleine main [4].

▸ **De nombreux chevaux savent « croiser »** : vous pouvez ainsi demander l'antérieur puis le postérieur droit tout en restant à gauche de votre cheval.

▸ **Pour curer le pied**, dégagez la sole (p. 152) en commençant par les deux rainures (les lacunes latérales) de chaque côté de la fourchette, puis terminez par le tour de la sole, au niveau du fer. Travaillez toujours de l'arrière vers l'avant du pied pour ne pas risquer de blesser le cheval en cas de dérapage. N'appuyez pas trop, mais suffisamment pour dégager la sole du fumier ou de la terre qu'elle peut contenir.

▸ **Lorsque les pieds sont curés**, sortez votre cheval et attachez-le. Vous pouvez alors le panser.

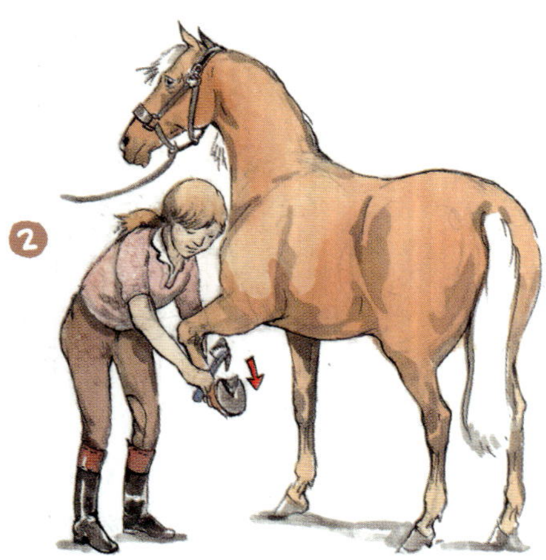

Attacher son cheval

▸ **Le mieux est d'attacher son cheval aux anneaux d'attache** prévus à cet effet (ce sont de petits anneaux de fer fixés dans le mur à l'extérieur des boxes). S'il n'y en a pas, choisissez un endroit où aucun objet ne le blessera (s'il se tourne, s'il relève la tête…) ni trop près des autres chevaux.

▸ **L'attache ne doit pas être trop basse**, pour que le cheval ne marche pas sur sa longe. La bonne hauteur se situe au niveau de l'anneau du licol quand le cheval prend une attitude normale. Mais vous pouvez très bien l'attacher plus haut [3], comme le font souvent les randonneurs, tant que le cheval garde la liberté de son port de tête.

▸ **Il ne doit être attaché ni trop long [1], ni trop court [2].** Trop long, il risque de se prendre les pieds dans la longe (et de se faire une « prise de longe ») ou de passer la tête sous la longe et de se faire peur en la relevant. Trop court, il risque de se sentir prisonnier et de se débattre.

▸ On a coutume de dire que la **bonne longueur** correspond à la longueur du bras du cavalier, ou de l'encolure : elle se situe aux environs de 80 cm.

▸ **Pour attacher son cheval**, il faut faire un nœud spécial, le nœud d'attache : c'est un nœud qui peut être rapidement détaché en cas de problème (si votre cheval prend peur, « tire au renard », glisse et se couche…).

Précision

Pour réaliser un **nœud d'attache**, reportez-vous à la page 50.

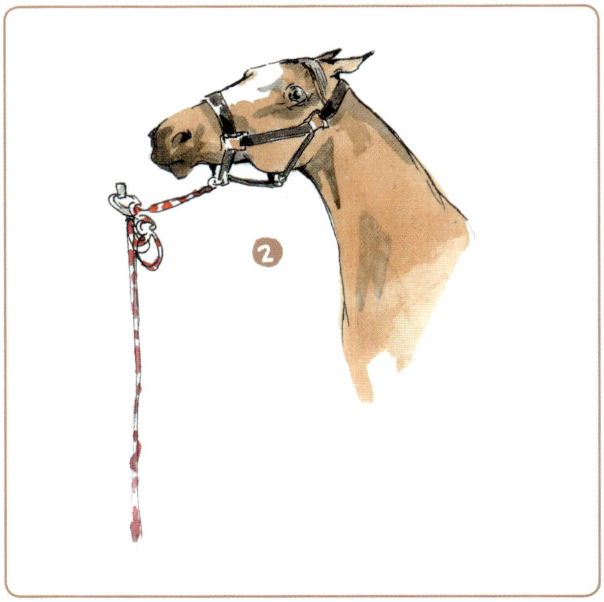

Distribuer les aliments

▸ Le cheval ayant un petit estomac, la distribution des aliments a lieu 3, 4 ou 5 fois par jour (voir pp. 210-211).

▸ **La ration journalière** est composée de céréales ou de granulés (voir p. 103) et peut être augmentée de foin.

▸ En principe, **chaque cheval possède une petite pancarte, sur la porte de son box** [1], sur laquelle est mentionnée ce qu'il mange et en quelle quantité. C'est la meilleure façon de ne pas se tromper.

▸ La distribution des aliments s'effectue régulièrement et à heures fixes. Si le premier repas est à 8 h, il ne peut être donné à 6 h un jour et 9 h le lendemain. Il est indispensable de garder 8 h.

▸ La quantité inscrite doit être respectée. Vous ne pouvez pas donner « un peu plus » ou « un peu moins » car « il a bien travaillé » ou parce « qu'il est méchant ». Si votre cheval grossit ou maigrit, c'est l'enseignant(e) qui réajustera la ration.

▸ La distribution des aliments doit toujours s'effectuer avec la présence de l'enseignant, du soigneur, ou d'un adulte qui en a l'habitude.

▸ Distribuez toujours les concentrés après le fourrage.

▸ Enfin, vérifiez toujours que la mangeoire est propre et profitez de la distribution pour vérifier les abreuvoirs (état de marche et propreté, voir p. 146).

▸ Pour en savoir plus sur l'alimentation, reportez-vous aux pages 103 et 210.

Mettre et enlever une couverture ou une chemise

▸ L'hiver, quand il fait froid – surtout s'il est tondu – le cheval a besoin d'une couverture. Il peut aussi avoir une chemise mi-saison, une chemise nid-d'abeilles l'été quand il a eu chaud, ou une chemise en éponge pour absorber la sueur (au printemps, en automne ou en hiver après le travail, pour favoriser son séchage).

▸ Il existe différents types de couvertures, de toutes tailles, de toutes sortes, adaptées à la saison, à la température, à mettre avant ou après le travail.

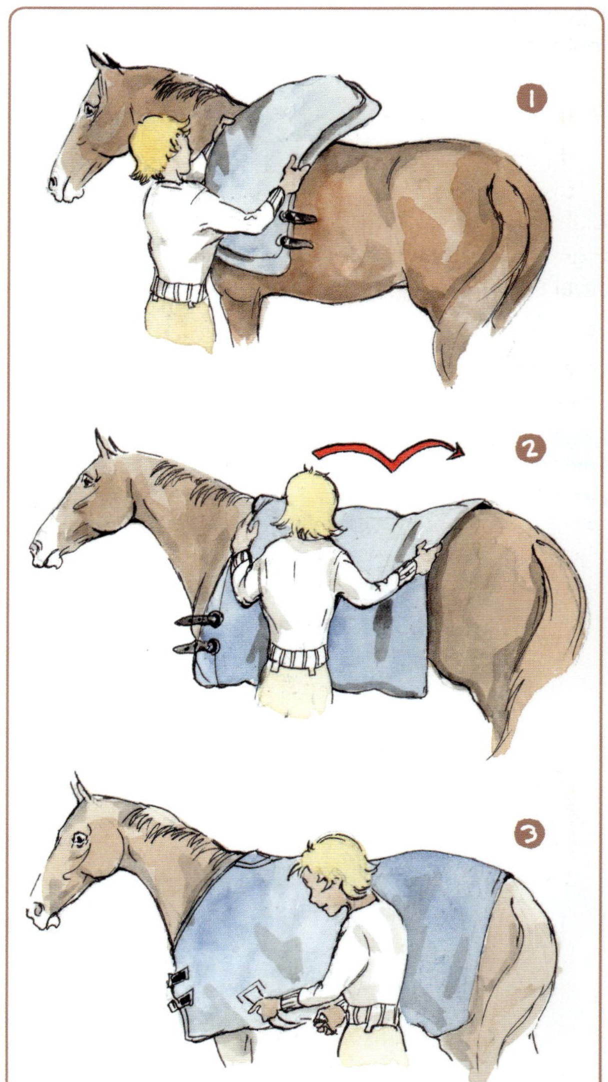

Pour mettre une couverture

▸ Commencez par la plier en deux, les sangles à l'intérieur. Approchez-vous du cheval et caressez-le pour le prévenir. Posez la couverture sur le garrot [1] (sans la lancer, en évitant les grands gestes), un peu en avant de la place qu'elle aura une fois mise. Dépliez-la sur la croupe, puis ajustez sa place sur l'ensemble du corps [2].

▸ Attachez d'abord les sanglons de poitrail, puis les sangles du ventre en faisant attention à les croiser et à ce qu'elles ne soient pas serrées [3]. Finissez par la lanière sous la queue, et entre les cuisses.

▸ Certaines couvertures sont maintenues par un surfaix qui les empêche de tourner. Le surfaix se met en arrière du garrot et ne doit pas être serré (il ne s'agit pas de le sangler comme une selle).

Pour enlever la couverture

▸ Défaites d'abord les sangles sous le ventre [4], entre les cuisses, puis la lanière sous la queue, et enfin les sanglons de poitrail [5]. Pliez-la en deux en plaçant les sangles à l'intérieur, puis, faites-la glisser du dos du cheval [6].

▸ Pliez-la soigneusement avant de la déposer sur le porte-selle, sur la porte du box, dans la mangeoire, ou dans le coin du box.

Précision

La couverture n'est pas trop serrée si vous pouvez passer votre main au niveau des épaules et du poitrail sans déplacer la couverture et sans vous sentir comprimé.

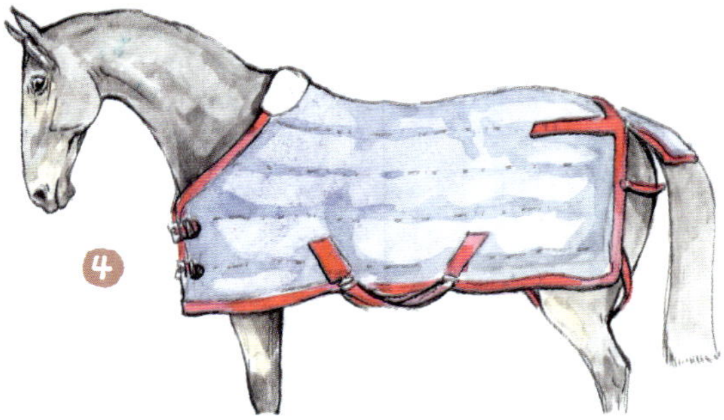
4

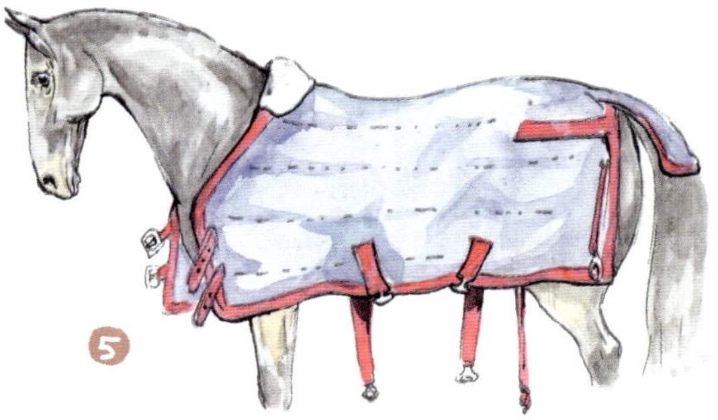
5

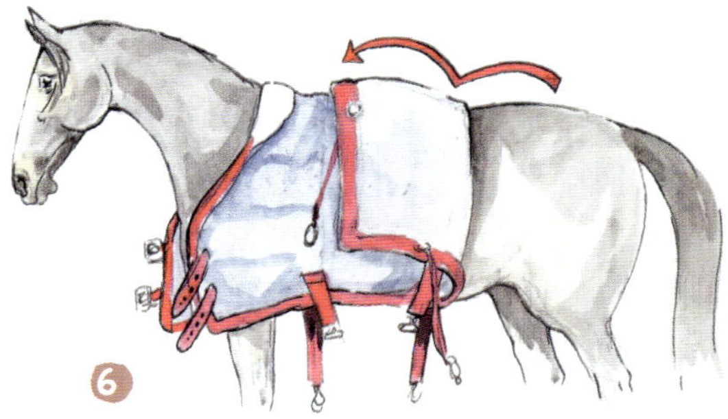
6

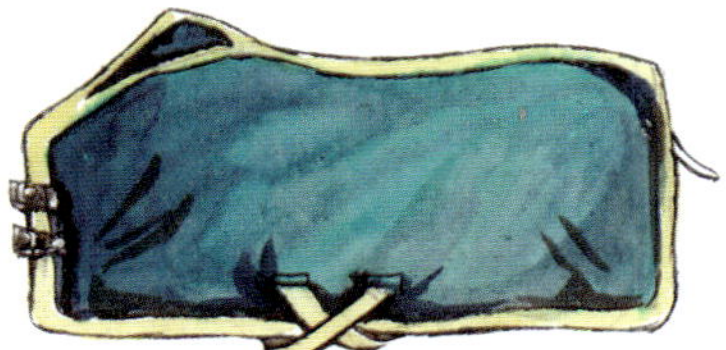
Chemise

Nid-d'abeilles

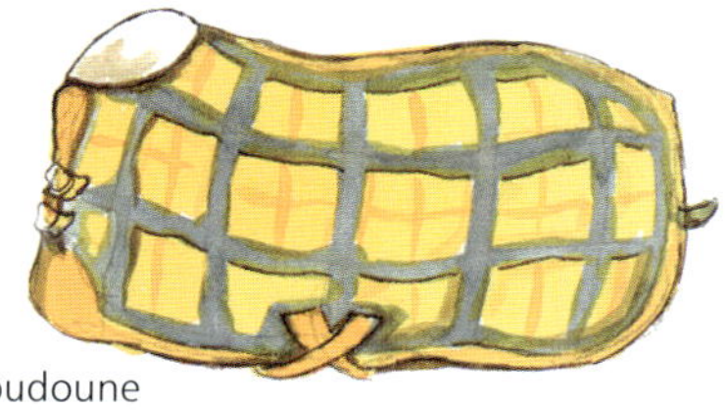
Doudoune

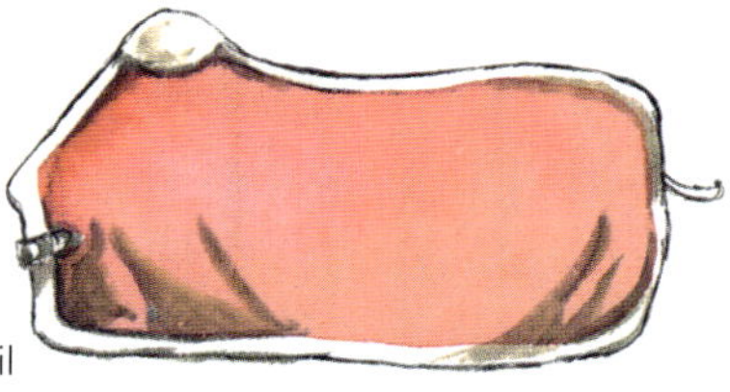
Polaire pour emmener son cheval au travail

Les comportements des chevaux entre eux

▸ **Les chevaux domestiques** ont les mêmes comportements sociaux que les chevaux dits « sauvages ».

▸ **Les chevaux vivent en groupe**. Le groupe représente la sécurité, contrairement à l'isolement, d'où leur comportement grégaire. Pendant que certains dorment, somnolent ou broutent, un autre monte la garde. Il déclenchera la fuite du groupe si nécessaire (comportement profondément ancré, lié à la survie).

▸ Ils ont naturellement besoin de sécurité (confort).

▸ Pour les jeunes, les jeux et la vie dans le groupe leurs permettent de se connaître et d'acquérir de l'expérience. Ils forgent aussi ainsi leur personnalité et la place qu'ils auront dans le groupe une fois adulte.

▸ Ils communiquent de façon :
– **auditive** (hennissements, couinements, appels sourds, gémissements, souffles, ébrouements, ronflements) ;
– **olfactive** (par l'odorat) ;
– **tactile** (quand ils se bousculent, se mordent, se tapent du pied, ou lorsqu'ils se toilettent mutuellement avec les dents) ;
– et **visuelle** (*Expressions et postures du cheval*, voir paragraphe suivant).

▸ Ils ont besoin de se rouler, de marcher longuement. Ils utilisent la plupart de leur temps à manger (voir *La répartition journalière de leurs activités,* p. 148). La roulade permet au cheval de se gratter, de faire tomber les poils morts et les parasites, et de se masser. Il est très important qu'il puisse se rouler quand il le souhaite.

Précision

Pour en savoir plus, reportez-vous aux pages 148-149.

Les cinq sens du cheval

▶ Le cheval perçoit l'environnement grâce à ses sens. Il en possède cinq – la vue, l'ouïe, l'odorat, le toucher et le goût – très différents des nôtres.

▶ **La vision [1]:** le cheval est extrêmement sensible aux mouvements, même lointains, qualité indispensable pour repérer les prédateurs. C'est pourquoi il peut s'effrayer de mouvements brusques de notre part. Ses yeux positionnés sur le côté lui permettent une vision quasi panoramique. Il voit en partie le cavalier qui est sur son dos (jambes, mouvements de cravache). Il possède deux angles morts [6], pour lesquels il lui suffit de tourner la tête.

– Il voit bien mieux que nous dans l'obscurité, même s'il ne voit pas aussi bien qu'un chat.

– Il perçoit assez bien les couleurs, mais différemment de nous, selon les contrastes et les reflets : il voit bien le jaune, le blanc, le noir et le bleu, mais moins bien le rouge, le marron, le gris et le vert.

– Il est particulièrement sensible aux contrastes et aux reflets (il peut donc s'inquiéter d'une trouée de lumière dans la pénombre d'une forêt).

– Enfin, il ne peut voir près et loin à la fois : il baisse la tête pour voir de près et la lève pour distinguer le lointain.

▶ **L'ouïe [2]:** extrêmement sensible, son ouïe lui permet d'entendre les mêmes sons que nous, ainsi que certains ultrasons (moins que le chat ou le chien). Grâce à la mobilité de ses oreilles, il est souvent à même de les localiser avec précision, sans bouger la tête.

▶ **L'odorat [3]:** très développé, l'odorat lui permet d'identifier ses congénères, un objet qui lui fait peur, un prédateur ou de reconnaître sa nourriture. Lorsqu'il est très intéressé par une odeur, le cheval adopte une posture appelée flehmen.

▶ **Le toucher [4]:** tous les chevaux sont sensibles au toucher, mais chaque cheval possède sa propre sensibilité. Ils aiment se toiletter mutuellement « entre amis » (dessin de la page 100). Son corps possède des zones plus sensibles que d'autres (tête, oreilles, flancs, ventre, intérieur des jambes). Il possède des poils tactiles (appelés vibrisses) sur le nez, le menton et autour des yeux. Il ne faut pas les lui couper. Ces poils lui permettent de s'approcher très près d'un objet sans le voir.

▶ **Le goût [5]:** le cheval est sensible au goût, même si peu d'études ont été réalisées dans ce domaine. D'après les scientifiques, il distingue l'amer, le sucré, le salé et l'acide.

À CONNAÎTRE

La vision du cheval

En blanc les zones aveugles, en vert la vision binoculaire et en bleu la vision monoculaire.

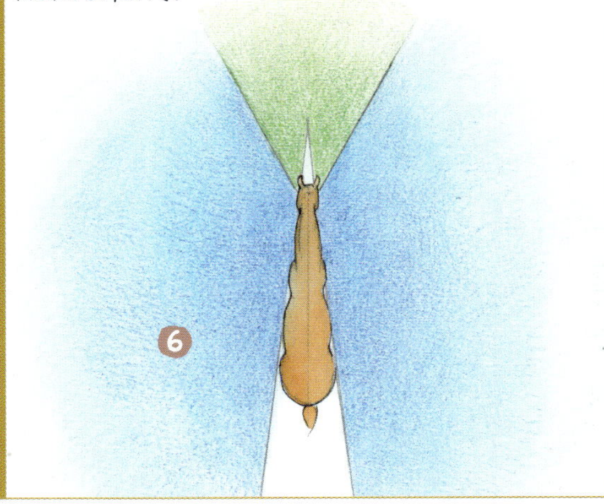

La bouche du cheval, comment il s'alimente

▶ **Les dents servent à saisir et à broyer les aliments.** Elles sont divisées en incisives, canines et molaires. Chaque dent est implantée dans un alvéole dans les os, et entourée par les gencives (muqueuses buccales concourant à les fixer dans leurs alvéoles).

▶ Le cheval possède :
– 6 incisives sur la mâchoire supérieure (et 6 sur la mâchoire inférieure),
– 2 canines sur la mâchoire supérieure (et 2 sur la mâchoire inférieure qu'on appelle aussi crochets),
– deux fois 3 prémolaires sur la mâchoire supérieure (et sur la mâchoire inférieure),
– deux fois 3 molaires sur la mâchoire supérieure (et sur la mâchoire inférieure),
– soit un total de 40 dents.

▶ **La jument a 4 dents de moins que le mâle** car elle n'a pas de crochets. Elle a donc 36 dents. Quand elle possède des crochets (ce qui est rare), elle est dite « bréhaigne ».

▶ **Les incisives servent à couper la nourriture** (le cheval coupe l'herbe, la vache l'arrache), que les lèvres ramassent et que les molaires et les prémolaires broient.

▶ **Les dents sont à croissance continue**, ce qui engendre (en principe et chez les chevaux sains) une usure régulière et homogène.

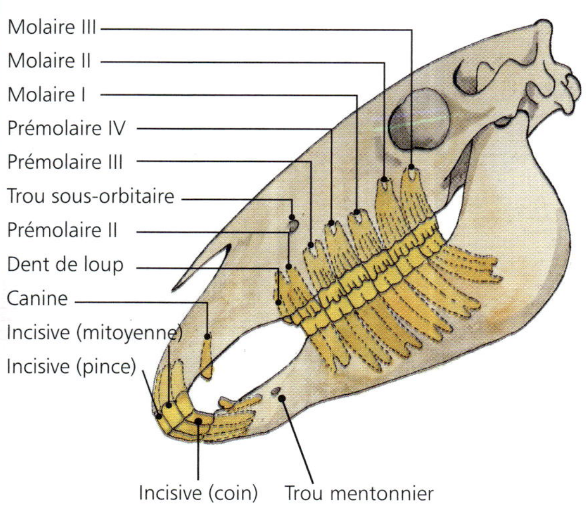

▶ Il est important de faire régulièrement vérifier la bouche de son cheval par un dentiste (voir p. 205) afin de constater notamment l'absence de dents de loup (prémolaire qui n'est pas tombée et qui reste en avant des autres molaires) ou de surdent (sorte de petit crochet ou pic, parfois très pointu, occasionné par une usure irrégulière des dents).

▶ Enfin, **le mors repose sur la langue** et agit sur cette dernière, les barres et la commissure des lèvres. Outre qu'il s'agit de parties sensibles (nécessitant des actions de mains douces et non brutales), il est important de vérifier l'absence générale de blessure autour et dans la bouche du cheval avant de monter.

À CONNAÎTRE

Place et pressions du mors dans la bouche du cheval

Le filet ainsi que le mors occasionnent des pressions sur la tête du cheval et dans sa bouche. Le harnachement doit donc être correctement réglé afin de ne pas exercer de pressions susceptibles de devenir douloureuses ou de blesser le cheval. Le mors doit être adapté, dans son profil comme dans sa taille.

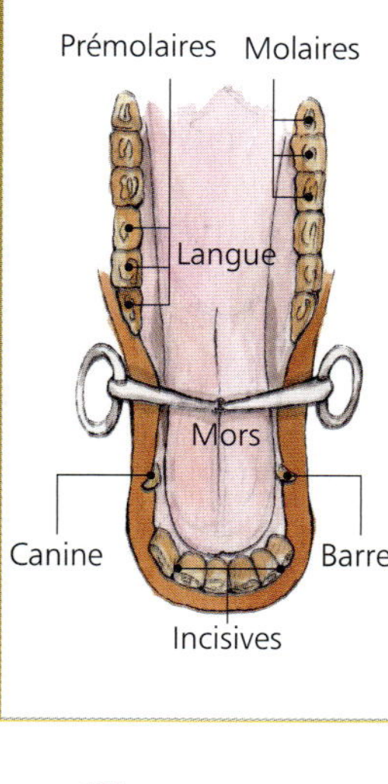

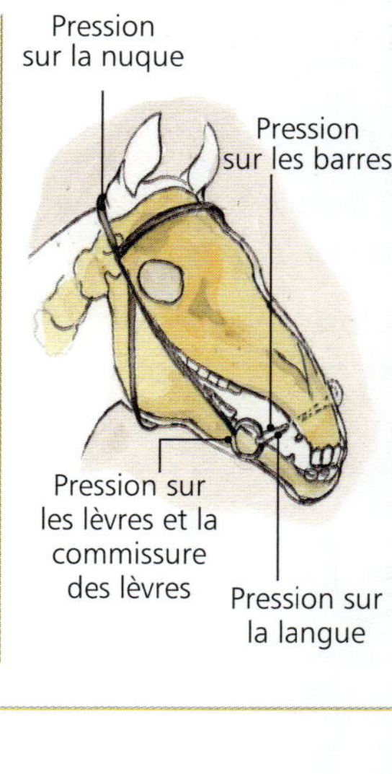

Précision

Pour en savoir plus, reportez-vous aux pages sur l'alimentation et le dentiste, pp. 205 et 210-212.

Notions sur l'alimentation

▸ **Le cheval est un herbivore** dont l'appareil digestif est fait pour recevoir de petites quantités d'aliments toute la journée et de façon continue (voir *La répartition des activités du cheval à l'état naturel*, p. 148).

▸ L'idéal, pour un cheval, est de vivre au pré ou d'y aller chaque jour. Mais tous les clubs ne peuvent offrir cette possibilité.

▸ Le cheval vit alors au box. Ses repas sont fractionnés, entre 3 à 5 fois par jour, et s'associent à la consommation de paille.

▸ **La ration d'un cheval** dans un club varie en fonction de son poids, de la nature et de l'intensité de son travail, et parfois de la saison. Elle diminue lorsque le cheval est malade et consigné dans son box.

La paille et le foin

▸ **La paille** peut être de blé, d'avoine, d'orge ou de seigle et est surtout utilisée pour la litière. Le cheval en a une consommation variable et ceux qui en mangent trop sont mis sur copeaux. Elle sert surtout de lest et n'a pas une grande valeur alimentaire.

▸ **Le foin** est de l'herbe de prairie naturelle, coupée à l'époque de la floraison, puis séchée avant d'être mise en bottes ou en ballots. Il existe des foins de prairies artificielles, généralement appelés par le nom de la plante qui les constituent : luzerne, trèfle, sainfoin…

C'est un aliment complet susceptible de fournir tout ce dont le corps a besoin. Il est donné en complément de l'alimentation et souvent conseillé pour donner du volume à des chevaux un peu maigres. Il se garde à peu près un an. Un bon foin est sec, craquant, dégage une bonne odeur et n'est ni poussiéreux ni moisi.
Il peut être donné après avoir été trempé dans un seau ou une bassine d'eau.

▸ **Évitez de trop le secouer pendant sa distribution** ce qui entraînerait une chute des feuilles (parties les plus riches et les plus digestibles de la plante).
Il se donne avant les granulés.

Les grains

▸ **L'avoine** est l'aliment énergétique traditionnel de base. Elle peut être blanche, grise ou noire, et doit être brillante, odorante, ni poussiéreuse, ni souillée et facilement glisser dans la main. Elle est donnée cuite, concassée, germée ou entière.

▸ **L'orge** peut remplacer l'avoine, notamment chez les chevaux qui ont l'intestin échauffé ou pour ceux qui sont nerveux et chauds. Elle doit être aplatie ou macérée.

▸ **Le maïs et l'orge** peuvent être mélangés, les grains s'équilibrant entre eux.

Les granulés

▸ **Les aliments complets industriels**, généralement appelés granulés, sont faciles d'emploi et apportent une base alimentaire complète. Ce sont des mélanges de céréales, de foin ou de pulpe de betterave, de vitamines et d'un supplément de minéraux. Ils sont conçus pour être servis sans foin, ni céréales, ni autres suppléments et pour répondre quand même aux besoins de base des chevaux. Étant déshydratés, ils nécessitent cependant que le cheval puisse boire à volonté.

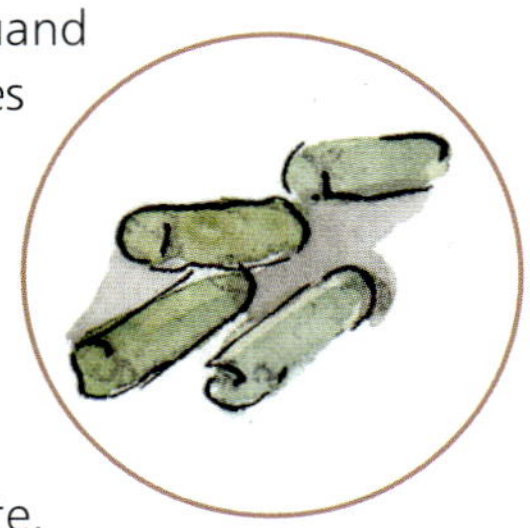

▸ **La ration peut être complétée d'aliments de substitution** (mélasse, carotte, betterave...), de friandises (pains, fruits, etc.), des sels minéraux et de vitamines.

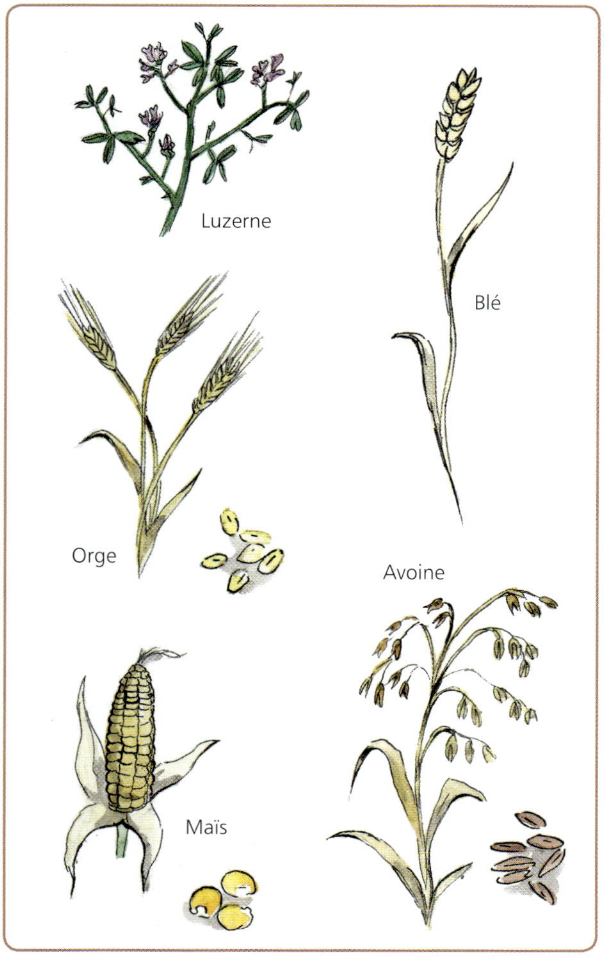

L'eau

▸ **L'eau** est indispensable à la vie du cheval. Il doit pouvoir consommer entre 25 et 60 litres par jour d'une eau claire, propre et à température moyenne. Cela équivaut de 2 à 6 seaux de taille moyenne (10 l).

▸ **La température** de l'eau doit être supérieure à 8°. Une eau trop froide risque de favoriser des coliques, et une eau trop chaude ne désaltère pas.

▸ Un cheval dans un pré peut boire dans une rivière, mais les eaux stagnantes (mares et étangs) sont à éviter car elles peuvent être la cause de graves maladies (elles sont chargées de matières organiques, de végétaux et de parasites).

▸ Après le travail, il faut éviter que le cheval boive trop goulûment de l'eau trop fraîche ; vous pouvez l'en empêcher en lui relevant la tête ou en lui mettant quelques brins de paille dans son abreuvoir ou dans son seau pour l'obliger à aspirer par petites gorgées.

▸ **L'eau doit toujours être à la disposition du cheval.** Il ne doit jamais en manquer. L'abreuvoir automatique répond à ce besoin, à condition que vous vérifiiez quotidiennement qu'il est propre et en parfait état de marche. Si l'eau est dans un seau, ce dernier doit être suffisamment grand, et de préférence en plastique (le métal peut devenir coupant s'il s'use). Tout comme l'abreuvoir, vous devez vérifier sa propreté chaque jour et évidemment, le remplir très régulièrement.

Précision

Évitez de monter le cheval entre une à deux heure(s) après son repas, car il digère.

Les races de chevaux et de poneys

▶ Le cheval est un mammifère de la « famille » des équidés. Le genre *équus* est représenté par quatre groupes (ou espèces) : le cheval (*caballus*), l'âne (*asinus*), le zèbre (*hippotigris*), l'hémione (*hemionus*). Dans chacune de ces espèces, on trouve des races différentes.

▶ Il existe de nombreuses races de chevaux et de poneys en France et dans le monde. La notion de race est définie par l'homme en fonction de critères physiques selon un standard de race, et parfois de besoins ou d'usages.

▶ On distingue :
– **les races de chevaux d'origine française :** l'anglo-arabe, le camargue, le castillonnais, le cheval de Henson, le mérens, le selle français et le trotteur français,
– **les chevaux de traits d'origine française :** l'ardennais, l'auxois, le boulonnais, le breton, le cob normand, le comtois, le percheron, le poitevin mulassier et le trait du nord,
– **les poneys d'origine française :** le poney français de selle, le poney landais, le pottok,
– **les races de chevaux étrangères :** akhal-téké (Turkménistan), appaloosa (États-Unis), barbe (Maghreb), le cheval crème (États-Unis), le frison (Pays-Bas), l'islandais (Islande), le lipizzan (Slovénie), le lusitanien (Portugal), le paint horse (États-Unis), le pur race espagnol (Espagne), le quarter horse (États -Unis), l'hanovrien (Allemagne), le pur-sang, l'AQPS (Autre Que Pur-Sang), etc.
– **les races de poneys étrangères :** Le fjord (Norvège), l'haflinger (Autriche), le connemara (Irlande), le shetland (Écosse), le welsh (Royaume-Uni), le new-forest (Royaume-Uni), le dartmoor (Royaume-Uni), etc.

▶ Dans les clubs, vous pouvez aussi rencontrer l'Hanovrien (race allemande dite conventionnée, souvent utilisée en compétition de dressage) et l'âne.

Précision
Retrouvez d'autres dessins de races dans le rabat de ce manuel.

Les parties principales des membres : genou, jarret, canon, boulet, paturon, couronne, sabot

▶ Pour les connaître, reportez-vous à la page 151.

Les robes : la sous-famille des « autres » robes

▶ Au Galop 1, vous avez appris à reconnaître les robes de base de la sous-famille du noir, du bai et de l'alezan.

▶ Au Galop 2, vous apprenez à reconnaître les **« autres » robes de base** (gris, crème, chocolat et blanc), et vous appréciez les taches éventuellement présentes dans la robe du cheval, afin de déterminer si la robe est dite tachetée ou pie (noir pie, alezan pie, bai pie).

Les robes de base de la sous-famille des « autres »

▶ Nous avons vu les robes de base noire, noire pangarée, baie et alezane (voir p. 56). Examinons la sous-famille des « autres » robes de base. Cette famille regroupe toutes les robes de base qui ne peuvent être classées dans une des précédentes. Elle comprend le chocolat, le gris, le crème, et le blanc.

▶ **Chocolat :** un cheval chocolat est très rare. Ses crins et ses poils ne doivent être ni noirs (car le cheval serait bai foncé, voir p. 156), ni marron (car le cheval serait alezan brûlé, voir p. 156), mais bien chocolat sur une peau foncée.

▶ **Gris :** les chevaux gris ont les poils et les crins mélangés de noir et de blanc. Ils peuvent être qualifiés de gris très clair (presque blanc), gris clair (avec plus de blanc que de noir), gris (blanc et noir en proportion égale), gris foncé (avec plus de noir que de blanc), gris truité, gris moucheté, gris tourterelle, gris fer (rappelant la couleur du métal), gris ardoisé (un peu bleuté), gris tourdille (petits bouquets de poils blancs roussâtre), étourneau (mélange de zones blanches et noires), pommelé, rouanné. Dans tous les cas, la peau est noire. Cette robe est évolutive, c'est-à-dire qu'elle s'éclaircit avec le temps.

▶ **Crème :** les chevaux crème ont les poils crème, les crins de blanc à grisâtre, la peau rose, et les yeux clairs (bleus, verts ou noisette).

▶ **Nuances :** les cremelo ont les crins blancs plus clairs que les poils, et les perlino ont les crins grisâtres plus foncés que les poils.

▶ **Blanc :** bien que l'on distingue de nombreuses nuances – blanc mat (qui ne présente aucun reflet brillant), blanc sale (d'aspect jaunâtre), blanc porcelaine (de teinte bleuâtre, provenant d'une coloration noirâtre de la peau), blanc rosé (dû à l'absence de pigments cutanés), un cheval « blanc » est très rare. Pour être vraiment qualifié de blanc, il doit avoir des poils et des crins blancs, la peau rose, et des sabots clairs (ni noirs, ni blancs). Un cheval blanc naît blanc et ne doit évidemment pas être confondu avec un gris qui blanchirait avec l'âge, comme dans le cas du Lipizann, par exemple.

Mélanges de poils et panachures

▸ Si le cheval présente des poils blancs ou noirs dans une robe de base, il faut examiner leur importance, leur étendue, et les dessins qu'ils forment.

▸ Si ces poils sont mélangés à la robe, il faut se tourner vers les **robes mélangées**. La famille des robes « mélange de poils » regroupe les robes dont la base est aspergée ou parsemée de poils blancs ou noirs. Dans ce cas, la robe de base peut être légèrement mélangée, mélangée ou fortement mélangée.

▸ S'ils forment des bandes, des points, des flocons, ou de larges tâches, il faut se tourner vers la famille des **robes panachées** (pies ou tachetées).

▸ En fonction de la couleur qui côtoie les taches blanches, la robe peut être noire pie, alezan pie, baie pie.

Famille	Sous-famille	Robes ou caractéristiques
Robes de base	Sous-famille du noir	Noir, Noir pangaré
	Sous-famille du bai	Bai, Isabelle, Souris
	Sous-famille de l'alezan	Alezan, Alezan brûlé, Palomino, Café au lait
	Sous-famille des « **autres** »	Chocolat, Gris, Crème, Blanc
Mélanges de poils	Sous-famille du **granité**	Mélange stable de poils blancs (ex : alezan granité ou aubère)
	Sous-famille grisonnant	Mélange évolutif de poils blancs
	Sous-famille **mélangée**	Plusieurs robes de base mélangées
	Sous-famille **fumée**	
Panachures	Sous famille type **pie**	Pie Tobiano, Pie Overo, Pie Sabino, Pie Balzan, Pie Tovero
	Sous-famille type **tacheté**	Léopard, Tacheté, Cape, Marmoré, Rayé (de blanc)

Les différents types de logement des chevaux

▸ Il n'est pas toujours évident de faire coïncider les besoins fondamentaux du cheval (espace, mouvement, compagnie) avec les contraintes de l'entraînement du cheval de sport, le manque de place ou un faible budget.

▸ Le cheval peut vivre au pré, au box, dans une stalle ou en stabulation. Chaque type de logement possède ses avantages et ses inconvénients.

Le pré

▸ Le pré est l'endroit idéal à condition que le cheval ait de la compagnie (ne jamais le laisser seul), un abri (contre le vent et la pluie), un point d'eau propre. L'inconvénient du pré est l'obligation d'aller chercher le cheval dès que le cavalier souhaite le monter, de le nettoyer généralement longuement (le cheval est couvert de boue l'hiver).

▸ On compte en général un demi-hectare par animal ; il faut changer de pré chaque mois.

▸ De nombreux propriétaires préfèrent l'alternative pré/box, dans laquelle le cheval est au box la nuit et mis au pré la journée ou certains jours de la semaine.

Le paddock

▸ Le paddock est un lieu clos généralement plus petit que le pré où le cheval peut se détendre quelques heures la journée. Il s'y déplace librement et profite parfois de la présence des autres. Il importe que le paddock dispose d'eau et de foin.

La stabulation libre

▸ Il s'agit de boxes suffisamment grands pour que les chevaux (plus généralement les poneys) y vivent à plusieurs. La stabulation possède l'avantage de permettre aux animaux de se déplacer et de satisfaire leur besoin de relations sociales. Par contre, il n'est pas toujours évident pour un cavalier de venir y chercher un cheval (qui peut ne pas avoir envie de se laisser attraper), puis de le faire sortir sans en laisser d'autres s'échapper.

Le box

▶ Le box est une écurie individuelle d'environ 3m x 3m. Une ouverture permet au cheval de regarder à l'extérieur. L'idéal est qu'il puisse aussi communiquer avec ses congénères. Le box est le moyen le plus pratique pour avoir un cheval à disposition et assurer ses soins et sa surveillance. Mais il est impératif de le sortir tous les jours pour un travail varié, et si possible de lui faire profiter d'un paddock, car le box « seul » n'est pas idéal pour l'équilibre du cheval.

La stalle

▶ Il s'agit d'un espace individuel, généralement étroit, dans lequel le cheval est attaché par un licol, la tête au mur. Autrefois très répandues, les stalles sont plus rares aujourd'hui et conviennent le moins bien aux besoins fondamentaux du cheval. Elles ne peuvent être une solution que pour les chevaux qui passent beaucoup de temps dehors. Encore faut-il que le cheval puisse s'y coucher. Dans tous les cas, le lieu de vie du cheval doit posséder de l'eau et être entretenu.

Les règles de circulation à mettre en pratique dans le manège ou la carrière

▶ L'équitation n'est pas un sport dangereux. Mais, de par les nombreuses particularités du cheval (voir pp. 44-45, 54-55, 100-101, 148-149), il existe plusieurs consignes à respecter, à pied ou à cheval.

Précision

Pour connaître, les règles de sécurité, reportez-vous aux pages 216 et 217.

Reconnaître la brosse douce, l'étrille, le bouchon et le cure-pied

▶ Sauriez-vous nommer les dessins ci-dessous et la fonction de ces « ustensiles » ?

▶ Réponses ci-dessous, à l'envers

Réponses : 1. le bouchon, 2. la brosse douce, 3. l'étrille, 4. le cure-pied.

Sommaire

galop 3

Trotter enlevé sur le diagonal désiré et en changer à volonté

▸ Vous êtes capable de trotter enlevé sans faute de rythme et de voir qu'une épaule se lève (et s'avance) quand vous vous enlevez de votre selle (l'autre recule), et inversement, qu'elle se recule (l'autre s'avance) lorsque vous vous asseyez.

▸ On appelle diagonal droit, le bipède diagonal composé de l'antérieur droit et du postérieur gauche. On appelle diagonal gauche, le bipède diagonal composé de l'antérieur gauche et du postérieur droit.

▸ On dit que le cavalier trotte sur le diagonal droit lorsqu'il s'enlève de la selle quand le diagonal droit s'avance (l'épaule droite s'avance). Il trotte sur le diagonal gauche lorsque le diagonal gauche s'avance (l'épaule gauche s'avance).

▸ Au Galop 3, vous devez pouvoir trotter sur le « bon » diagonal, c'est-à-dire sur le diagonal extérieur. Lorsque vous êtes à main gauche, vous vous enlevez de la selle lorsque le diagonal droit s'avance, c'est-à-dire lorsque l'épaule droite s'avance.

▸ Entraînez-vous !

Précision

Si vous êtes sur le « mauvais » diagonal, ou si vous changez de main, vous devez aussi apprendre à « changer de diagonal de trot ». Pour cela, restez assis deux temps dans votre selle ou deux temps en suspension.

À main droite, le cavalier s'enlève quand le diagonal gauche s'avance

Au trot à main droite sur le bon diagonal (ici, le diagonal gauche)

Être assis au trot et au galop en cherchant à conserver une bonne posture

▸ Asseyez-vous correctement, au fond de votre selle. **La place de votre bassin** détermine l'orientation du haut de votre corps (voir p. 30) : si vous êtes trop cambré (bassin orienté vers l'avant, en antéversion) ou si vous avez le bas du dos rond (bassin orienté vers l'arrière, en rétroversion), vous ne pourrez orienter votre haut du corps correctement.

▸ Ensuite, **redressez-vous et regardez loin devant vous**. La direction de votre regard influencera la position de votre tête et, de fait, de toute votre colonne vertébrale.

▸ Assis, redressé, le regard lointain, **votre rein est dans une attitude propre à fonctionner correctement**. Il ne reste plus qu'à le relâcher, pour qu'il épouse progressivement les allures. Ce sont les séances de mise en selle sans étriers (voir p. 30) qui vous permettront de vous perfectionner. Sachez que le liant est le fait d'un relâchement de votre part (se laisser aller) plus que d'un fonctionnement volontaire. Encore faut-il pour cela avoir ressenti le fonctionnement juste du rein (voir encadré).

▸ Vous découvrirez aussi que **vos jambes ont un léger mouvement** (avec ou sans étriers) :
– au trot, les talons descendent vers l'arrière et le bas, alternativement (c'est-à-dire l'un après l'autre), sur chaque foulée,
– au galop, vos deux genoux reculent et vos deux talons descendent ensemble, sur chaque foulée.
Ces deux mouvements s'effectuent d'eux-mêmes dès que vous vous laissez aller. S'entraîner à les ressentir permet aussi d'acquérir une bonne assiette, une bonne attitude, et d'apprendre à relâcher ses jambes.

▸ Enfin, si la **transition trot/galop** ne pose jamais de problème (en termes de mise en selle), la transition galop/trot est plus difficile : le cavalier se sent soudain extrêmement secoué. Pour la réussir, il faut lutter contre la tendance instinctive de se crisper. Au contraire, essayez de vous relâcher. Un bon exercice consiste à expirer longuement dans la transition.

Au galop, quand le bassin avance, la jambe et le talon descendent

À CONNAÎTRE

Comment ressentir le fonctionnement juste du bassin

À partir d'une position sans étriers, déplacez vos deux jambes, en même temps, sur les quartiers de la selle, ressentez le mouvement de votre rein, puis replacez vos deux jambes de chaque côté, avant de recommencer plusieurs fois.

(Attention de ne faire cela que sous l'œil de votre enseignant !).

Déchausser et rechausser ses étriers au trot et au galop

▶ Nous avons vu comment chausser et déchausser ses étriers à l'arrêt et au pas (voir p. 25).

▶ Pour réussir cet exercice au trot et au galop, il est impératif que vos jambes soient relâchées et descendues. Vous pouvez alors sans difficulté remonter et rentrer vos pointes de pied pour chausser vos étriers. Si vous serrez les jambes pour vous tenir en selle, vous n'avez aucune chance d'y arriver.

▶ Pour réussir cet exercice, vos jambes (et vos mains) ne doivent plus être des moyens de tenue. Vous devez avoir acquis une bonne assiette (voir pp. 134-135), et une bonne posture au trot (voir p. 67), comme au galop (voir p. 68).

▶ Les séances de mise en selle sur le plat avec ou sans étriers sont indispensables pour cela (voir pp. 30-31).

Précision

Évitez de vous recroqueviller sur vous-même, de serrer les jambes, de chercher vos étriers du regard : vous échoueriez à coup sûr.

Maintenir son équilibre sur ses étriers au pas et au galop

▶ La problématique est la même que dans le paragraphe précédent.
Être en équilibre signifie se lier aux différentes allures sans utiliser ses mains et ses jambes comme moyen de tenue.

▶ À partir d'un positionnement correct du bassin, le haut du corps est redressé, le rein est alors dans une position lui permettant de fonctionner (et donc de suivre l'allure), les jambes sont relâchées, les talons sont sous les fesses.

▶ Un bon exercice pour progresser consiste à évoluer quelques foulées assis (en se concentrant sur la sensation du mouvement du rein et des jambes), puis quelques foulées en équilibre, et alterner ces positions.

Changer d'allure en un point précis

▶ Pour effectuer une transition en un point précis, l'action des aides n'est pas différente de ce que vous avez l'habitude de faire (voir pp. 82-83). La différence réside dans la préparation nécessaire à la précision.

▶ Avant toute transition, regardez devant vous pour visualiser avec précision le point précis et/ou la lettre de manège où vous devez faire votre transition. Vous vous redressez et vous vérifiez que vos rênes sont ajustées (elles ont toujours tendance à se rallonger) et que vos jambes sont à leur place (talons sous les fesses et au contact du corps du cheval).

▶ Si vous demandez votre transition au moment même où vous passez à l'endroit désiré, vous vous arrêterez forcément deux mètres après. Vous devez donc anticiper et faire votre demande à peu près un mètre (en moyenne, cela dépend du cheval et de l'allure) avant que la tête de votre cheval soit à l'endroit visé (voir p. 117).

Être stable en équilibre sur ses étriers au trot

▸ Vous savez trotter enlevé en rythme et vous avez perfectionné votre trot enlevé au Galop 2 afin de pouvoir réaliser des exercices comme lâcher, reprendre et ajuster ses rênes.
Vous avez aussi perfectionné votre équilibre au-dessus des étriers par différents exercices, dont celui expliqué dans l'encadré ci-dessous.

▸ Au Galop 3, votre équilibre vous pose de moins en moins de problèmes au trot assis sans étriers. Vous vous entraînez d'ailleurs à chausser et déchausser vos étriers au trot assis en gardant le haut du corps bien droit, le regard lointain, le bassin liant.

▸ Pour perfectionner votre stabilité, vous vous entraînez à enchaîner quelques foulées de trot assis et de trot enlevé. Vous devez être capable de passer de l'un à l'autre sans que cela vous perturbe. Pour cela, vos talons restent sous vos fesses. Trop en arrière ou trop en avant, vous n'auriez pas l'équilibre nécessaire pour vous enlever de la selle.

▸ Il est souvent difficile de trotter assis avec étriers (c'est plus facile sans). On a tendance à contracter les jambes et à ne pas être assis au fond de la selle (les fesses reculent vers le troussequin). Pensez à vous asseoir correctement et à vous replacer si nécessaire. Focalisez-vous sur la sensation du mouvement de vos jambes (voir p. 113) ainsi que sur celle du fonctionnement de votre bassin (voir exercice p. 113).

Précision

Comment se replacer en selle.

Déchaussez vos étriers, prenez le pommeau avec vos mains et tirez vos fesses vers l'avant (voir pages 30-31).

À CONNAÎTRE

Perfectionner sa position d'équilibre

Il existe de nombreux exercices pour trouver et perfectionner la position d'équilibre, comme celui qui consiste à enchaîner les attitudes suivantes :
- debout talons bas [2],
- debout talons hauts [3],
- à nouveau debout talons bas (l'extension des chevilles favorise ensuite leur flexion ; les talons sont alors plus bas que précédemment) [4],
- se rapprocher de la selle, sans se rasseoir, en descendant lentement sur ses articulations, en les fléchissant, jusqu'à la position d'équilibre [5].
- à nouveau talon bas, et ainsi de suite…

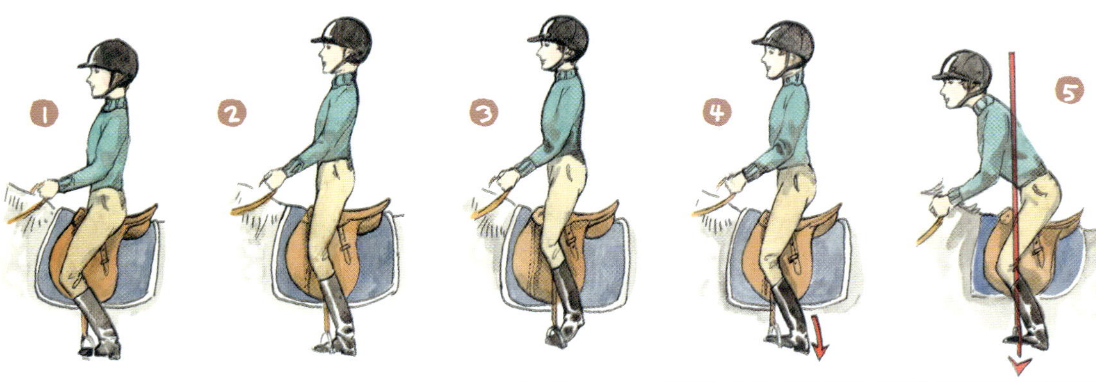

Partir au galop du trot, sur le bon pied, en un point précis

▸ Jusqu'alors, vous partiez au galop « par perte d'équilibre », en accélérant le trot jusqu'à ce qu'à la faveur d'un tournant, le cheval ne pouvant plus accélérer, il « tombe » dans le galop.

▸ Quand vous préparerez le Galop 4, vous apprendrez à partir au galop du pas, par « **prise d'équilibre** » et par aides diagonales (voir pp. 170-171).

▸ Avant cela, vous perfectionnez le départ au galop à **partir du trot** (trot assis, pour être plus fixe et rester redressé), pour le déclencher sans perte d'équilibre.

▸ Pour faciliter le départ, vous placez votre cheval dans une attitude en rapport avec celle qu'il adopte naturellement lorsqu'il galope en liberté. Tout comme les chiens par exemple, le cheval galope légèrement de travers : on dit qu'il galope « **traversé** ». En plaçant votre cheval dans cette attitude, vous favorisez le départ au galop (le cheval se met au galop et ne tombe plus par la force des choses au galop), et vous lui indiquez sur quel pied prendre le galop (voir pp. 208-209, le mécanisme du galop à droite et à gauche).

▸ Le galop peut être pris sur une ligne droite et non plus exclusivement dans un tournant.

▸ Pour un départ au **galop à gauche** par exemple :
– ralentissez le trot afin d'être moins secoué et que votre cheval ne soit pas emporté par la vitesse ; le cheval est alors « en équilibre »,
– gardez le bout du nez du cheval légèrement à droite, c'est-à-dire à l'extérieur (en écartant légèrement votre main extérieure, c'est-à-dire la droite dans notre exemple),
– reculez votre jambe extérieure (la droite – qui devient une jambe isolée – voir p. 214), ce qui va avoir pour effet de déplacer les hanches du cheval vers la gauche et donc de le « traverser ».
– puis agissez, tout en restant bien droit, et déclenchez le départ avec vos jambes.

Précision

Comme toujours, en équitation, la position précède l'action : placez vos aides, puis agissez ; ne faites pas les deux en même temps.

▸ Le cheval doit franchement prendre le galop (s'aider éventuellement de la cravache), sans pour autant accélérer le trot.

▸ Une fois au galop, vous devez vérifier **sur quel pied vous galopez** : pour cela, regardez (sans vous pencher en avant, ce qui risquerait de perturber l'équilibre et l'impulsion) quelle est l'épaule qui s'avance plus que l'autre. Baissez simplement les yeux pour vous en assurer.

▸ Au galop à gauche, l'antérieur gauche et donc l'épaule gauche s'avancent plus que l'antérieur droit (et inversement au galop à droite, l'antérieur droit et donc l'épaule droite s'avancent plus que l'antérieur gauche).

Cheval au galop en liberté, naturellement traversé

Au galop en manège :
– vu de haut : les hanches sont à l'intérieur.
– vu de face.

Conseils

Faites attention à ne pas tomber dans les grands défauts du départ au galop :
- confondre préparation et action,
- vous pencher en avant,
- vous agiter,
- tirer sur vos rênes.

▸ Dans notre exemple (au galop à gauche), c'est donc l'épaule gauche qui doit s'avancer plus que la droite.

▸ Si vous êtes sur le « mauvais » pied, repassez au trot puis redemandez votre départ.

▸ Lorsque vous serez plus expérimenté, vous **sentirez**, notamment dans les tournants, si vous êtes sur le bon pied, ou si vous êtes au « galop à faux » (c'est-à-dire sur le mauvais pied).

Où demander le départ au galop ?

▸ Le mieux est de le demander quelques mètres avant le tournant. Votre cheval comprendra ainsi d'autant mieux sur quel pied il doit partir. Mais avec l'habitude, vous prendrez ce départ au galop en n'importe quel point de la longueur ou de la largeur du manège (ou de la carrière).

1. je prépare
2. je demande
3. le cheval prend le galop

Accélérer et ralentir aux trois allures

▶ Il y a différentes « vitesses » au sein de chaque allure. En général, vous évoluez au pas moyen, au trot de travail et au galop de travail. Il s'agit d'une allure de « référence », que vous pouvez développer en passant :
– du pas moyen au pas allongé,
– du trot de travail au trot moyen (un peu plus rapide) ou allongé (au maximum de son extension),
– du galop de travail au galop moyen (un peu plus rapide) ou allongé (comme en course).

▶ Pour développer chaque allure, vous vous servez de votre bassin et de vos jambes et pour ralentir, vous vous redressez et vous agissez avec vos mains.

▶ La différence entre passer à l'allure supérieure ou développer la vitesse au sein de l'allure (et inversement, entre passer à l'allure inférieure et diminuer la vitesse dans l'allure), se situe dans le dosage de vos aides.

Précision

On a toujours tendance à s'agiter pour accélérer. Veillez bien à rester sobre et droit. Ce sont vos « **aides pour avancer** » (voir pp. 82-83) qui demandent l'allongement et non vous qui poussez. C'est votre cheval qui développe son allure et il le fera d'autant mieux si vous ne le gênez pas.

Les rênes tendent à se rallonger dans l'allongement et les fesses du cavalier à glisser vers le troussequin : avant et après chaque allongement, raccourcissez vos rênes et avancez vos fesses dans la selle.

Obtenir une vitesse adaptée dans chaque allure

▶ **La difficulté d'obtenir une vitesse régulière aux trois allures** découle du paragraphe précédent : parce que votre cheval peut accélérer ou ralentir au sein de chaque allure, il peut modifier sa vitesse à volonté, pas forcément à votre demande.

▶ Il est important de bien **ressentir** la vitesse de l'allure dite « de travail » (pas moyen, trot de travail, galop de travail). Dans cette allure, votre cheval ne va ni trop vite, ni trop lentement. La vitesse est bonne si vous avez le sentiment de pouvoir passer à l'allure supérieure ou à l'allure inférieure sans difficulté et à tout moment. Si vous ne pouvez pas passer à l'allure inférieure, c'est que vous allez trop vite, si vous ne pouvez pas prendre l'allure supérieure, c'est que vous n'allez pas assez vite : vous devez agir en conséquence (accélérer ou ralentir) pour adopter une « bonne » allure de travail.

▶ Vous savez que votre cheval cherchera toujours à ralentir dans les changements de direction (courbes, figures de manèges) et à accélérer dans les grandes lignes droites.

▶ Pour obtenir une vitesse régulière dans l'allure de travail, vous êtes vigilant sur chaque foulée et agissez (voir paragraphe *Les aides pour avancer*, voir pp. 82-83) dès que vous sentez la moindre modification d'allure (n'attendez pas d'être débordé).

Précision

Pour conserver une allure régulière, essayez « d'écouter » le bruit que votre cheval fait sur le sol. Avec de l'entraînement, vous devriez percevoir une régularité des foulées (c'est ce que l'on appelle la cadence) : à maintenir au sein de chaque allure.

Diriger au trot sur un tracé précis comprenant des courbes serrées et au galop sur un tracé défini

▸ **Pour diriger votre cheval sur un tracé précis**, il est nécessaire d'anticiper la direction que vous devez prendre. Pour cela : regardez devant vous.

▸ Les cavaliers ont souvent tendance à fixer la tête de leur cheval. **Regarder devant soi** permet de savoir où l'on va, mais aussi de redresser la tête, le haut du corps, et de favoriser une attitude juste et un bon usage des aides.

▸ Redressé, le regard au loin, **visualisez le tracé** que vous souhaitez dessiner et anticipez vos changements de direction (de la même façon que vous anticipez vos transitions d'une allure à l'autre, voir p. 115). Rectifiez la direction dès que vous « déviez » du tracé prévu.

▸ Enfin, comme nous l'avons vu dans le paragraphe précédent, votre cheval peut varier sa vitesse dans les changements de direction : **agissez en conséquence**.

Évoluer seul

▸ Évoluer seul indique que vous êtes capable de :
– « quitter les rangs », lorsque tous les autres cavaliers sont en reprise,
– d'évoluer individuellement, lorsque tous les autres cavaliers font de même.

▸ Pour **quitter les rangs**, vos aides doivent être en place et votre demande suffisamment franche et précise pour que votre monture se « détache » des autres. L'instinct grégaire des chevaux les pousse tout naturellement à se suivre. Vouloir quitter les autres est en quelque sorte contre leur penchant naturel ; pour réussir, vous devez affirmer l'orientation du haut du corps et surtout l'action de vos jambes : ce sont elles et l'impulsion qu'elles provoquent qui inciteront le cheval à suivre l'orientation que vous avez donnée à son avant-main.

▸ Pour que tous les cavaliers puissent **évoluer individuellement**, il est nécessaire de respecter quelques règles de priorité. On dit généralement que **la piste est prioritaire à main droite et à l'allure supérieure.** Reportez-vous à la page 65 pour en savoir plus.

▸ Il existe des écuries (et notamment de dressage), dans lesquelles les règles de priorité sont différentes.

Précision

Demandez bien à votre enseignant les règles de priorité en vigueur dans votre club, afin de ne pas vous tromper.

Sauter des obstacles isolés

▶ **Sauter des obstacles isolés réclame :**
– de conduire votre cheval à l'abord et à la réception,
– de contrôler l'allure à l'abord et à la réception,
– d'attendre le saut
– et de l'accompagner (page suivante).

▶ Le premier point est important car, comme pour les lignes de cavaletti (voir page suivante), un obstacle s'aborde à angle droit et en son milieu.

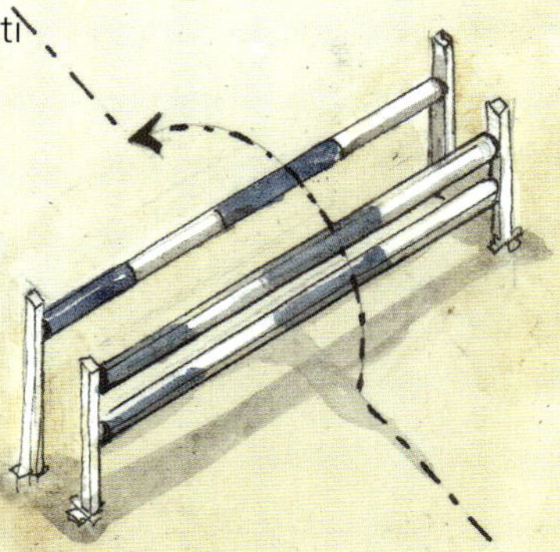

▶ Cet abord dépend en grande partie de la **courbe** qui précède la ligne droite menant à l'abord.

▶ Si la courbe est trop large, vous risquez de revenir sur l'obstacle, de vous retrouver au niveau du chandelier et d'avoir un **refus**. Si la courbe est trop serrée, vous risquez de vous retrouver de biais et de **dérober** vers l'extérieur.

▶ Pour effectuer **une bonne courbe**, il est important :
– de la visualiser. Avant même de l'entamer, vous devez savoir où vous allez passer (vous avez « reconnu » votre courbe),
– de conserver un haut du corps redressé et de fixer l'obstacle jusqu'à son abord (lorsque vous sautez, vous regardez devant vous),
– d'être au galop à juste.

▶ À la **réception** de l'obstacle, ne laissez pas votre cheval aller où il veut (généralement à droite ou à gauche) : restez en ligne droite plusieurs foulées avant de le remettre sur un cercle.

▶ **Contrôlez l'allure** indique que vous prenez l'allure demandée et que vous êtes suffisamment vigilant pour que le cheval n'accélère pas (utilisez vos mains en vous rapprochant de votre selle et en redressant le haut du corps) ou ne ralentisse pas (utilisez vos jambes sans vous pencher en avant) de façon croissante :
– dans la courbe,
– sur la ligne droite qui mène à l'obstacle,
– à la réception de l'obstacle.

Les lignes de cavalettis

▶ Les cavaletti sont des petits obstacles droits n'excédant généralement pas 50 cm de haut. Ils sont disposés sur la piste, les uns derrière les autres et parfois encadrés par des barres placées « en oreilles ». Ils s'abordent au trot ou au galop.

▶ Ainsi disposés en ligne, ils provoquent une succession de sauts rapprochés qui permettent d'expérimenter son équilibre et d'apprendre à bien suivre les sauts.

▶ Tout comme les sauts au trot, ils sont un excellent moyen de formation.

▶ Le principe à comprendre est que c'est votre cheval qui – en quelque sorte – saute sous vous, que ce sont vos jambes qui « encaissent » et amortissent la succession des sauts ; c'est un peu comme l'enchaînement de bosses en ski : vos jambes se plient et se déplient pour les encaisser, mais d'une certaine façon le haut du corps bouge peu.

Précision

À l'entrée de la ligne de cavalettis, regardez loin devant vous en direction de l'horizon.

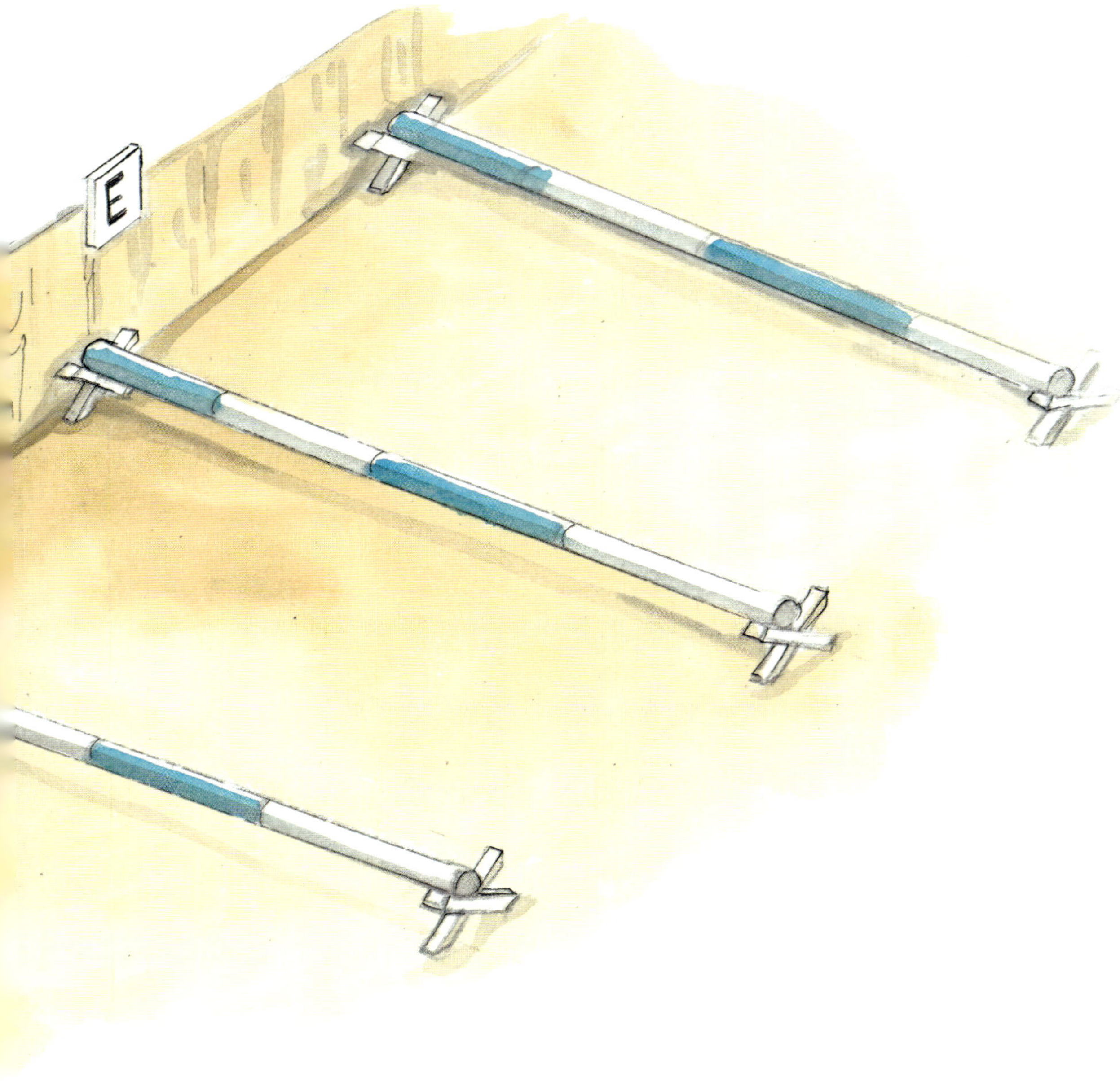

À savoir

La distance entre chaque cavaletti étant calculée pour que le cheval fasse une foulée ou un saut de puce, il est important que vous abordiez le premier obstacle droit et en son milieu, afin d'aborder tous les autres de la même façon. Si vous abordez le premier de travers, vous risquez de passer à côté du dernier.

▸ Conserver l'allure à l'abord de cavalettis, consiste à :
– garder l'allure demandée jusqu'au moment du saut,
– conserver le galop ou le trot dans la ligne, jusqu'au saut du dernier obstacle.

▸ C'est l'action de vos mains ou de vos jambes qui va limiter l'activité ou au contraire la favoriser voir pp. 82-83.

Les mises en selle obstacles

1

2

▸ **Tout comme les mises en selle sur le plat, les obstacles** servent à vous mettre dans des situations qui réclament la pleine liberté de votre corps. Leur but est de dénouer les articulations, de diminuer les contractions, de vous mettre en confiance et, finalement, de vous permettre d'acquérir une position juste et une meilleure indépendance des différentes parties du corps.

▸ À l'obstacle, elles permettent d'apprendre :
– à **attendre** le saut, dans la position d'équilibre, sans vous pencher en avant (le « nez en avant, les fesses en arrière ») et sans être en retard par rapport à l'allure (raccroché aux rênes, en « rappel »),
– à **suivre la battue** d'appel [5] sans l'anticiper (précipiter), ni être en retard (en « taxi ») [6],
– à **suivre le saut** en vous dépliant au-dessus de l'obstacle, sans vous jeter en avant, ni rester en retard.

À faire

5

À ne pas faire

6

3

4

Il existe de nombreux exercices pour cela, les plus classiques consistent à vous faire passer des lignes de cavaletti ou des obstacles séparés par une ou deux foulées, parfois par un saut de puce (les antérieurs se posent, puis au moment où les postérieurs se posent, les antérieurs « repartent » à nouveau, sans qu'il y ait eu une seule foulée). L'entrée de la ligne se fait généralement au trot, et la hauteur des obstacles est croissante.

▸ Le nombre d'obstacles est généralement compris entre trois et six.

▸ Il vous est demandé de passer ces lignes :
– avec des étriers très courts, pour accentuer le jeu des articulations des jambes [2],
– un nœud aux rênes, les deux mains de chaque côté de l'encolure [1] sans la toucher (ou une main dans le dos [3]), pour améliorer l'équilibre au-dessus des jambes,
– les yeux fermés, pour améliorer la sensation du saut,
– sans étriers, pour confirmer la fixité des jambes et de votre position [4],
– en chantant, pour vérifier que vous respirez, etc.

Précision

Ces exercices sont très formateurs et c'est grâce à eux que vous apprendrez à conserver votre équilibre sur les étriers lors de sauts d'obstacles.

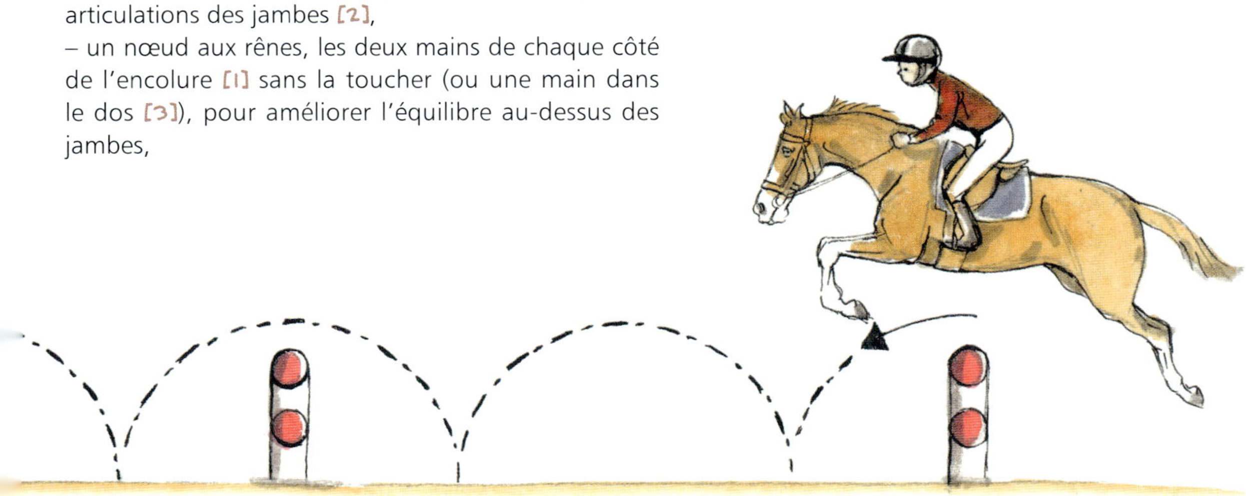

Les premières sorties en extérieur et en terrain varié

▶ Les sorties en extérieur se font en groupe et accompagnées d'un moniteur.

▶ Comme en manège ou en carrière, vous évoluez en reprise et respectez les consignes de sécurité voir pp. 216-217.

▶ En terrain varié, le cheval conserve son équilibre :
– grâce à son encolure, qui joue un rôle de balancier,
– parce qu'il regarde où il met les pieds.

▶ Vous devez donc lui permettre de s'étendre, en ouvrant vos doigts sur vos rênes, surtout si le sol est profond ou difficile (présence de trous, d'ornières, de racines).

Restez les uns derrière les autres, sans prendre de retard, sans laisser votre cheval brouter.

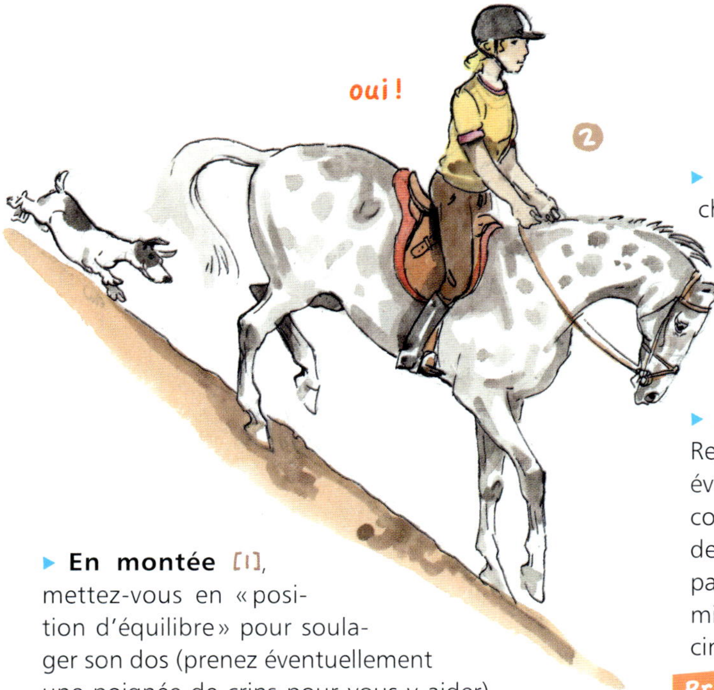

▸ **À l'abord d'un passage d'eau** [3], laissez votre cheval avancer le bout du nez et rappelez-vous qu'il ne connaît pas, lui, la profondeur. Il y entrera prudemment, un pas après l'autre ; prenez néanmoins une position d'équilibre très près de la selle et éventuellement une poignée de crins au cas où il sauterait.

▸ **Le choix des allures** se fait en fonction du terrain. Restez au pas sur les routes et sur les terrains durs ; évitez de trotter sur le bord des routes (sauf si vous les connaissez), le sol y est très inégal et présente souvent des trous. Trottez et galopez sur des sols souples mais pas profonds, où les tendons des chevaux ne seront pas mis à rude épreuve. Veillez, au galop, à conserver une cinquantaine de mètres (au moins) de visibilité.

▸ **En montée** [1], mettez-vous en « position d'équilibre » pour soulager son dos (prenez éventuellement une poignée de crins pour vous y aider), les rênes semi-longues.

▸ **En descente** [2], orientez le haut du corps vers l'arrière et rallongez suffisamment les rênes pour laisser à votre cheval une complète liberté d'encolure ; il remontera lui-même sa tête pour assurer son équilibre. En montée comme en descente, conservez le pas.

Précision

Évitez de rester accroché à vos rênes car votre cheval serait sans cesse en défense. Le meilleur moyen d'avoir un cheval calme est d'avoir les rênes suffisamment longues pour que son pas devienne souple et ample, et de le garder en reprise derrière le cheval précédent, sans prendre de distances.

Ajuster le harnachement

▸ Le harnachement est ajusté à chaque cheval.

▸ **Les montants de filets** se règlent de manière à ce que le mors soit au contact de la commissure des lèvres sans la comprimer ni la déformer. On dit généralement que la commissure doit faire deux plis. Mais c'est là un maximum. Un pli est suffisant : le cheval ne doit pas « sourire », (voir p. 79).

▸ **Le frontal** ne se règle pas, mais il ne doit tirer ni sur la têtière ni sur les montants de filet ; il ne doit pas serrer le front, ni cependant bailler.

▸ **La sous-gorge** ne doit pas être serrée afin de ne pas gêner la respiration. Vous devez pouvoir passer le poing entre elle et l'auge.

▸ **Les muserolles** s'ajustent en fonction de leur type :
– **la muserolle française** s'installe à mi-distance entre la bouche et l'apophyse zygomatique : on dit qu'elle doit être à deux doigts de l'apophyse. Elle passe sous les montants du filet et ne doit pas être trop serrée.

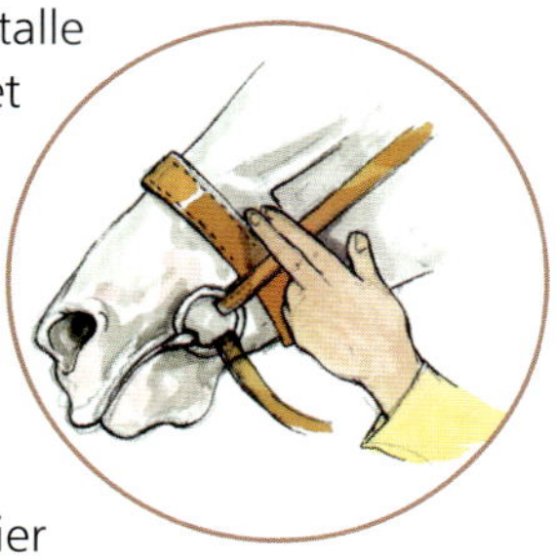

Quand elle est ajustée, le cavalier doit pouvoir passer deux doigts entre le cuir et le nez du cheval. Enfin, les montants de la muserolle ne doivent pas toucher les yeux du cheval.
– **la muserolle allemande** s'ajuste plus bas, sur le nez du cheval. Elle ne doit pas non plus être trop serrée afin de ne pas gêner la respiration et de ne pas risquer d'endommager les os nasaux.

▸ Quand le harnachement est ajusté, pensez à vous placer face à votre cheval afin de vérifier que l'ensemble (harnachement et muserolle) est bien droit, et symétrique.

Précision

Quitter un cheval harnaché nécessite quelques précautions. Tordez légèrement les rênes et passez-les dans la sous-gorge. Le cheval ne risquera pas, ainsi, de marcher dessus. Les étriers sont remontés afin de ne pas ballotter, et le licol est remis correctement.

Muserolle française

Muserolle allemande

Muserolle combinée

Démonter un filet

▶ Pour démonter un filet, détachez toutes les boucles, séparez la muserolle, le frontal, la têtière, les rênes, le mors, et posez toutes les parties sur une surface propre.

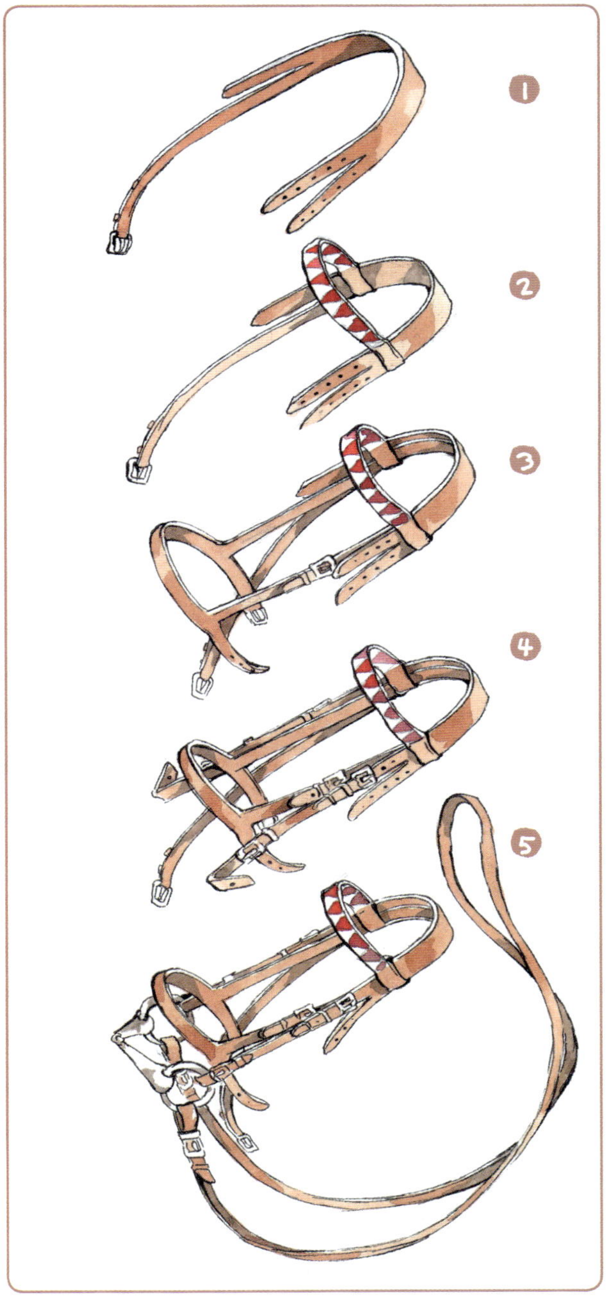

Entretenir le filet

▶ Comme nous l'avons vu page 81 au sujet de la selle, il est impératif que le harnachement soit toujours propre.

▶ **Le mors se nettoie après chaque usage**. Il doit être soigneusement rincé dans un seau d'eau, sans pour autant mouiller les montants de filet en cuir. Si le mors est sale, vous devez le nettoyer avant de le mettre à votre cheval.

▶ **L'entretien du filet** s'effectue après chaque usage grâce à une éponge, un seau d'eau et du savon glycériné. Fait tous les jours, cela peut suffire. Sinon, il sera graissé une fois par mois, ou une fois par semaine s'il sert tous les jours, avec une graisse spéciale pour cuir qui lui assurera une bonne protection.

▶ Pour entretenir quotidiennement le filet avec du **savon glycériné**, suspendez-le à un crochet (à hauteur des yeux), rallongez les montants au dernier trou, débouclez la muserolle et la sous-gorge. Mouillez légèrement l'éponge et frottez-la sur le savon (ne pas gorger d'eau l'éponge, ce qui mettrait plus d'eau que de savon sur le cuir et risquerait de le durcir au lieu de l'assouplir). Enfin, savonnez le cuir des deux côtés.

▶ Le mieux, lorsqu'il s'agit d'entretenir le filet avec de la graisse, est de le démonter entièrement. Graissez chaque partie – sans excès – à l'aide du chiffon ou de vos doigts. Une fois la chose faite, remontez-le.

Remonter son filet

▶ Pour remonter le filet, placez le frontal sur la têtière [1 et 2], glissez-y la muserolle [3], attachez les montants de filet [4], puis le mors [6]. Terminez par les rênes [5].

Précision

Le mors [6] ne se met pas dans n'importe quel sens : vérifiez bien que sa courbure se retrouve vers l'avant.

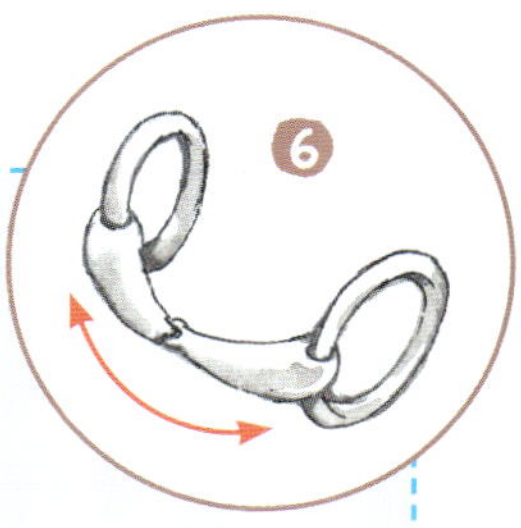

Les aides pour tourner par une rêne directe en pli interne ou contraire en pli externe

▶ Tourner consiste à emmener son cheval vers la gauche ou vers la droite. C'est comme sur un vélo où vous orientez le guidon dans la direction souhaitée tout en maintenant l'activité : pour tourner, vous orientez la tête et l'avant-main du cheval dans la direction souhaitée et vous maintenez l'activité.

▶ Vous pouvez tourner deux rênes dans une main ou une rêne dans chaque main, avec des effets directs ou indirects.

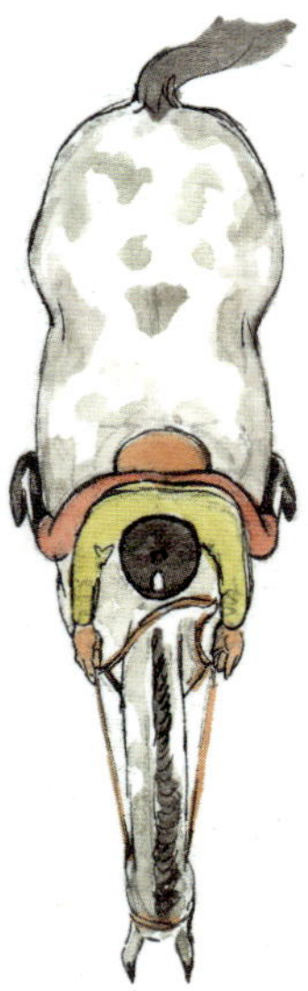

▶ **L'effet direct** [1 et 3] est lié à l'emploi de la rêne d'ouverture. Pourquoi direct ? Parce qu'il emmène directement le cheval du côté de la rêne employée. Pourquoi d'ouverture ? Car le cavalier a le même geste que pour ouvrir une porte.

▶ Pour tourner, une rêne dans chaque main, par un effet direct :
– tout en étant redressé, orientez votre regard et le haut du corps où vous souhaitez aller,
– écartez votre main intérieure afin de déplacer le bout du nez dans la direction à suivre ; votre main extérieure s'avance légèrement sans perdre le contact,
– agissez avec vos jambes pour maintenir l'activité.

1

▶ **L'effet indirect (ou contraire)** est lié à l'emploi de la rêne d'appui. Pourquoi indirect ? Car il permet de tourner du côté opposé à la rêne employée. Pourquoi d'appui ? Parce que la rêne vient s'appuyer contre la base de l'encolure.

▶ Pour tourner à droite par exemple, une rêne dans chaque main, par un effet indirect [2] :
– tout en étant redressé, orientez votre regard et le haut du corps où vous souhaitez aller,
– emmenez les épaules du cheval avec la rêne gauche, en appuyant la rêne contre la base de l'encolure de bas en haut (à rebrousse-poil et en direction des oreilles du cheval),
– avancez légèrement la main droite pour permettre à la tête de conserver un placé extérieur au tourné,
– agissez avec vos jambes pour maintenir l'activité.

▶ Le cheval tourne alors vers la droite, en conservant un léger placer à gauche.

2

Effet indirect ou contraire

3

Effet direct

▸ Si vous avez les deux rênes dans une seule main, vous utiliserez un effet indirect [4]:
– orientez votre regard et le haut du corps,
– emmenez la main tenant les deux rênes dans la direction souhaitée (comme les cow-boys !) [5],
– conservez l'impulsion avec les jambes.

▸ Enfin, **les changements de direction** ayant tendance à modifier l'activité du cheval (accélérer ou ralentir), pensez à utiliser vos jambes ou vos mains pour conserver une vitesse régulière.

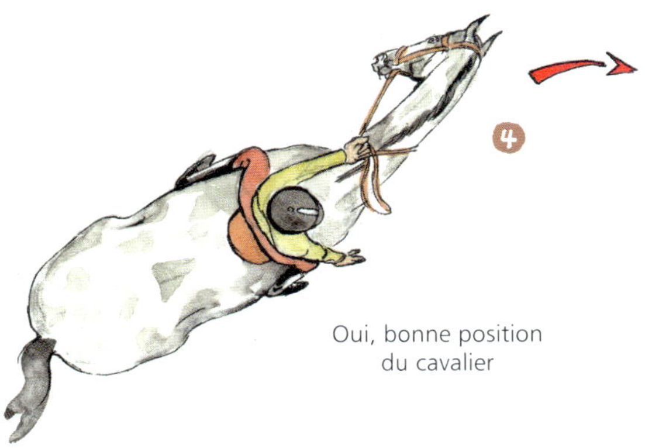

Oui, bonne position du cavalier

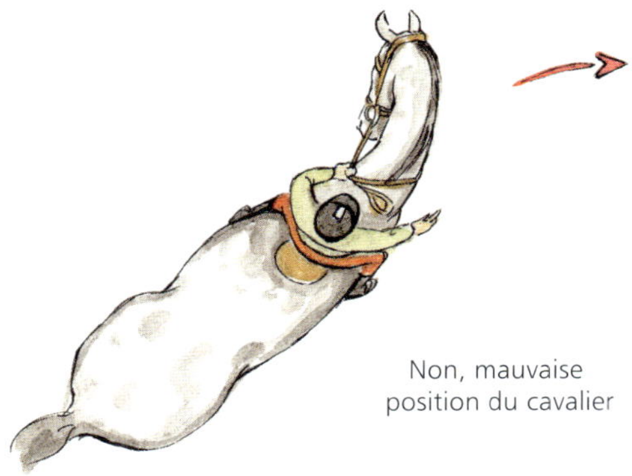

Non, mauvaise position du cavalier

À CONNAÎTRE

Les secrets pour bien tourner

- L'action des aides doit être discontinue pour obtenir un effet continu.
- Votre regard joue un rôle important: regarder loin devant vous permet d'être redressé, d'avoir naturellement les épaules correctement orientées, et de savoir où vous allez.
- Ne vous figez pas.
- Ne tirez pas sur la rêne intérieure: cela fait «déraper» votre cheval vers l'extérieur et ne permet pas de tourner de façon précise [6].
- Ne tirez pas sur la rêne extérieure: cela fait «tomber» le cheval vers l'intérieur et diminue l'activité [7].
- Conservez vos rênes ajustées: des rênes trop longues donnent des à-coups dans la bouche du cheval et ne permettent pas de transmettre une demande précise.

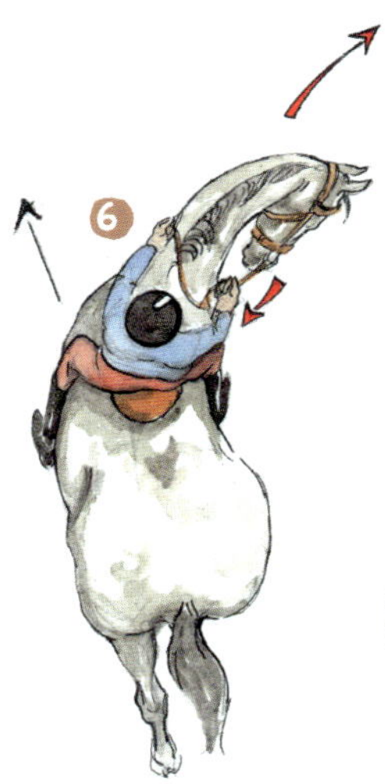

Non, mauvaise action du cavalier

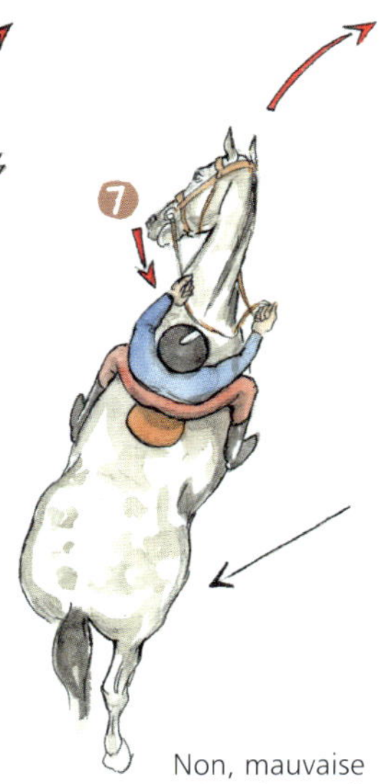

Non, mauvaise action du cavalier

Dessiner une demi-volte et une demi-volte renversée

▶ Nous avons vu l es figures de manège, page 73.

▶ L'ensemble des figures de manège est dessiné sur les rabats de cet ouvrage.

▶ Photocopiez ou recopiez le dessin ci-dessous qui représente une carrière ou un manège de 60 x 20 m et dessinez :
– une demi-volte en E,
– une demi-volte en B,
– une demi-volte renversée en E,
– une demi-volte renversée en B.

▶ Les solutions sont en page 137.

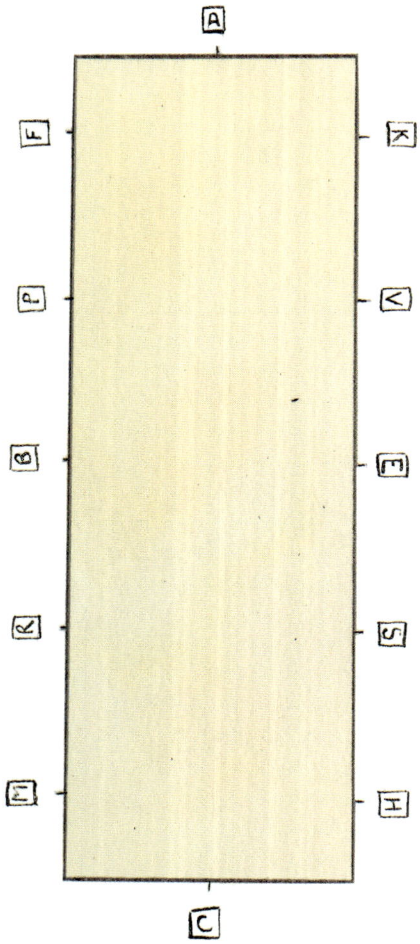

Partir au galop par aides diagonales

▶ Pour un départ au galop à droite :

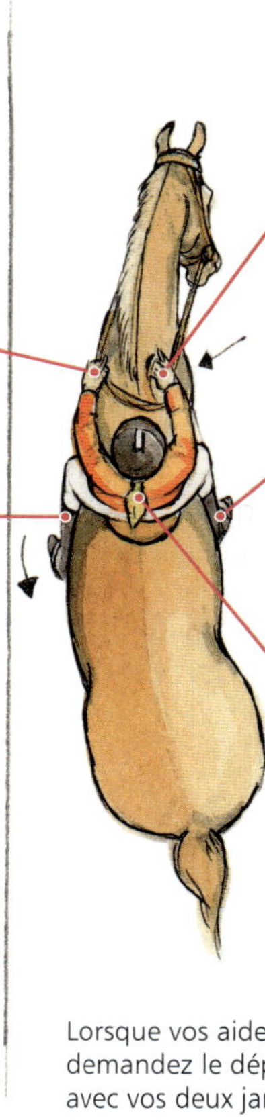

Lorsque vos aides sont en place, demandez le départ en agissant avec vos deux jambes.

À CONNAÎTRE

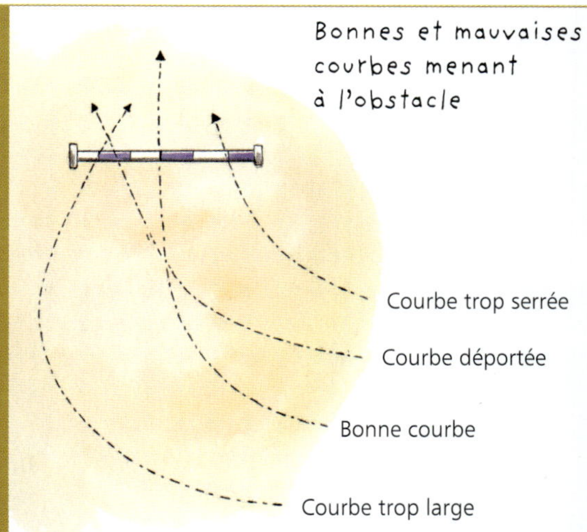

Les conditions élémentaires du bon abord d'un obstacle : tracé, vitesse, équilibre

▸ Les obstacles s'abordent droit et en leur milieu [1].

▸ En restant en équilibre, au-dessus de vos pieds (étrivières verticales, les talons bas), vous serez maître de l'usage de vos mains (pour ralentir et tourner) et de vos jambes (pour avancer) et saurez donc contrôler le tracé, la vitesse et l'équilibre de votre monture.

▸ Le saut d'un obstacle dépend des conditions de l'abord :
– orientation,
– qualité du galop qui le précède.

▸ Aborder droit un obstacle dépend du tracé qui le précède. Si la courbe qui mène à l'obstacle est trop courte, ou trop large, ou trop près, l'abord sera mauvais, le saut aussi (voir l'encadré ci-contre).

▸ Le tracé et la courbe qui mènent à l'obstacle doivent être votre principal souci.

▸ L'allure et la vitesse doivent être adaptées au profil de l'obstacle. Soyez vigilant et exigeant quant à l'allure de votre cheval.

▸ L'équilibre de votre cheval est important. Si votre monture est sur les épaules, elle ira trop vite et ne pourra s'enlever au-dessus de l'obstacle. Contrôlez l'allure (ralentir), pour que votre monture se tienne d'elle-même. Si vous sentez que votre cheval se retient, fermez vos jambes pour qu'il conserve l'impulsion nécessaire.

▸ Vous devez avoir la sensation que votre cheval est léger aux jambes comme aux mains, et qu'il est disponible et réceptif à la moindre action de vos aides.

▸ Enfin, sachez toujours attendre votre saut.

Précision

Relire :
– *Les premiers sauts d'obstacles*, p. 77,
– *Les lignes de cavaletti*, pp. 122-123,
– *La posture du cavalier à l'obstacle*, pp. 188-189,
– *Enchaîner des sauts isolés*, pp. 180-181.

1

La posture du cavalier assis et l'assiette

▸ En dehors des aspects purement techniques et de la connaissance du cheval (comportement, habitudes, etc.), la difficulté de la pratique équestre réside dans l'aptitude à se lier aux mouvements du cheval.

▸ Imaginez un pianiste : si vous agitez soudain son siège, il se recroqueville et se raccroche avec ses mains et ses jambes pour ne pas tomber. Une fois dans cette position, il lui est très difficile de jouer… C'est à peu près la même chose à cheval où la selle « bouge » différemment à chaque allure. Pour pouvoir vous servir librement de vos mains et de vos jambes, elles ne doivent pas être un moyen de tenue. Vous devez donc apprendre à vous orienter dans une attitude qui favorisera un fonctionnement correct de l'ensemble de votre corps, et vous donnera l'équilibre nécessaire pour être assis et accompagner souplement les allures, sans avoir à vous tenir par vos mains ou vos jambes.

▸ **Vous apprendrez ainsi :**

1. à vous orienter correctement (c'est **l'attitude**),
2. à accompagner les mouvements du cheval (c'est le **fonctionnement**),
3. à agir (c'est le **comportement**).

▸ Votre comportement sera lié à votre attitude et à votre fonctionnement, mais aussi à vos connaissances techniques, à votre expérience, à votre compréhension du « phénomène équestre » et à votre tact.

▸ **Une position correcte** nécessite d'être équilibré au-dessus de l'assiette [1], et d'acquérir trois qualités : la souplesse, la fixité, l'aisance :

– **l'assiette** est la qualité qui permet au cavalier de demeurer maître de son équilibre en toutes circonstances et quelles que soient les réactions de son cheval.

– **la souplesse** concerne l'ensemble du corps, mais tout particulièrement le libre jeu du rein, l'ouverture des hanches, la tenue du dos.

– **la fixité** concerne l'absence de mouvement involontaire et l'emploi des seules « forces » utiles au mouvement.

– **l'aisance** désigne la liberté physique et mentale qui permet d'agir avec justesse, mesure et à-propos.

Il existe plusieurs façons de s'asseoir

On dit que le cavalier peut adopter trois types d'équilibre.

▸ **L'équilibre trois points :** quand il est assis dans sa selle (un point pour les fesses, deux points pour chaque jambe) ; c'est la position du cavalier de dressage [3].

▸ L'**équilibre deux points** : lorsqu'il est en « position d'équilibre » (voir p. 78 – les deux points correspondent alors aux deux jambes) ; c'est la position du cavalier à l'obstacle, en extérieur au galop, ou sur le cross [4].

▸ L'**équilibre deux points et demi**, quand il adopte une position intermédiaire, les fesses frôlant la selle, mais le poids du corps entièrement dans les jambes ; c'est la position que vous adopterez, dans quelques années, à l'abord des obstacles, dans les tournants, etc. [5].

▸ **La position « idéale »** du cavalier de dressage ressemble à ce qui suit [2]. Sachez néanmoins que cette définition est étroitement liée au comportement du cavalier. En effet, une fois que le cavalier adopte une attitude et un fonctionnement adéquats, la position ne s'améliore que par l'apprentissage d'un comportement juste.

▸ Lorsqu'il est assis, le cavalier doit être d'aplomb, les fesses portant également sur la selle et le plus en avant possible,
– les cuisses tournées sans effort sur leur plat, ne s'allongeant que par leur propre poids et celui des jambes,
– le pli du genou liant,
– les jambes libres et tombant naturellement, les mollets en contact avec le cheval sans le serrer, la pointe des pieds tombant librement quand le cavalier est sans étriers,
– le rein et la hanche souples,
– le haut du corps aisé, libre et droit,
– les épaules effacées et également tombantes,
– les bras libres, à demi-ployés, les coudes tombant naturellement,
– le poignet dans le prolongement de l'avant-bras, le pouce en dessus,
– la tête droite, aisée et dégagée des épaules, le regard lointain (*Manuel Fédéral d'Équitation*, Éditions Lavauzelle).

▸ Quelle que soit votre position, **les articulations de vos jambes restent souples, pour amortir les allures** ; de la même façon, que vous chaussiez « court » ou « long », vous devez conserver le libre jeu de vos articulations (hanches, genoux, chevilles).

▸ **Apprendre à vous asseoir profondément** dans votre selle, à redresser l'ensemble du buste, à relâcher vos jambes pour qu'elles tombent de tout leur poids de chaque côté de la selle, à relâcher vos épaules, vos bras, vos avant-bras, vos poignets, et à laisser votre ceinture et votre bassin s'avancer devant vous… est tout l'inverse de ce que vous avez l'habitude de faire en tant que « piéton ».

▸ **Ce sont les séances de mise en selle**, avec ou sans étriers, et une pratique multidisciplinaire (dressage, cross, saut d'obstacles, jeux équestres, horse-ball, voltige, etc.) qui permettent d'acquérir cette attitude et ce fonctionnement… à condition de monter de façon régulière et assidue.

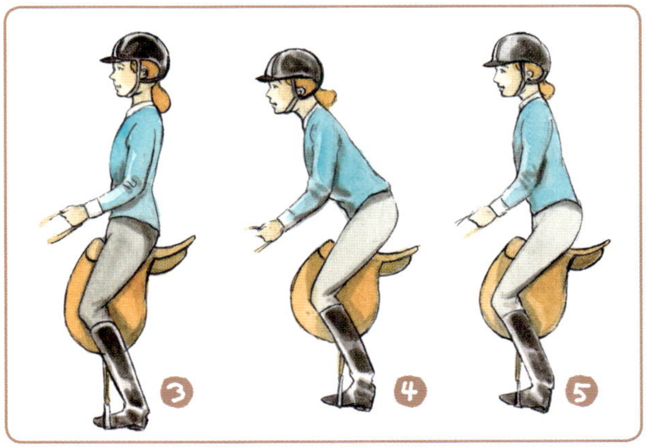

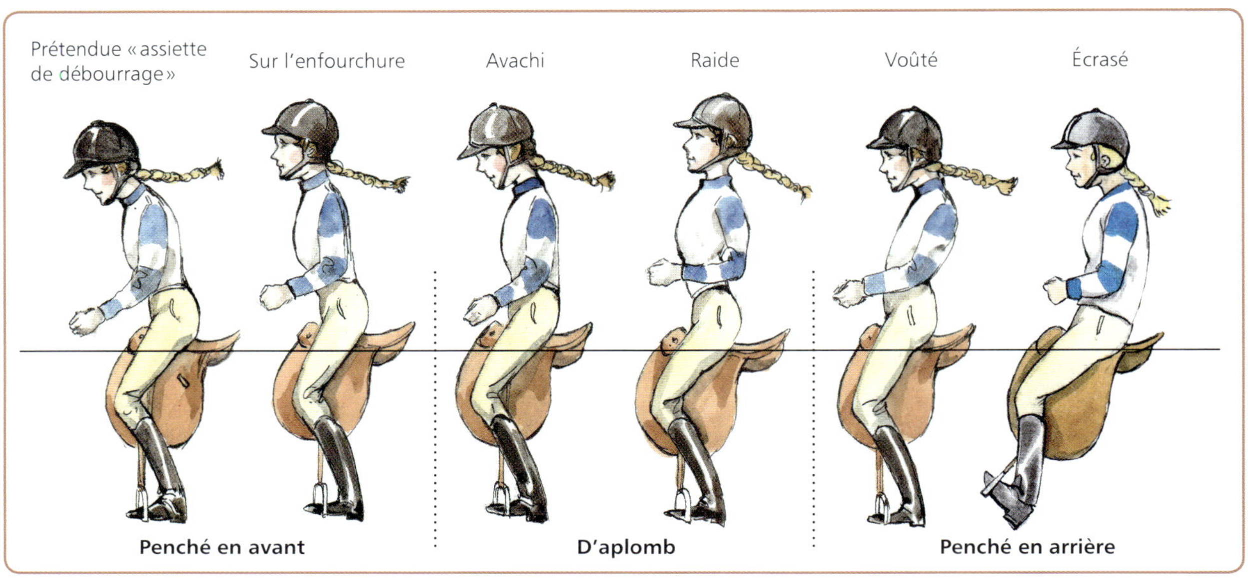

Pourquoi changer de bipède diagonal au trot enlevé ?

▸ En manège ou en en carrière, on a coutume de demander de trotter sur le diagonal extérieur.

▸ Vous vous asseyez lorsque **le diagonal extérieur se pose**, et vous vous enlevez lorsqu'il s'avance. L'explication généralement retenue est que, lors du tournant, l'antérieur extérieur ayant plus de chemin à parcourir que l'antérieur intérieur, vous devez pouvoir être « enlevé » pour lui faciliter son avancée. Cela favorise aussi l'avancée du postérieur interne.

▸ Cela vous sensibilise surtout sur le **lien existant** entre votre comportement et la biomécanique de votre cheval.

▸ Cela vous permet aussi d'**équilibrer le travail** à main droite et à main gauche, en vous fixant un diagonal de référence et en changeant de diagonal de trot d'une main à l'autre. Ainsi, vous ne risquez pas de fatiguer un diagonal plus que l'autre.

▸ En **extérieur**, lorsque vous vous asseyez toujours sur le même diagonal, vous fatiguez le membre à l'appui. Savoir trotter sur un diagonal ou sur l'autre vous permet alors de changer de diagonal de trot, même lorsque vous trottez sur une ligne droite.

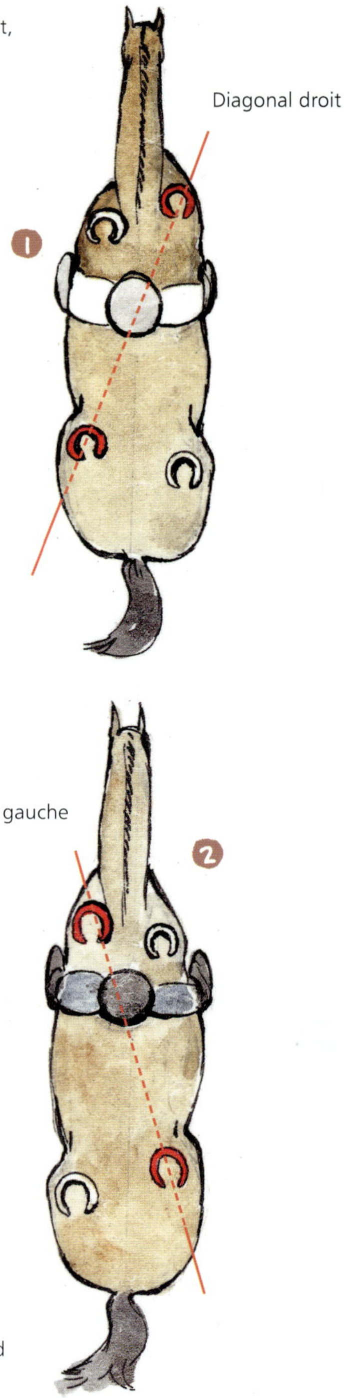

Aide

Pour changer de diagonal de trot, il suffit de rester deux temps dans sa selle ou de rester en suspension deux temps.

Dessiner, solutions de la page 132

Demi-volte en E

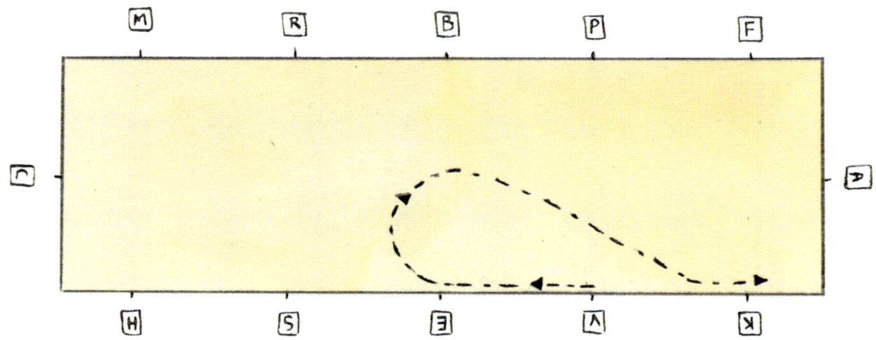

Demi-volte en B

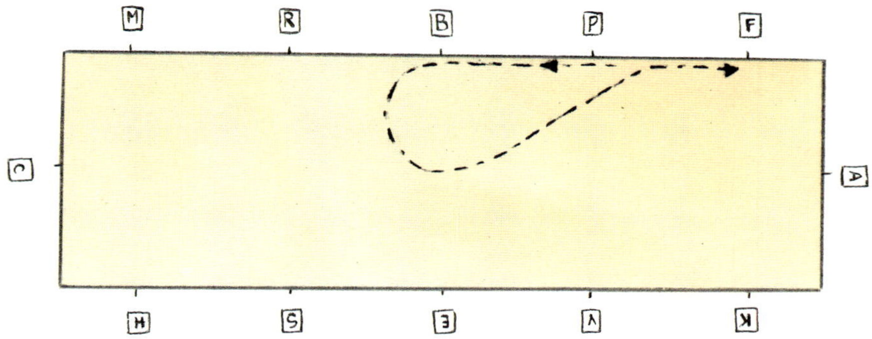

Demi-volte renversée en E

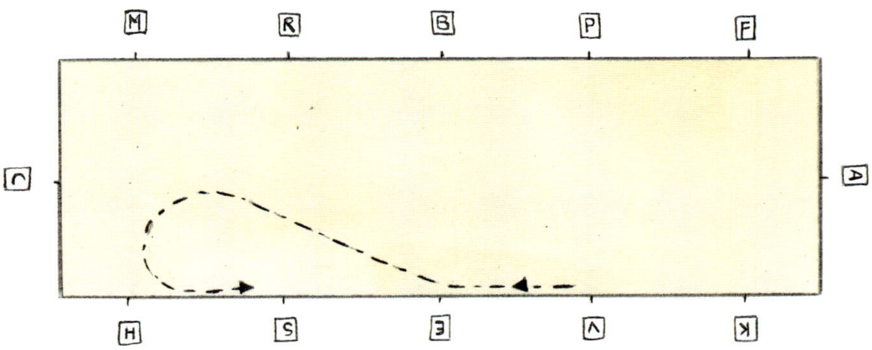

Demi-volte renversée en B

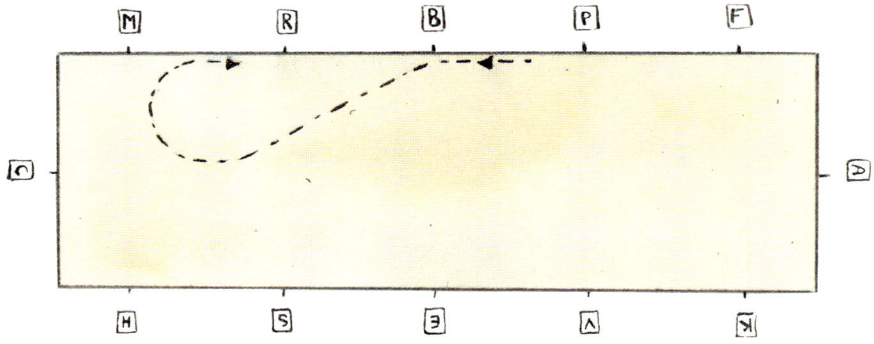

Enchaîner des courbes serrées au pas des deux côtés

▸ Au Galop 1, vous avez appris à mener un cheval en main, au pas, sur un tracé simple et connu (voir p. 42). Au Galop 2, vous l'effectuiez sur un tracé précis : serpentines, cercles délimités par des cônes, etc. Désormais vous évoluez sur des courbes serrées.
Cet exercice prolonge les deux premiers.

▸ Qu'il s'agisse de marcher sur un tracé précis ou sur des courbes serrées, vous serez confronté à deux grandes difficultés :

– **Conserver votre monture à vos côtés**, sans qu'elle vous précède ni qu'il ralentisse : votre cheval aura toujours tendance à ralentir ou à accélérer dans les changements de direction (comme lorsqu'il est monté). Vous devez donc anticiper cet état de fait et surtout agir dès que vous sentez la moindre modification. N'attendez pas d'être dépassé (relisez la page 42, pour savoir quoi faire dans chaque cas).

– **Vous repérez dans l'espace :** quand le cavalier évolue en regardant par terre, il ne sait pas où il va et réagit en fonction de ce qui se présente à lui. Pour évoluer sur un tracé précis ou des courbes serrées, regardez où vous allez, anticipez votre tracé et celui que dessinera votre cheval, surtout dans les courbes vers la droite (car vous êtes à sa gauche).

▸ Si vous le pouvez, regardez par-dessus l'encolure de votre cheval, cela vous aidera à savoir où vous vous dirigez.

▸ **Anticiper** où vous allez vous permettra d'évoluer sur des courbes bien dessinées et vous évitera les ruptures d'impulsion dues à des changements brutaux de direction.

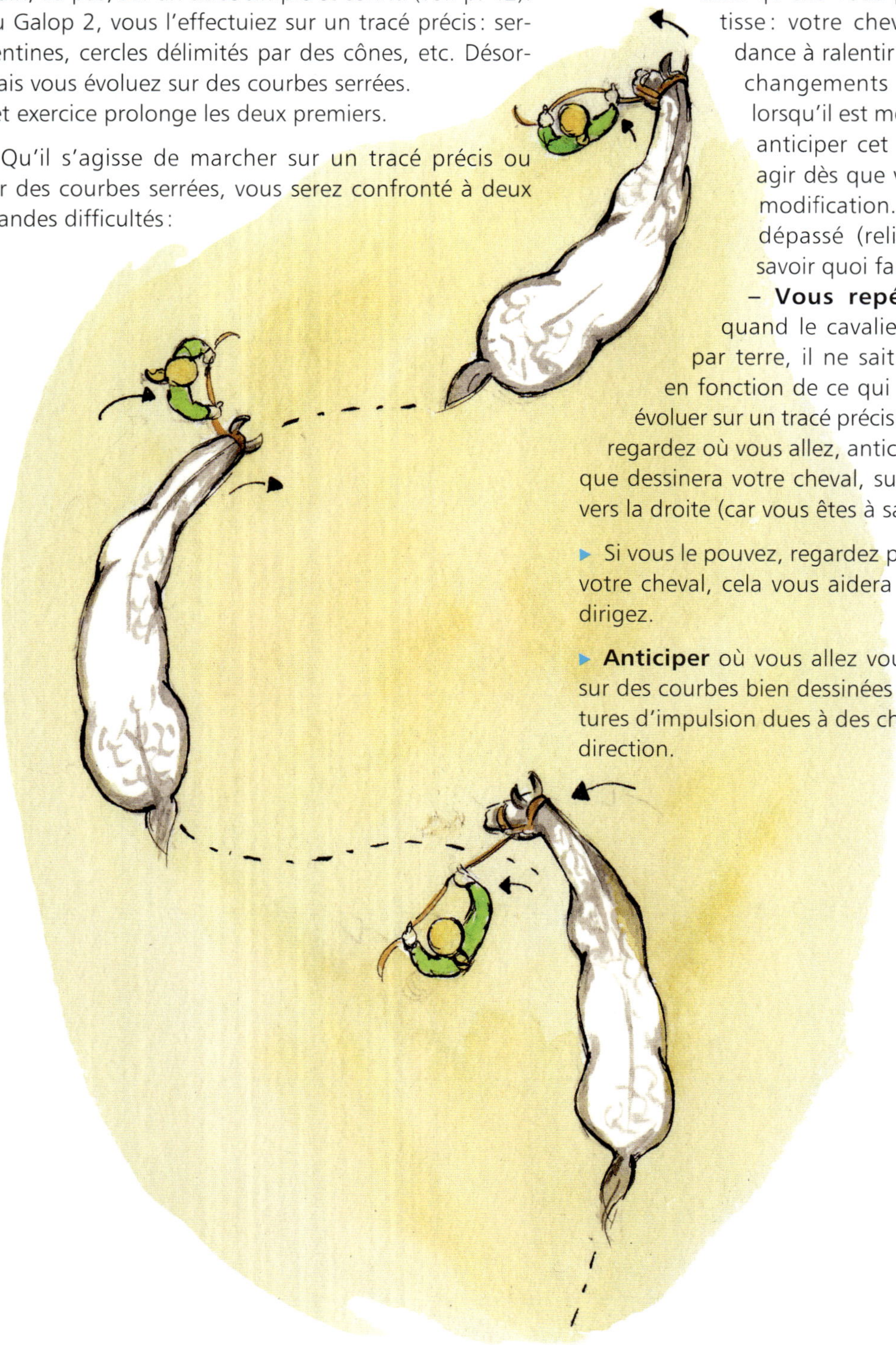

Reculer droit sur quelques foulées

▸ Vous savez faire reculer votre cheval de quelques pas en profitant du pare-bottes (voir p. 88). Vous vous exercez désormais à **le faire reculer de plusieurs pas**, sans l'aide d'un mur ou du pare-botte.

▸ Pour réaliser cet exercice, il est nécessaire, au préalable, que votre cheval :
– recule aisément à la plus petite indication de votre part,
– décompose ses pas calmement, sans se presser,
– reste attentif et confiant (encolure horizontale et relâchée, il ne se bloque pas dans le reculer, ne relève pas la tête, ne se creuse pas, etc.).

▸ **Placez-vous devant votre cheval**, légèrement sur le côté. Votre cheval est droit, c'est-à-dire que les épaules sont au milieu des hanches (il n'a pas les hanches traversées d'un côté ou de l'autre), l'encolure et la tête sont droites [1].

▸ **Demandez le reculer** (voir p. 88), avec l'idée qu'il décompose chaque pas. Vous devez être capable d'arrêter le mouvement – par la voix – à chaque poser de diagonal.

▸ À partir de cela, **la tête du cheval joue**, en quelque sorte, **un rôle de gouvernail** :
– maintenue droite, entre les épaules, le cheval recule droit,
– déplacée légèrement vers la gauche (vers vous), elle remettra droites des hanches qui se traverseraient vers vous [2] et [3],
– déplacée vers la droite (à votre opposé), elle rectifiera des hanches qui se traversent vers la droite (à l'opposé de vous).

▸ Comme toujours, **agissez avec douceur** dès que le problème apparaît (une fois débordé, il est trop tard) et restez attentif à ses expressions, afin qu'il reste calme, confiant, la tête « légère » dans vos doigts.

▸ Si vous avez un **stick**, vous pouvez tenir les hanches ou rectifier leur déplacement (si elles dévient vers vous), en posant le stick sur la fesse.

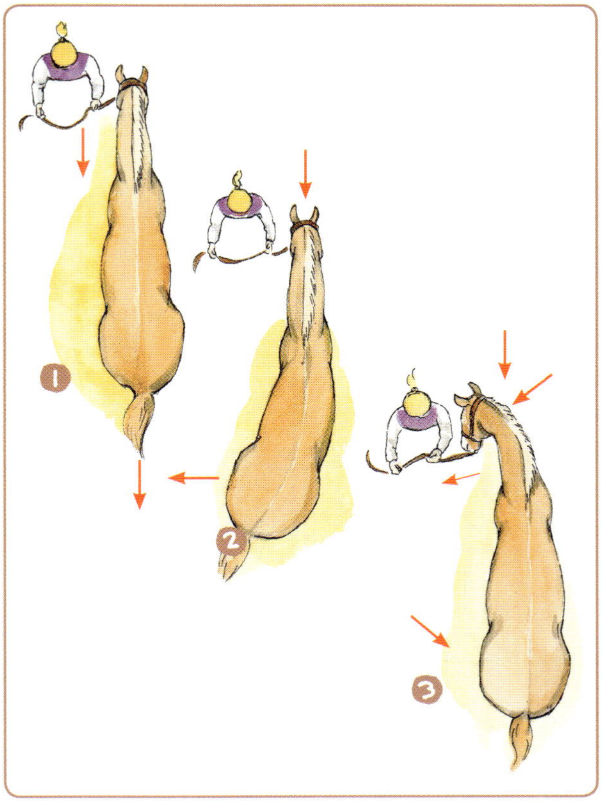

Précision

Le nombre de pas de reculer dépend de la souplesse de votre cheval, de son acceptation, et donc de son entraînement. En cas de problème (crainte, fuite vers l'arrière, blocage, etc.), n'insistez pas : arrêtez, avancez, redemandez une fois que le cheval est confiant.

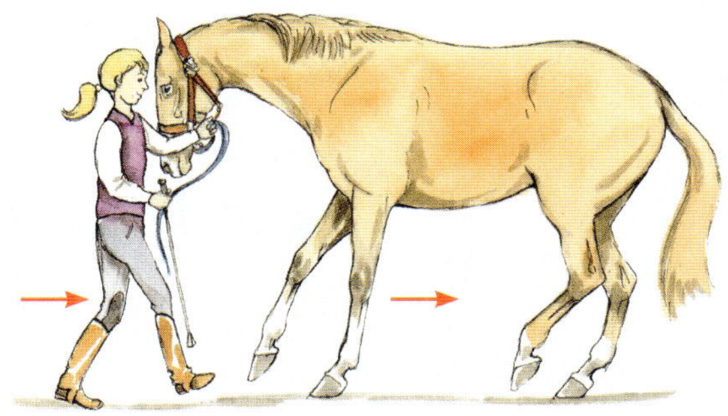

Déplacer les épaules ou les hanches sur plusieurs pas

▸ Cet exercice prolonge ceux débutés au Galop 2 (voir pp. 90-91). Le principe d'action reste le même. La différence réside dans le nombre de pas.

▸ **Pour déplacer les épaules autour des hanches ou l'inverse** il est impératif que vous définissiez, à l'avance, le diamètre du cercle ou du demi-cercle sur lequel évolue le pivot : les épaules (quand vous mobilisez les hanches autour des épaules) ou les hanches (quand vous mobilisez les épaules autour des hanches).

▸ L'important n'est pas que les épaules ou les hanches restent sur place ou sur un petit cercle, mais que le mouvement s'effectue avec **fluidité, continuité, aisance et décontraction**.

▸ Fixez-vous un diamètre large (8 m par exemple) et entraînez-vous principalement à ce qu'épaules et hanches (quel que soit le mouvement) progressent sur un tracé bien dessiné et un mouvement sans heurts.

▸ Pour cela, demandez chaque pas l'un après l'autre, avec douceur, avec le sentiment de contrôler chaque foulée, et de pouvoir, à tout moment, soit arrêter l'exercice soit demander un pas supplémentaire. Si votre cheval se contracte ou accélère, arrêtez-le.

▸ Restez attentif au maintien du calme et à la décontraction (encolure relâchée, tête légère dans vos doigts, etc.). Ces exercices assouplissent et représentent un effort pour votre monture, vous ne devez pas en abuser.

▸ **Récompensez** souvent, le cheval à l'arrêt, les rênes longues ou la longe détendue. Un cheval décontracté aura tendance, alors, à déglutir et mâcher (qu'il ait un mors dans la bouche ou non).

Effectuer un pansage complet

▶ **Le pansage a trois rôles.** Il permet :
– de nettoyer le cheval,
– de passer l'ensemble de son corps en revue et ainsi de vérifier l'absence de toute anomalie : plaie, petits boutons, points de frottement où il n'y a plus de poils…
– de le masser, ce qui lui procure bien-être et décontraction.

▶ Il s'effectue dans un endroit aéré, où ni le cheval ni son cavalier ne seront gênés par la poussière.

▶ **Avant le travail**, vous effectuez un pansage élémentaire (voir pp. 94-95), pour curer les pieds, décoller le poil, notamment sur les parties en contact avec le harnachement (têtière, passage de sangle…), et pour que le cheval soit propre dans l'ensemble (pas de paille dans la queue, pas de traces de fumier…).

▶ **Après le travail**, il s'agit de débarrasser les pieds d'éventuels cailloux, de mettre le poil à rebrousse-poil pour qu'il sèche, de prodiguer les soins aux membres et aux pieds et de vérifier l'état de la ferrure (voir programme du Galop 3), et finalement de faire un pansage complet (voir plus bas).

▶ **Un troisième pansage** s'effectue généralement l'après-midi, quand le cheval est sec et si le deuxième pansage n'a pas été correctement fait.

▶ Dans les clubs, le cavalier doit procéder à un pansage complet après être monté ; néanmoins, le cheval ayant tendance à se rouler après le travail, il faut le rentrer, enlever le harnachement et attendre qu'il se roule avant d'effectuer son pansage.

▶ Nous avons vu comment curer les pieds au Galop 1. Cela ne change pas pour le Galop 2. Assurez-vous, en plus, que la ferrure ne bouge pas (voir p. 195) et que les pieds sont en bon état (voir p. 194).

▶ En principe, un cheval ne se rentre pas à l'écurie tant qu'il est en sueur et tant que son rythme respiratoire n'a pas retrouvé la normale. « Quand la sueur apparaît, l'homme a dépassé la mesure », écrivent les anciens à propos du dressage du cheval. S'il rentre mouillé, il faut le « bouchonner » (voir p. 196), c'est-à-dire prendre une importante poignée de paille propre et l'essuyer vigoureusement sur l'ensemble du corps, jusqu'à ce que la paille ait absorbé la sueur ou l'eau. Ceci fait, le bouchon est passé à rebrousse-poil pour que le poil sèche encore mieux. Le pansage s'effectue ensuite, de la même façon que nous l'avons vu précédemment (voir pp. 94-95).

Précision

Le pensage est un moment privilégié pour renforcer la complicité du couple cheval/cavalier, ou pour faire connaissance, dans le cas d'un cheval que vous montez pour la première fois.

▶ **La crinière** se brosse avec le bouchon. Évitez l'étrille (surtout l'étrille en plastique à picots) ou le peigne qui risquent de casser les crins ou de les arracher. Le bouchon (qui peut être légèrement mouillé) démêle et ramène les crins du même côté.

▶ **La queue** se démêle avec le bouchon ou, mieux, à la main. Prenez la queue dans les deux mains, puis séparez les crins les uns après les autres, tout en les démêlant avec vos doigts. Comme avec la crinière, évitez de vous servir de l'étrille ou du peigne qui cassent et arrachent le crin.

▶ L'été, la queue peut être lavée, soit au jet lorsque le cavalier douche les membres de son cheval (voir p. 144), soit dans un seau. Les jours d'examen, vous pouvez mettre du shampooing dans le seau : lavez, puis rincez abondamment, la queue sera propre et brillante.

▶ Une éponge humide nettoie **les naseaux**, les yeux, l'anus, la vulve ou le fourreau. Veiller à ce que l'éponge soit toujours très propre et rincez-la entre chaque partie.

▶ Enfin, lors d'un pansage complet, passez l'époussette, toujours dans le sens du poil, sur l'ensemble du corps, pour rendre le poil brillant.

Curer les pieds postérieurs

▸ Pour savoir comment curer les pieds antérieurs, reportez-vous à la page 96.

▸ Vous commencez à avoir une certaine expérience. De fait, vous savez éliminer **trois grands défauts** propres aux postérieurs :
– **ne pas lever suffisamment le postérieur** [1], ce qui oblige le cavalier à se courber en deux pour curer le pied. Placez bien votre main et n'hésitez pas à porter le pied,
– **trop lever le postérieur** [2] : cela risque de gêner considérablement le cheval qui vous le dira en cherchant à se dégager,
– **tirer le postérieur en arrière** [3], ce qui risque aussi de gêner le cheval.

▸ Pour curer les postérieurs, rester bien au niveau de la hanche du cheval, et lever le pied un peu plus haut que la mi-canon.

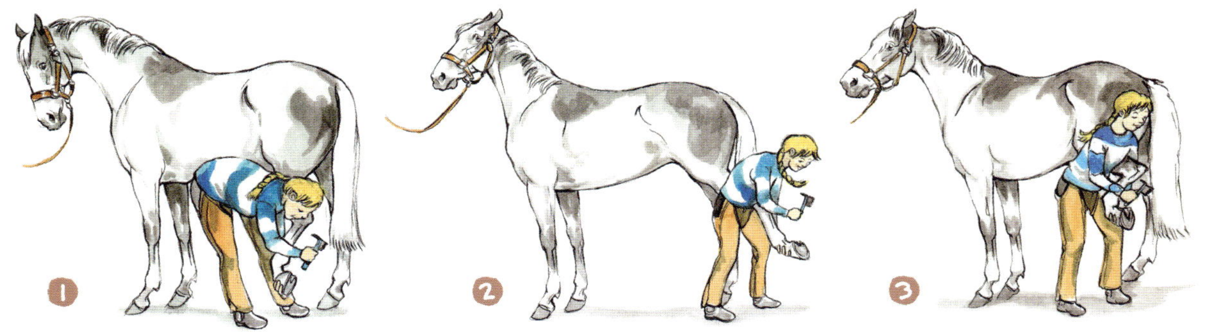

Graisser les pieds

▸ Il est nécessaire de **graisser** les pieds environ **deux à trois fois par semaine**, parfois plus, parfois moins, en fonction de l'état du pied et notamment de la paroi, de la sole, de la fourchette, des lacunes médiane et latérales.

▸ Il existe schématiquement deux types de graisse :
– la **graisse classique**, qui nourrit et hydrate,
– le **goudron**, qui réduit l'humidité et protège.

▸ La première s'utilise surtout en été, le second en hiver. Dans tous les cas, le choix de l'un ou de l'autre dépend de l'état du pied.

▸ Graissez à l'aide d'un pinceau spécialement adapté.

▸ Après avoir soigneusement curé et brossé les pieds (ils doivent être parfaitement propres, sans aucune trace de sable, terre, paille ou fumier, et impérativement secs), plongez le pinceau dans la graisse (ou le goudron) et appliquez-la (le) soigneusement sur la sole, la fourchette, les lacunes médiane et latéral, la paroi.

▸ Évitez de l'appliquer sur les glomes, sur la couronne et son bourrelet périoplique (voir la description des différentes parties du pied page 152).

Précision

Faîtes attention à ne pas vous badigeonner de goudron (sur les mains comme sur les vêtements), il tache énormément !

Doucher les membres

▸ **La douche sert à rafraîchir le cheval** s'il vient de travailler.

▸ **Elle sert aussi à le détendre**, une fois qu'il s'est habitué à l'eau, à sa température, à la force du jet. Elle permet aussi de masser les tendons, de resserrer les tissus. Elle est ainsi tout particulièrement recommandée après l'effort.

▸ Elle permet aussi :
– de nettoyer parfaitement le sabot de toutes les saletés qui peuvent s'y trouver,
– d'éliminer la sueur qui, en séchant, peut démanger le cheval.
– de rendre le membre propre, ce qui permet de bien vérifier qu'il ne présente aucune blessure et, éventuellement, d'appliquer les produits nécessaires à la santé et à la croissance du sabot.

▸ Avant de doucher, il faut vous assurer que le jet ne soit pas trop fort et que l'eau ne soit ni glacée, ni bouillante. Évitez de doucher l'hiver, excepté si vous le faites dans une écurie fermée et avec un jet d'eau tiède. Évitez de doucher trop souvent, car, à la longue, cela risque de ramollir la corne des pieds et de rendre la ferrure moins solide.

▸ Pour doucher les membres, promenez le jet par petits cercles dans le sens des aiguilles d'une montre. Le jet doit remonter sur les tendons [1].

▸ Prenez le même soin pour chaque membre, en face interne comme en face externe, et n'hésitez pas à prendre votre temps.

▸ Dans tous les cas (et quelle que soit la saison) il est préférable d'essuyer les membres et plus particulièrement le pli du paturon, après la douche – avec une serviette – pour éviter l'apparition de crevasses.

Précision

Une fois douché, passez un **couteau de chaleur**, sur l'ensemble du corps de cheval [2], pour enlever le plus gros de l'eau, et faites-le brouter au soleil pour qu'il sèche complètement avant d'être rentré au box.

Entretenir une litière

▸ **La litière a plusieurs rôles :**
– elle apporte un confort au cheval,
– elle l'isole du froid,
– elle absorbe ses urines,
– elle lui procure une partie des fibres dont il a besoin quand il peut la manger et diminue, de fait, son ennui.

▸ Les litières peuvent être de **paille** (de blé, d'avoine, d'orge) mais aussi de **copeaux** de bois, de **papier journal** ou de **chanvre** (souvent pour les chevaux qui mangent trop de paille). Dans ces derniers cas le cheval reçoit un surcroît de foin (voir page suivante), puisque la paille ne peut servir de lest alimentaire.

▸ Quelles qu'elles soient, les litières nécessitent un **entretien journalier** :
– chaque matin, la litière est débarrassée des crottins grâce à une fourche [3]. Puis la paille propre est séparée de la paille sale ou mouillée. La paille sale est enlevée tandis que la propre est dispersée en un tapis uniforme sur l'ensemble du box. La paille fraîche est rajoutée sur les côtés afin de faire une litière « en bateau », voir dessin page 146 haut.
– une ou deux fois par semaine, le box est entièrement curé. Toute la paille est enlevée et le fond du box est gratté [2]. L'hiver, on laisse un « gâteau » afin de mieux isoler le cheval du froid.
– régulièrement, le box est vidé, gratté et nettoyé avec un produit désinfectant.

▸ Il en va de même pour les litières en copeaux. Les crottins sont enlevés chaque jour [1]. Certains rajoutent des copeaux une ou deux fois par semaine, d'autres non ; quoi qu'il en soit, les copeaux seront entièrement retirés une fois par semaine.

Précision

Les outils pour entretenir une litière :

Entretenir l'abreuvoir ou le lieu d'abreuvement

▸ L'eau est indispensable au cheval (voir p. 104), comme à tout ce qui vit. Que votre cheval soit au pré, au paddock ou au box, vous devez vous assurer qu'il en dispose à volonté et qu'elle est propre chaque fois que vous lui rendez visite.

▸ Débarrassez l'abreuvoir automatique ou le seau des morceaux de paille et de foin qui y flottent. Assurez-vous qu'elle est propre et transparente. Si l'eau a une mauvaise odeur ou si elle contient un crottin, il faut la changer : renversez le seau si vous êtes au pré ou au paddock, et videz l'abreuvoir automatique si vous êtes au box.

▸ Attention : ne videz pas l'abreuvoir dans la paille. Prenez un seau et enlevez le bouchon qui se trouve sous l'abreuvoir automatique (dessin ci-contre), videz, rincez, nettoyez avec une éponge, puis refermez le bouchon avant de jeter le contenu de votre seau ailleurs que dans le box.

▸ D'une manière générale, l'eau de l'abreuvoir doit être remplacée régulièrement.

▸ Une fois par mois, vous laverez l'abreuvoir avec une éponge.

Expliquer les différentes litières

▸ La litière a plusieurs rôles (voir page précédente).

▸ Traditionnellement, on utilise de **la paille de blé** [1]. Elle est confortable, saine et absorbante et procure un lest alimentaire pour le cheval. Elle doit être sèche, non poussiéreuse, aux brins longs plutôt que courts (la longueur des brins dépend du broyage ; des brins courts sont toujours plus poussiéreux).

▸ Si la paille de blé est la plus absorbante, **la paille d'avoine** est plus digestible. **La paille d'orge**, en revanche, est dangereuse à cause des épis piquants qu'elle contient.

Il existe d'autres types de litières

▸ **Les copeaux de bois** [2] sont souvent indiqués pour les chevaux ayant des problèmes respiratoires, notamment les asthmatiques ou les allergiques à la paille. Ils sont vendus traités, peu poussiéreux et peu allergènes. Très absorbantes, les litières de copeaux réclament plus d'entretien que la litière de paille (retrait des crottins et de plaques d'urines deux à quatre fois par jour, ajout régulier d'un sac supplémentaire, etc.).

▸ **Les litières de papier** sont généralement utilisées pour les chevaux qui mangent trop de paille. Elle sont faciles d'entretien mais doivent souvent être changées.

▸ **La litière de lin** est constituée de la partie centrale et ligneuse de la tige du lin. Toujours vendue défibrée et dépoussiérée, elle convient aux chevaux ayant un problème respiratoire. Facile d'entretien, elle a un grand pouvoir d'absorption et se transforme en un fumier très fertile.

▸ **Le chanvre** est 100 % naturel, beaucoup plus absorbable que la paille ou les copeaux de bois. Facile d'entretien (à condition d'en mettre beaucoup au départ), il convient aux chevaux ayant des problèmes respiratoires et plus particulièrement de l'emphysème.

▸ Le choix entre ces litières est souvent lié au prix, certaines étant assez onéreuses.

▸ Il existe aussi **des litières de sciure, tourbe**, etc.

▸ Toutes les litières que le cheval ne mange pas doivent être accompagnées de foin à volonté (pour pallier ses besoins en fibre et l'ennui).

La répartition des activités du cheval à l'état naturel

▸ **Le cheval est un herbivore non ruminant**. Son rendement digestif étant de fait assez faible, il doit pâturer longtemps pour satisfaire ses besoins énergétiques. À l'état naturel et au pré, **il passe ainsi la plupart de son temps à brouter** : sur 24 h, en moyenne 60 %, soit environ 15 à 16 h par jour [1].

▸ **Il se repose**, debout ou couché, entre 20 à 30 % de son temps.

▸ **Les cycles de sommeil** durent entre 30 et 60 minutes. Lorsqu'il est debout, il somnole. Il a généralement les yeux mi-clos, ce qui lui permet de voir venir le danger.

▸ Pour réellement dormir (sommeil paradoxal), il se couche « en vache » (les membres repliés sous le corps) [2], ou étendu sur le flanc [3]. Compte tenu de sa masse, il ne peut dormir ainsi plus de 2 h d'affilée et se repose donc en plusieurs temps.

▸ Il passe entre 4 et 8 % de son temps (environ 1 à 2 h) à **surveiller son environnement** et guetter les dangers.

▸ **Il se déplace** 4 à 8 % de son temps (environ 1 à 2 h par jour) pour se rendre d'un point à un autre, par exemple à un point d'eau ou se consacrer aux comportements sociaux (toilettages, jeux, interactions agressives, etc.), à la reproduction et divers comportements comme uriner, faire son crottin, se rouler, boire, etc.

▸ **Ces moyennes varient en fonction des saisons** (il reste debout s'il pleut, utilise plus de temps pour se nourrir l'hiver car la nourriture est rare, etc.) et du lieu (il passe plus de temps en vigilance si le lieu est dangereux, etc.).

Précision

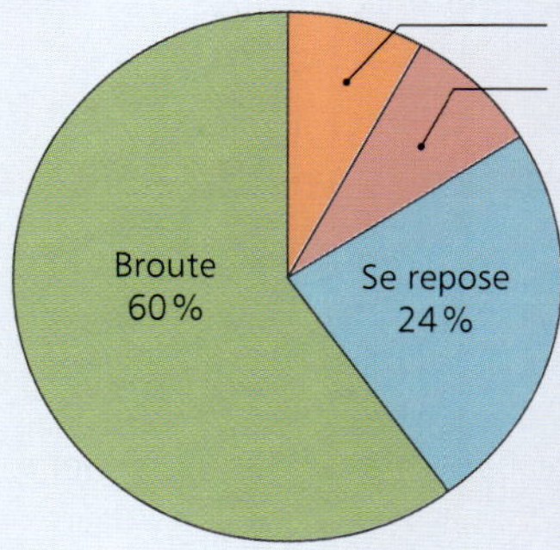

Notions de groupe, de hiérarchie, de dominance, d'affinités, d'instinct grégaire et leurs conséquences

▸ En liberté, le cheval vit en familles stables de 3 à 10 individus : un étalon, rarement deux, une à trois juments et les poulains jusqu'à leurs 3 ans. Il vit rarement seul.

▸ **La hiérarchie se bâtit en fonction de l'âge et du tempérament,** les plus vieux dominent les plus jeunes : le plus souvent les poulains ne faisant pas partie de la hiérarchie. Mais si A domine B et si B domine C, A ne domine pas forcément C. Le dominant n'est pas forcément le leader, le leadership étant souvent lié à une activité (fuir ou se rendre vers une zone d'ombre, d'abreuvement ou un autre lieu de pâturage). L'étalon défend le groupe si besoin.

▸ Indépendamment de la hiérarchie, **les chevaux entretiennent souvent une affinité particulière** avec un de leurs congenères dont ils recherchent plus particulièrement la présence (notamment pour des activités comme le toilettage mutuel [1], ou simplement pour passer du temps l'un à côté de l'autre).

▸ **Les chevaux ont besoin de contacts sociaux,** de se sentir, de se toucher et de communiquer entre eux. Ils n'aiment pas être seuls. La vie sociale leur est indispensable pour apprendre les comportements de l'espèce. Si la présence d'une autre espèce peut compenser leur solitude (un mouton, une chèvre, un lapin, etc.), cela ne peut être que temporaire. Il est important de ne pas les priver de ces contacts, voire de les encourager, surtout quand ils vivent en boxes.

▸ **Le poulain** est nourri par sa mère jusqu'à l'âge d'un an environ. Ensuite, il est sevré du lait maternel (au profit du nouveau-né) mais garde un lien privilégié avec sa mère jusqu'à l'âge de deux ans. Les poulains partent d'eux-mêmes ou sont chassés par leur père [2]. Les jeunes mâles se regroupent alors souvent en groupes d'étalons célibataires dans lesquels se trouvent aussi des étalons plus âgés qui ont perdu leurs juments ou n'en ont jamais eu ; ils affirmeront leur dominance avant de créer à leur tour, éventuellement, une famille.

▸ **En liberté, les chevaux n'ont pas de territoire.** Ils vivent sur un « domaine vital » et se déplacent en fonction des ressources, généralement les uns derrière les autres. Ils possèdent une mémoire phénoménale des endroits où ils passent et de toutes leurs expériences.

Les parties extérieures du cheval : la tête

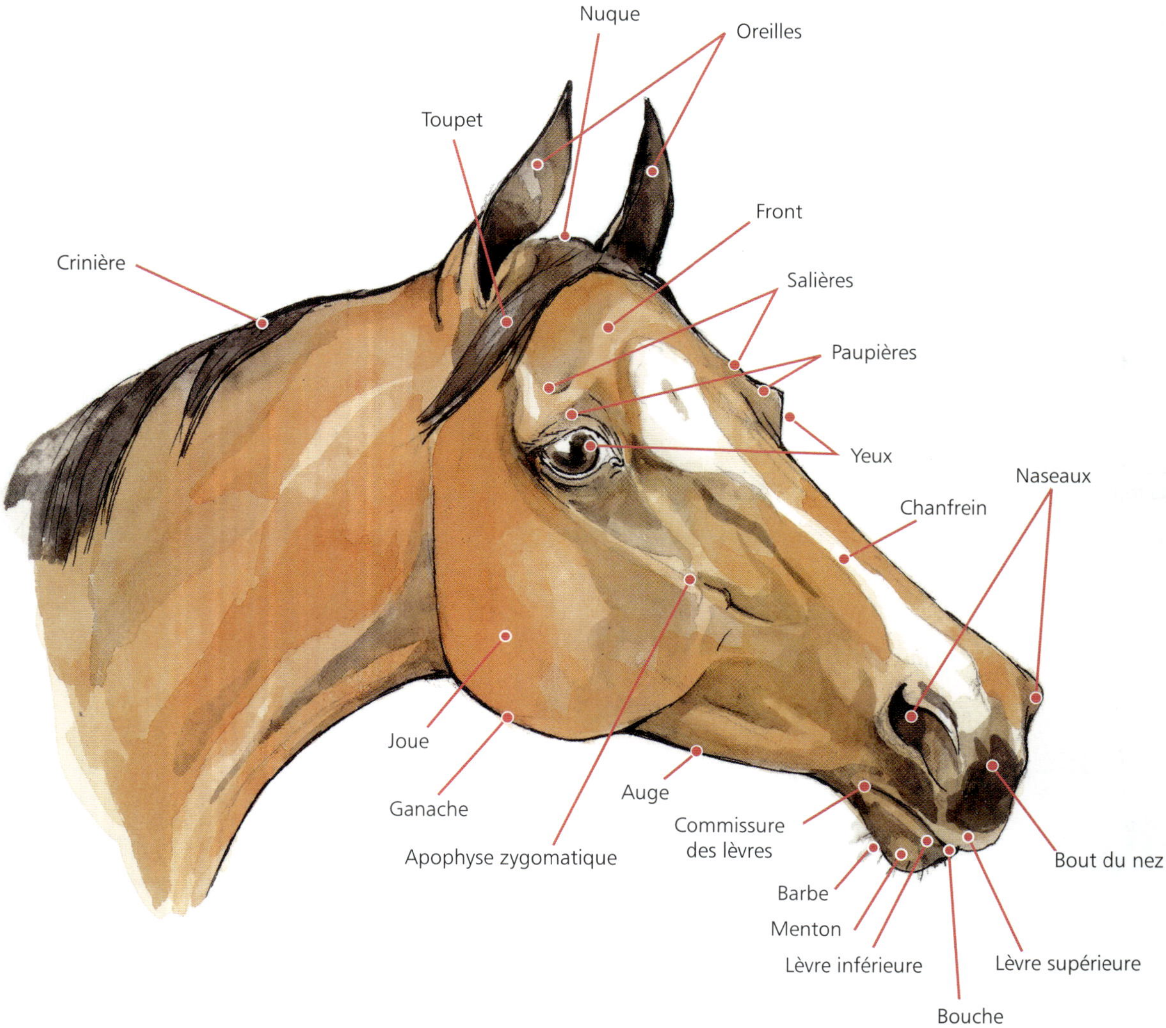

Les parties extérieures du cheval : le corps

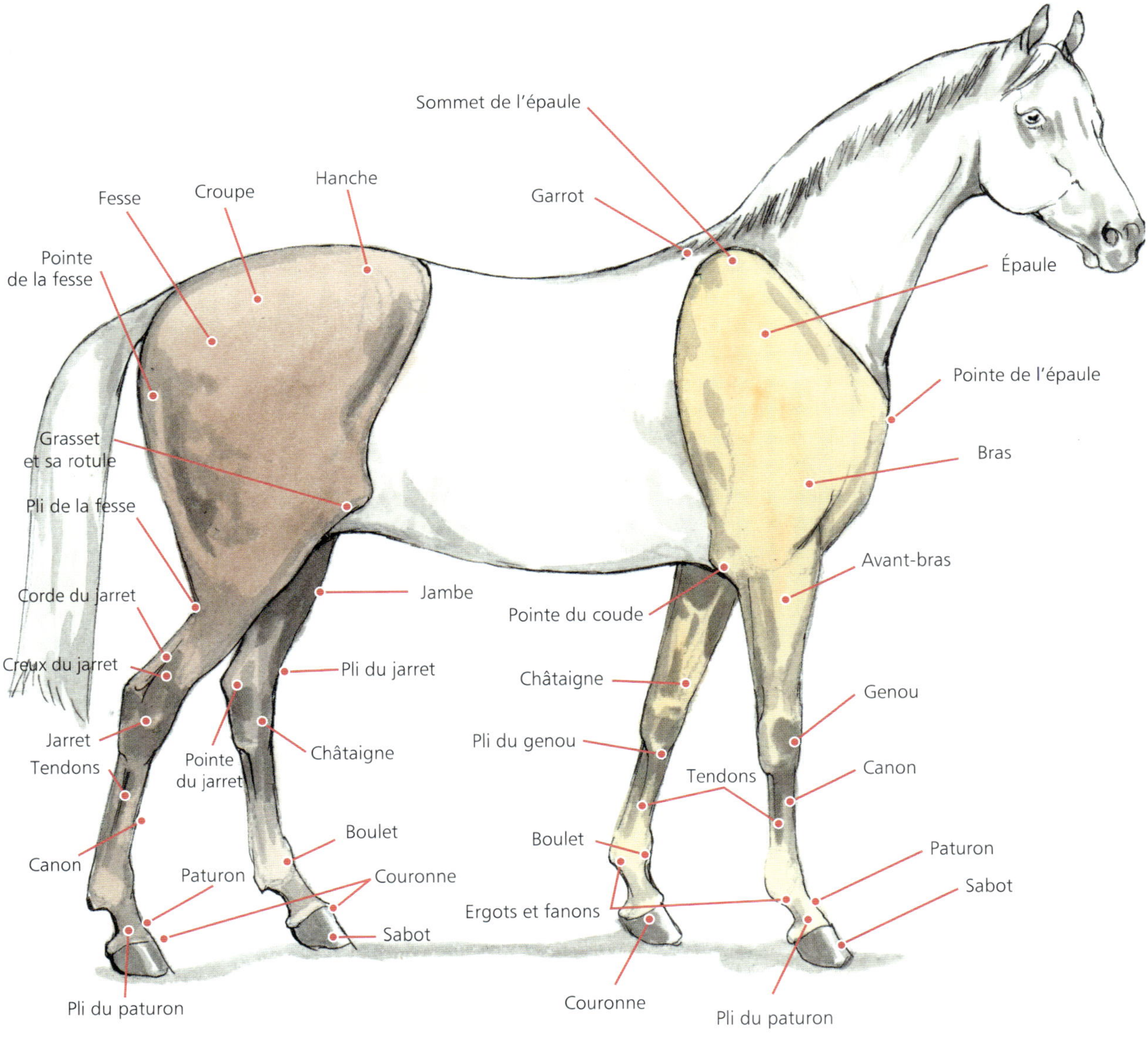

Les parties du sabot

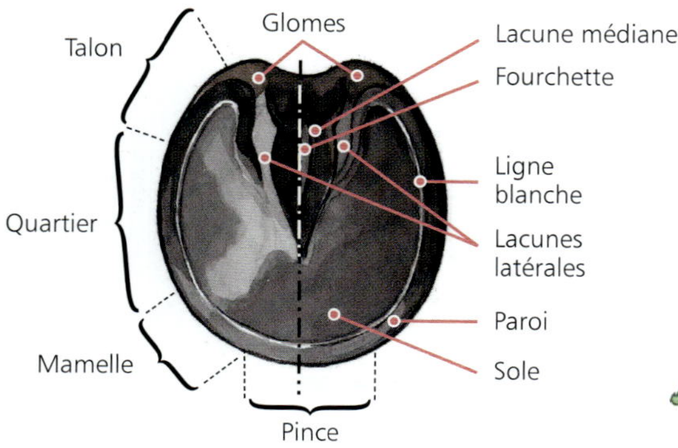

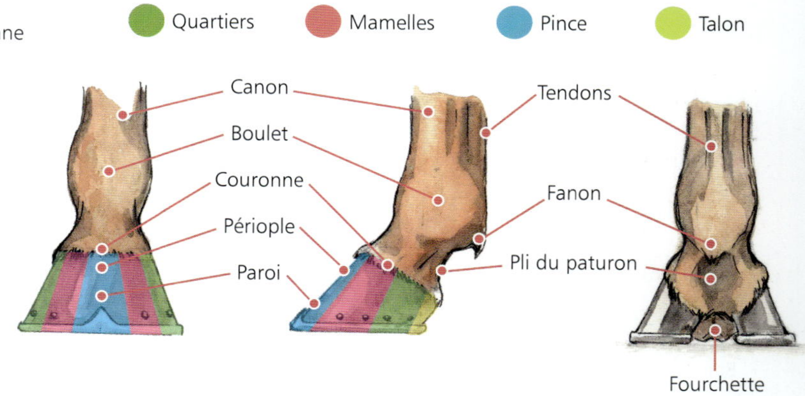

Notions sur le rôle de la ferrure

▶ La ferrure a pour but de **préserver le sabot de l'usure** et de conserver au pied sa forme et ses fonctions. Le fer est une bande métallique adaptée au bord du sabot, divisée en quatre parties : pince, mamelles, quartiers et éponges (pour les talons).
Il présente deux faces :
– une face supérieure, en contact avec le sabot, pourvue de contre-perçures,
– une autre, inférieure, en contact avec le sol, avec des étampures.

▶ **Les contre-perçures** sont des petites ouvertures au fond des étampures permettant le passage de la lame des clous.

▶ **Les étampures** sont des ouvertures pyramidales rectangulaires, creusées dans le fer afin d'accueillir les têtes des clous. Elles sont au nombre de 6, 8 ou 10 selon les dimensions du fer. On dit que le fer est « étampé à gras » lorsqu'elles sont relativement éloignées de la branche externe, et « étampé à maigre » dans le cas contraire.

▶ **La garniture** est la partie du fer qui déborde du pied.

▶ **Le pinçon** est la languette de fer renforçant la tenue du fer.

▶ **Les mortaises** sont des ouvertures pratiquées sur le fer en mamelles et en éponges et susceptibles de recevoir des crampons.

▶ **Les crampons** sont destinés à empêcher le cheval de glisser.

▶ **Les fers postérieurs** se distinguent **des fers antérieurs** :
– par le nombre de pinçons : un aux fers antérieurs, deux aux fers postérieurs.
– par leur forme : les fers antérieurs sont arrondis, presque aussi larges que longs et d'épaisseur uniforme ; tandis que les fers postérieurs sont de forme ovale et souvent plus épais.

▶ **Le fer droit** se distingue du fer gauche par une branche interne moins contournée, plus droite, et étampée plus à maigre que la branche externe.

▶ **La ferrure peut se faire « à chaud » ou « à froid ».** Les chevaux sont généralement ferrés toutes les 4 à 6 semaines, cela dépend des chevaux (certains usent plus vite leurs fers que d'autres), des terrains utilisés, de la fréquence et de l'intensité du travail, de la discipline, du rythme de l'écurie.

Précision

Les outils du maréchal-ferrant :

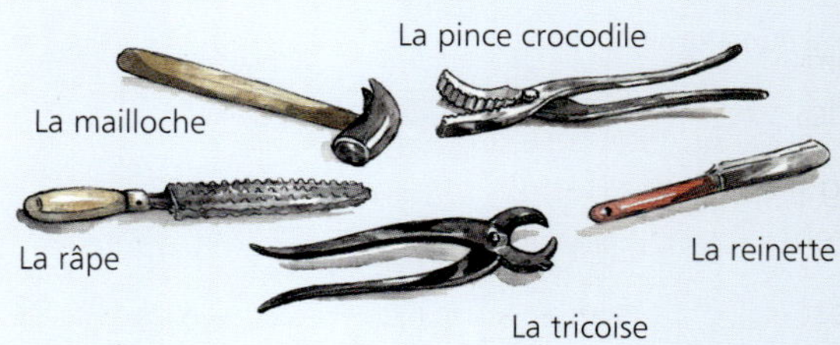

Vue supérieure du fer (en contact avec le sabot)

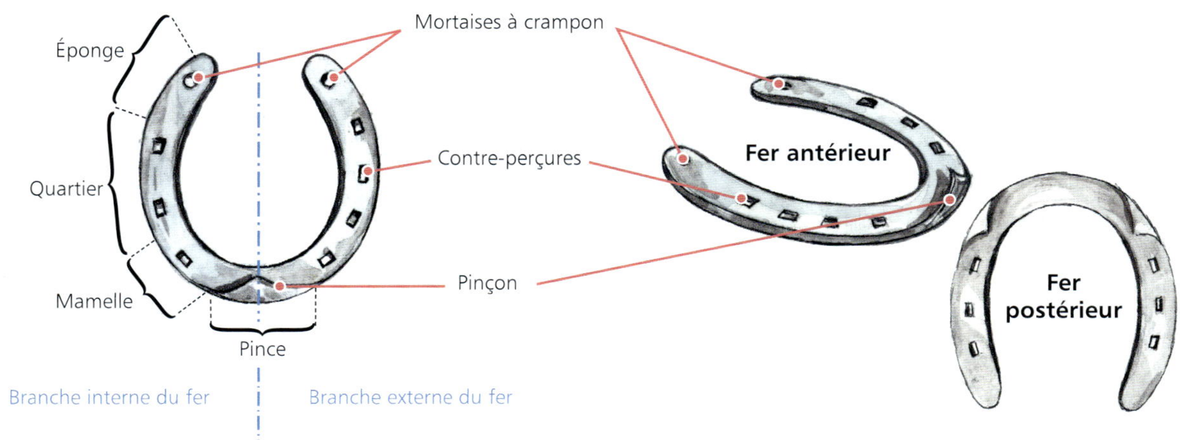

Vue de la partie du fer en contact avec le sol

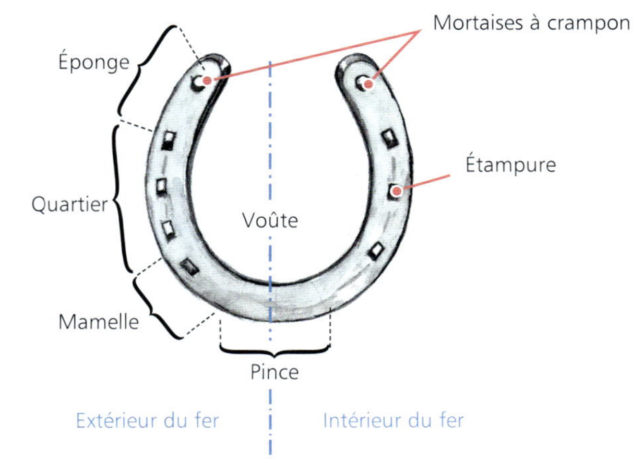

Clou à cheval

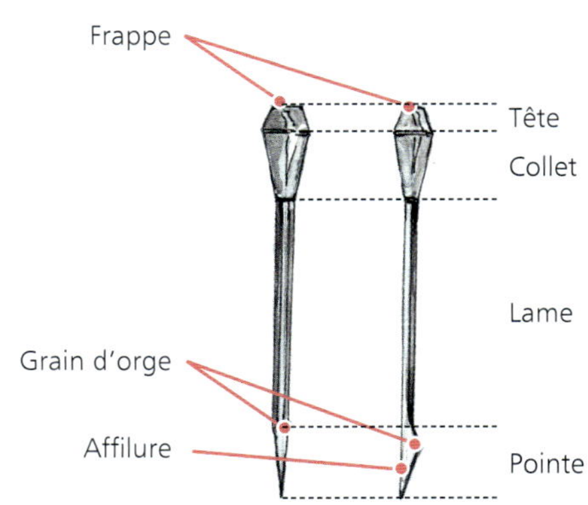

L'entretien des pieds

- Le cavalier doit apporter un soin particulier aux pieds de son cheval.
- Après les avoir curés (voir pp. 96 et 143), il vérifie le bon état des pieds comme de la ferrure (voir pp. 194-195),
- Régulièrement, il les graisse, en utilisant des produits différents s'ils sont humides ou desséchés (voir p. 194),
- C'est ce qui permet aux pieds de conserver leurs rôles de d'amortissement, d'appui et de propulsion.

Précision

La graisse s'applique sur l'ensemble du pied mais pas sur la couronne.

Les marques blanches (listes, en-têtes, balzanes)

▸ Les particularités des robes sont les **marques blanches** que le cheval possède sur la tête et sur les membres.

Les marques en-têtes

▸ Elles regroupent les marques qu'il a sur le front et sur le chanfrein. L'**en-tête** est une marque blanche située sur le front.
La **liste** est une marque blanche de forme généralement allongée que l'on trouve sur le chanfrein. Elle prolonge ou non l'en-tête.

▸ On distingue, par exemple :
– pelote [1],
– quelques poils en tête [2],
– en tête herminée [3],
– fortement en tête liste déviée [4],
– belle face [5],
– cheval qui boit dans son blanc [6],
– étoile en tête liste interrompue [7],
– liste déviée à droite [8],
– en tête bordée [9].

Les marques sur les membres

▸ Elles sont appelées des **balzanes**.

▸ On distingue, par exemple :
– la trace de balzane [a] (tour incomplet de la couronne),
– le principe de balzane [b] (fait le tour entier de la couronne),
– la petite balzane [c] (paturon et boulet),
– la grande balzane [d] (dépasse le boulet), ici une balzane herminée,
– la balzane haut chaussée [e] (dépasse le genou et le jarret),
– le bracelet (lorsque la balzane ne se prolonge pas jusqu'au sabot),
– la balzane bordée [f].

Précision

Un nez de renard désigne un cheval qui a des marques de feu (noires) sur le bout du nez et autour des naseaux.

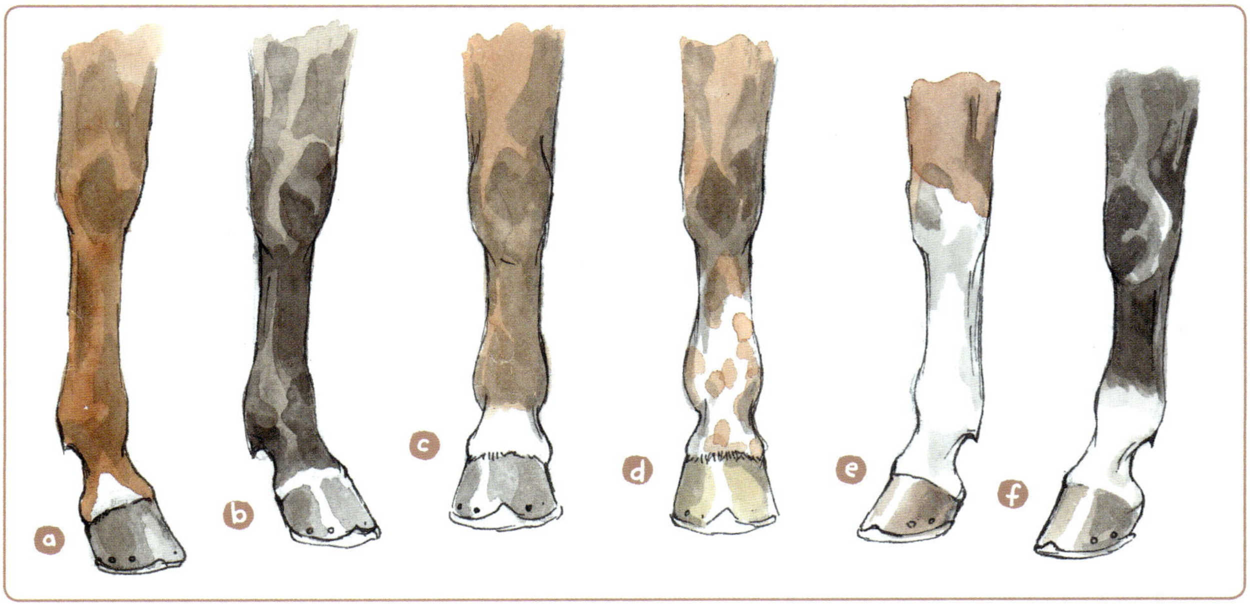

Les différents épis (tête et crinière)

▸ **Un épi** est un ensemble de poils (touffe ou ligne) convergents ou divergents autour d'un point plus ou moins apparent, et dont l'implantation est différente de celle des poils qui l'entourent.

▸ On peut constater la présence d'un ou de deux épis, rarement plus, sur le poil, parfois plus sur la crinière [2].

▸ On distingue plusieurs types d'épis :
– simple (les poils divergent ou convergent autour d'un point visible) [3],
– mélangé [4], quand il comporte des poils blancs,
– sinueux [5], en épi fermé non rectiligne,
– confus [6], avec un centre imprécis,
– en spirale (simple ou confus),
– penné [1], dont la forme rappelle une plume.

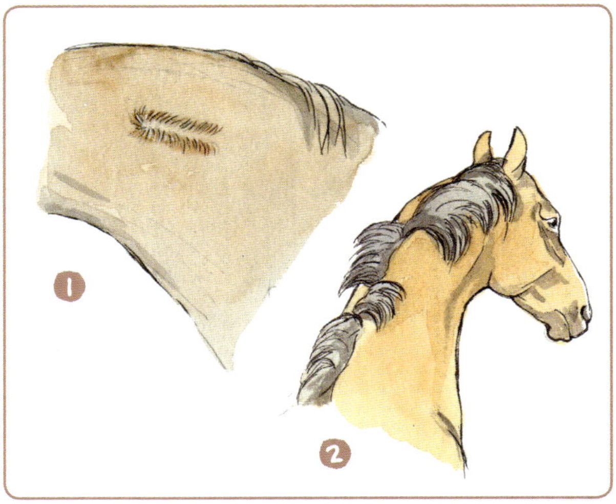

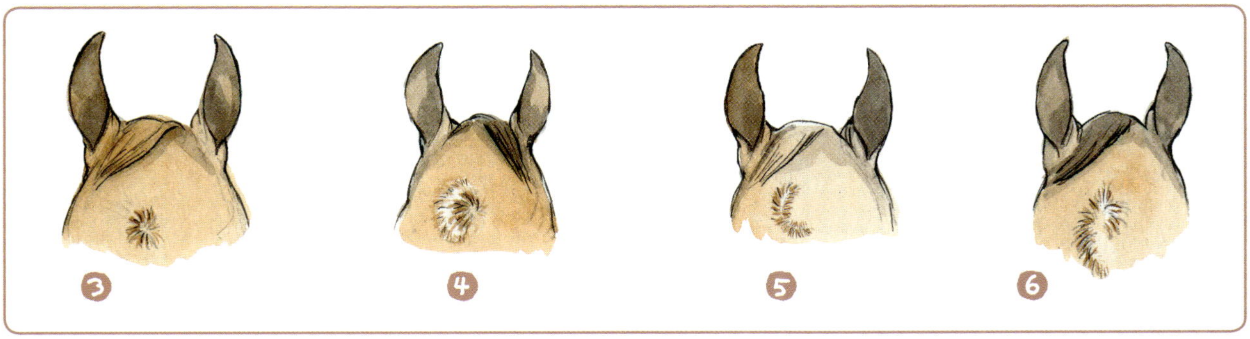

Les robes : les déclinaisons du noir, du bai et de l'alezan

La sous-famille du noir

▸ **Noir :** très rare, les crins et les poils sont entièrement noirs. La plupart des chevaux que l'on pense « noirs » sont généralement bais bruns foncés (les poils sont marron foncés).

▸ **Noir pangaré :** mêmes caractéristiques que précédemment, mais le cheval possède quelques poils fauves sur les naseaux, les flancs, les grassets, les coudes, le ventre, les inters-ars, l'intérieur des cuisses (voir la description de l'extérieur du cheval, p. 57).

La sous-famille du bai

▸ **Bai :** les poils sont de couleur fauve et les crins (crinière et queue) sont noirs.
On distingue plusieurs nuances comme le bai clair (les poils tirent sur l'orange), le bai, le bai foncé (les poils tirent sur le brun), le bai brun (les poils sont presque noirs), le bai cerise (les poils sont presque rouges).

▸ **Isabelle :** La robe isabelle se reconnaît assez bien avec ses poils jaunes (sur peau noire) et ses crins noirs. Elle se rencontre notamment chez le poney de race Fjord.
On rencontre les nuances suivantes : Isabelle clair, Isabelle ordinaire, Isabelle foncé.

▸ **Souris :** Les poils sont gris cendrés, comme chez les souris, sur une peau noire. Les crins sont souvent noirs mais ils peuvent être comme les poils, c'est-à-dire gris cendrés. En fonction des nuances de ce gris, la robe peut être qualifiée de souris claire, ordinaire, ou foncée.

La sous-famille de l'alezan

▸ **Alezan :** les crins sont de même couleur que la robe, c'est-à-dire fauve.
Suivant ses reflets, l'alezan peut être (simplement) alezan, alezan cuivré (reflets cuivrés), alezan foncé (quand il tire sur le brun).
Lorsque les crins sont plus clairs que les poils, comme c'est le cas des poneys Haflingers, on dit que les chevaux sont alezans crins lavés.

▸ **Alezan brûlé :** l'alezan brûlé est beaucoup plus sombre que l'alezan.
Ses poils et ses crins sont de la couleur du café torréfié et sa peau est noire, contrairement à l'alezan et au café au lait (chez ces derniers, la peau est claire, mais pas rose). On distingue l'alezan brûlé et l'alezan brûlé foncé.

▸ **Palomino :** il peut se confondre avec l'alezan crin lavé. Le Palomino se distingue par des poils fauves clairs, plus ou moins dorés (ils ont la couleur d'une pièce d'or neuve), et des crins blancs, argent, clairs ou ivoire, toujours plus clairs que les poils.
Il s'agit d'une robe évolutive, c'est-à-dire que les sujets naissent généralement clairs, passent par un stade doré et finissent sombres. On en rencontre beaucoup chez le Quarter horse, le Connemara, le Barbe, le Lusitanien, le PRE, l'Islandais ou l'Arabe (voir p. 105).
Suivant ses nuances, le Palomino est dit Palomino clair, Palomino, Palomino cuivré.

▸ **Café au lait :** les cafés au lait sont assez rares. Ils ont les poils et les crins café au lait, et une peau claire, mais pas rose. La robe peut être claire, ordinaire ou foncée.

Famille	Sous-famille	Robes ou caractéristiques
Robes de base	Sous-famille du **noir**	Noir, **Noir pangaré**
	Sous-famille du **bai**	**Bai, Isabelle, Souris**
	Sous-famille de l'**alezan**	**Alezan, Alezan brûlé, Palomino, Café au lait**
	Sous-famille des « autres »	Chocolat, Gris, Crème, Blanc
Mélanges de poils	Sous-famille du granité	Mélange stable de poils blancs (ex : alezan granité ou aubère)
	Sous-famille grisonnant	Mélange évolutif de poils blancs
	Sous-famille mélangée	Plusieurs robes de base mélangées
	Sous-famille fumée	
Panachures	Sous famille type pie	Pie Tobiano, Pie Overo, Pie Sabino, Pie Balzan, Pie Tovero
	Sous-famille type tacheté	Léopard, Tacheté, Cape, Marmoré, Rayé (de blanc)

Sous-famille du noir

Sous-famille du bai

Sous-famille de l'alezan

Le mécanisme du pas et du trot

Le pas

▸ **Le pas est une allure :**
– marchée (car elle ne comporte pas de temps de projection et qu'il y a toujours au moins deux membres à l'appui),
– symétrique,
– à quatre temps égaux (et à quatre battues équidistantes).

▸ **La vitesse du pas** est d'environ 6 à 8 km/h, soit 110 m/mn.

Le pas

1er temps   2e temps

Le trot

▸ **Le trot est une allure :**
– symétrique,
– sautée (car les quatre membres sont en l'air, en projection, à deux reprises au cours d'une foulée),
– à deux temps égaux (car les battues de chaque bipède diagonal sont équidistantes),
– par bipèdes diagonaux,
– et dans laquelle chaque battue est séparée de la suivante par une période de projection.

▸ **La vitesse du trot** varie suivant la race et l'aptitude du cheval mais se situe aux environs de 14 ou 15 km/h, soit de 230 à 250 m/mn.

À CONNAÎTRE

Les allures défectueuses du pas et du trot
- les défauts du pas sont **l'amble** [2] (le cheval marche en avançant le latéral gauche, puis le droit, etc.), et le trottinement,
- les défauts du trot sont **l'aubin** [1] (trot des postérieurs et galop des antérieurs) et le **traquenard** [3] (trot décousu).

Le trot

1er temps   Projection

3e temps 4e temps 1er temps

2e temps Projection

L'action des aides (agir, céder, résister)

▶ Nous avons vu :
– qu'il existe des aides naturelles et artificielles (relire *Les aides naturelles et artificielles*, pp. 58-59) : les aides naturelles sont les mains, les jambes, la voix et le poids du corps par l'intermédiaire de l'assiette.
– que les mains et les jambes peuvent agir, céder ou résister,
– comment les mains et les jambes agissent et cèdent (relire *Les aides pour avancer*, pp. 82-83).

▶ Le poids du corps est une aide, et peut aussi agir, céder ou résister.

▶ Quand il se lie au mouvement du cheval (relire *Travailler sans étriers* pp. 30-31, *Galoper assis en cherchant une bonne posture*, p. 68 et *La posture du cavalier assis et l'assiette*, pp. 134-135), le corps du cavalier accompagne l'allure.

▶ S'il amplifie légèrement le mouvement, le poids du corps agit sur l'allure et la développe. Attention cependant d'amplifier sans bousculer. L'augmentation du mouvement doit être suffisamment fine pour ne pas perturber le cheval, mais l'inciter à développer son allure.

▶ À l'inverse, lorsqu'il ralentit son mouvement, le corps du cavalier agit et diminue l'allure.

▶ L'action de résister dans ses aides est plutôt du domaine des Galops 6 et plus. Elle consiste à fixer l'aide sur place, sans agir. Les buts peuvent être multiples, et différents s'il s'agit d'une ou des deux mains, d'une ou des deux jambes, de l'assiette.

Les principales disciplines équestres

▶ **Une des grandes particularités de l'équitation** est de pouvoir être pratiquée en toutes saisons, quasiment dans tous les pays du monde, sur tous les reliefs (en montagne, en campagne, au bord de la mer…) et de posséder un grand nombre de disciplines très différentes : dressage, saut d'obstacles, cross, horse-ball, polo, voltige, attelage, endurance, extérieur, monte en amazone, jeux équestres, TREC, équitation américaine, équitation camarguaise, Doma Vaquera, etc. (voir rabat de couverture).

▶ Les Jeux Olympiques (JO) ont lieu tous les quatre ans en dressage, saut d'obstacles et concours complet. Les Jeux équestres mondiaux (JEM) ont lieu tous les quatre ans (en alternance avec les JO) en dressage, saut d'obstacles, concours complet, attelage, reining, endurance, voltige et dressage para-équestre (disciplines reconnues comme internationales par la Fédération Équestre Internationale – FEI).

▶ **Le dressage** est considéré comme la discipline fondamentale. Elle enseigne au cheval la communication avec son cavalier et les éléments physiques et mentaux liés à la discipline ou à l'emploi auquel il est destiné.
La compétition s'articule autour de reprises imposées (suite de mouvements définis) ou libres (mouvements précis, en fonction du niveau, à enchaîner selon son choix) en musique (appelée Kür ou RLM, reprises libres en musique).

▶ **Le Concours de Saut d'Obstacles (CSO)** est une succession d'obstacles mobiles à franchir dans un ordre précis, au chronomètre ou dans un temps imparti, sans en faire tomber les barres. Il existe de nombreux profils d'obstacles (vertical, oxer, spa, polonais, saut de puce, haie, rivière, etc.).

▶ **Le Concours Complet d'Équitation (CCE)** est composé de trois disciplines : une reprise de dressage, un parcours d'obstacles et un parcours de cross. Le cross se déroule sur un terrain naturel et comporte des obstacles fixes imitant les obstacles naturels et de profils différents (troncs, directionnels, contre-hauts, contre-bas, haies, fossés, gués, etc.). Il s'effectue à une vitesse (on parle du train) supérieure à celle employée en CSO (500 à 570 mn contre environ 400 mn). Dans une compétition de CCE, le classement est déterminé par la somme des résultats aux trois épreuves.

▶ **La compétition d'attelage** s'articule autour de trois disciplines : le dressage, le marathon et la maniabilité. Comme en cross, le classement est déterminé par la somme des résultats aux trois épreuves.

▶ **Le reining** est une discipline issue de l'équitation de travail américaine consistant à enchaîner des figures vérifiant la maniabilité du cheval, la finesse de son dressage et l'harmonie du couple.

▶ **L'endurance** se pratique en individuel ou en équipe et consiste à parcourir une distance plus ou moins longue (en fonction du niveau), à vitesse libre ou imposée, et ponctuée d'examens vétérinaires.

▶ **La voltige** se pratique sur un cheval en longe, sur un cercle, au pas ou au galop. Le voltigeur, individuellement ou en équipe, exécute des figures imposées ou libres et en musique, vérifiant son liant, sa souplesse, la dextérité et l'harmonie de ses mouvements et de ses enchaînements.

▶ Dans votre club, vous pouvez aussi pratiquer :
– **le horse-ball,** (deux équipes de six cavaliers ramassent un ballon muni d'anses pour l'envoyer dans des buts situés en hauteur),
– **le polo** (deux équipes de quatre cavaliers envoient une balle dans des buttes à l'aide d'un maillet),
– **la voltige en ligne** (ou cosaque),
– **les pony-games** (jeux à poneys),
– **l'équifeel** (jeux à pied),
– **l'équifun** (jeux de maniabilité chronométrés),
– **le hunter** (parcours de saut d'obstacles dans lequel sont jugés l'harmonie, le style et la technique du couple),
– **le TREC** (Technique de randonnée équestre de compétition), discipline composée d'un parcours d'orientation, d'un parcours en terrain varié (composé de 12 à 18 difficultés reproduisant des difficultés qu'un couple peut rencontrer en pleine nature), et de deux tests de connaissances et de techniques équestres,
– mais aussi **l'amazone**, les différentes disciplines de l'équitation américaine, l'**équitation camarguaise**, la **Doma Vaquera,** etc.

Précision

Voir pages suivantes les illustrations de toutes ces disciplines.

Connaissances générales

Doma Vaquera
Équitation camarguaise
Reining
Polo
Horse-ball
Amazone
Voltige
Pony-Game
Trec

Sommaire

Partie spécifique

Partie commune

galop 4

Marcher en main en conservant un contact moelleux et permanent sur les deux rênes

▶ **Quand il marche au pas rênes longues**, le cheval balance sa tête de droite à gauche et inversement. Elle se déplace vers la droite quand il avance l'antérieur gauche et vers la gauche quand il avance l'antérieur droit.

▶ **Que vous teniez votre cheval les deux rênes sur l'encolure ou non** (voir p. 39), vous devez apprendre à accompagner le mouvement de la bouche de votre monture. C'est un exercice qui vous servira en selle, le contact avec la bouche du cheval étant fondamental (voir p. 168).

▶ **À pied ou à cheval,** le contact doit être moelleux et constant. En main, il dépend de la liberté des articulations de l'épaule, du coude et du poignet. Si vous figez votre bras, vous ne pouvez conserver le contact.

▶ **La réussite de cet exercice** passe par le relâchement complet de votre bras. Laissez pendre votre bras, sans excès (donc sans peser) sur les deux rênes, comme si vous n'aviez plus aucune force, et laissez-le bouger. Peut-être ce mouvement vous surprendra-t-il au départ, peut-être d'ailleurs sera-t-il aussi, soit forcé (donc augmenté), soit hésitant (donc diminué). Mais avec l'entraînement, vous acquérerez la sensation.

▶ **Il faut « lâcher prise » pour réussir.**

Trotter enlevé dans une bonne posture lors de changement de direction ou d'amplitude

▸ **Trotter enlevé dans une bonne posture, lors des changements de direction et des variations de vitesse**, nécessite d'abord de pouvoir s'équilibrer en ligne droite ; mais cela ne vous pose plus de problème, vous trottez enlevé de façon souple et décontractée (voir p. 66).

▸ **Pour conserver votre équilibre dans les changements de direction**, vous devez les anticiper :
– visuellement, en restant redressé, en orientant votre buste et votre regard dans la direction dans laquelle vous souhaitez aller,
– sensitivement, car vous savez que votre cheval, quand il tourne, peut avoir deux comportements possibles :
  > soit ralentir : utilisez alors l'action impulsive des jambes pour maintenir la vitesse,
  > soit accélérer : redressez le haut du corps et agissez avec vos mains pour ralentir.

▸ Plus la courbe est serrée, plus votre cheval doit être ralenti pour conserver son équilibre.

▸ En les anticipant, vous ne tomberez pas dans les **principaux défauts liés à cet exercice** :
– se trouver rejeté en arrière lors des accélérations (le cavalier se raccroche aux rênes et ses fesses tombent vers le troussequin),
– avoir le haut du corps qui part en avant lors des ralentissements,
– tourner avec un cheval qui accélère ou ralentit dans sa courbe.

▸ Il en va de même dans les variations d'allure (**allongements ou ralentissements**) : c'est en les anticipant que vous pourrez rester redressé, au-dessus de vos pieds, et agir de façon discontinue et progressive pour des variations, elles aussi, progressives.

Trotter, galoper et enchaîner des mouvements simples assis dans une bonne posture

▸ **Pour conserver son attitude et son fonctionnement**, il faut anticiper les changements de direction ou les transitions d'allures :
– visuellement, en restant redressé, en orientant votre buste et votre regard dans la direction dans laquelle vous souhaitez aller,
– sensitivement, car vous savez que votre cheval, quand il tourne, peut avoir deux comportements possibles :
 > soit ralentir : utilisez alors l'action impulsive des jambes pour maintenir la vitesse,
 > soit accélérer : redressez le haut du corps et agissez avec vos mains pour ralentir.

▸ **Plus la courbe est serrée**, plus votre cheval doit être ralenti pour conserver son équilibre.

▸ **Enfin, apprenez à ressentir votre corps à cheval.** Le bon fonctionnement du rein, le mouvement discret de vos jambes à chaque allure, etc., et référez-vous à vos sensations.

▸ Votre posture aura toujours tendance à se modifier au fil de votre séance. Nul n'y échappe, pas même les meilleurs. Pour pouvoir réaliser tout ce qui vous est demandé, vous devez vous-même penser à la rectifier régulièrement :
– retrouver le fond de votre selle (vos fesses glisseront forcément vers l'arrière),
– replacer votre bassin,
– redresser vos épaules et tirer votre tête vers le haut,
– relâcher vos jambes pour qu'elles descendent,
– garder des rênes ajustées et pour cela, vérifier leur bonne longueur après chaque transition ou changement de direction,
– vous centrer sur le ressenti de votre corps à cheval.

Précision

C'est parce que vous serez attentif à votre position et que vous aurez le soucis de « micro-replacements » permanents, que vous progresserez pleinement.

Conserver un contact permanent et moelleux avec la bouche, aux trois allures

▸ Vous vous entraînez à accompagner la bouche de votre cheval quand vous le menez en main (voir p. 160). Vous savez que le contact avec la bouche du cheval doit être **constant et moelleux**.

▸ **À cheval, la qualité du contact** dépend de la qualité de votre assiette (voir p. 135), car c'est elle qui vous permet de rester en selle et d'accompagner les trois allures sans utiliser vos mains et vos jambes comme moyen de tenue.

▸ **Les mises en selles sans étriers** (voir pp. 30-31) ou en longe sont d'excellents exercices pour apprendre à rester assis sans se raccrocher.

▸ **Pour conserver le contact**, vous devez être correctement assis (voir p. 30), redressé (voir pp. 134-135), et vous lier aux mouvements du cheval. Vos rênes sont ajustées. La longueur des rênes peut être légèrement différente d'une allure à l'autre, à vous de la rectifier en fonction.

▸ Le cheval déplace sa tête différemment au pas, au trot ou au galop. Au trot, elle est relativement fixe.

▸ Entraînez-vous. Relâchez vos bras et laissez-les pendre au bout de vos rênes (sans modifier votre position et votre fonctionnement). Observez le fonctionnement de vos articulations (épaules/coudes/poignets) et la sensation dans vos doigts.

▸ C'est la sensation d'épouser le mouvement du cheval, dans votre corps, vos bras et vos jambes, et donc le sentiment général « de faire corps avec votre monture » qui doivent vous guider.

Évoluer sans contact avec la bouche du cheval, aux trois allures

▸ Cet exercice découle du précédent.

▸ **Pour conserver le contact ou évoluer sans** (en abandonnant le contact et/ou en lâchant les rênes), vous devez être capable de rester assis, correctement placé et vous lier aux trois allures. Cet exercice vérifie que les rênes ne sont plus un moyen de tenue, tout autant qu'il permet de travailler cette aptitude.

▸ **Pour le réussir**, ouvrez vos doigts sur vos rênes et laissez-les lentement glisser pour qu'elles se rallongent [1 à 4]. Concentrez-vous sur la sensation du fonctionnement de votre corps que vous devez conserver intacte. Votre cheval ne doit pas accélérer. Si c'est le cas, ralentissez-le, et rallongez à nouveau vos rênes.

▸ **Procédez ainsi de suite, jusqu'à avoir les rênes longues**, sur un cheval qui n'accélère ni ne ralentit et une position et un fonctionnement constant de votre part.

▸ **Quand votre cheval et vous serez familiers de cet exercice**, vous pourrez évoluer au pas, au trot ou au galop, lâcher complément les rênes ou les ajuster à volonté, sans que cela ne vous perturbe (ni lui, ni vous).

1

2

3

4

Précision

Entraînez-vous, en longe, au pas, au trot et au galop, afin d'être débarrassé du souci de diriger ou de maintenir l'allure : correctement placé, vous vous liez à l'allure, vous prenez les rênes, vous les ajustez, vous ressentez le contact avec la bouche du cheval et votre fonctionnement sur quelques foulées. Lâchez complètement les rênes sans modifier votre fonctionnement et la sensation que vous avez de votre corps à cheval. Évoluez quelques foulées, reprenez vos rênes, reprenez le contact, puis recommencez, lâchez vos rênes, etc.

Partir au galop du pas sur le bon pied

▸ Il s'agit de demander un départ au galop par **prise d'équilibre**. On l'appelle aussi un départ au galop par aides diagonales.

▸ **Le départ du pas est plus difficile que du trot,** car votre cheval et vous ne profiterez pas de l'impulsion du trot. Vous devez :
– être plus précis quant à la place de vos aides et leur demande,
– fixe et bien redressé, car les fautes de buste (se pencher en avant, s'agiter, rester trop en arrière), de mains (s'agiter, tirer, lever les mains) ou de jambes (remonter ses jambes, agir et ne pas relâcher ensuite) auront une incidence plus forte que lors d'un départ depuis le trot.

▸ Cependant, **le fait d'être au pas**, vous permet d'être moins bousculé qu'au trot et ainsi de soigner votre attitude et votre comportement.

▸ « La position précède l'action » : pour **partir au galop à droite** (par exemple), placez d'abord vos aides afin d'indiquer votre intention au cheval, puis agissez.

▸ Les rênes sont ajustées, vous êtes redressé, votre cheval est en avant des jambes et marche d'un pas calme et franc :
– la jambe externe (gauche) est reculée (en jambe isolée) [a],
– la jambe interne (droite) est à la sangle (en jambe d'impulsion) [b],
– la main interne (droite) a un effet d'appui [c] pour déplacer le poids des épaules sur l'épaule externe et ainsi soulager l'épaule interne,
– la main externe (gauche) est contre l'épaule [d], elle maintient et contrôle,
– lorsque vos aides sont en place, demandez le départ en agissant avec vos deux jambes.

▸ **Si le cheval trotte** et ne prend pas le galop, repassez au pas et redemandez votre départ en agissant plus fermement avec vos jambes et en accompagnant éventuellement votre demande d'un petit coup de cravache (voir p. 70), en arrière de la jambe si vous disposez d'une cravache de dressage, sur l'épaule avec une cravache d'obstacle.

▸ En ce qui concerne **le poids du corps**, certains recommandent de le mettre plutôt à l'intérieur (afin de renforcer l'action de la jambe d'impulsion), d'autres à l'extérieur (afin de soulager le côté interne et de renforcer la jambe isolée). Sans doute est-il préférable d'apprendre à le conserver d'aplomb sur les deux fesses, même lors du départ car :
– être symétrique est ce qu'il y a de plus difficile (chevaux et cavaliers sont tous droitiers ou gauchers),
– le report de poids a souvent tendance à transformer un déséquilibre plutôt qu'à créer un équilibre,
– le poids sur les deux fesses vérifie que le cheval répond effectivement à l'action des jambes,
– un cheval peut très bien partir au galop sans qu'on « l'aide »,

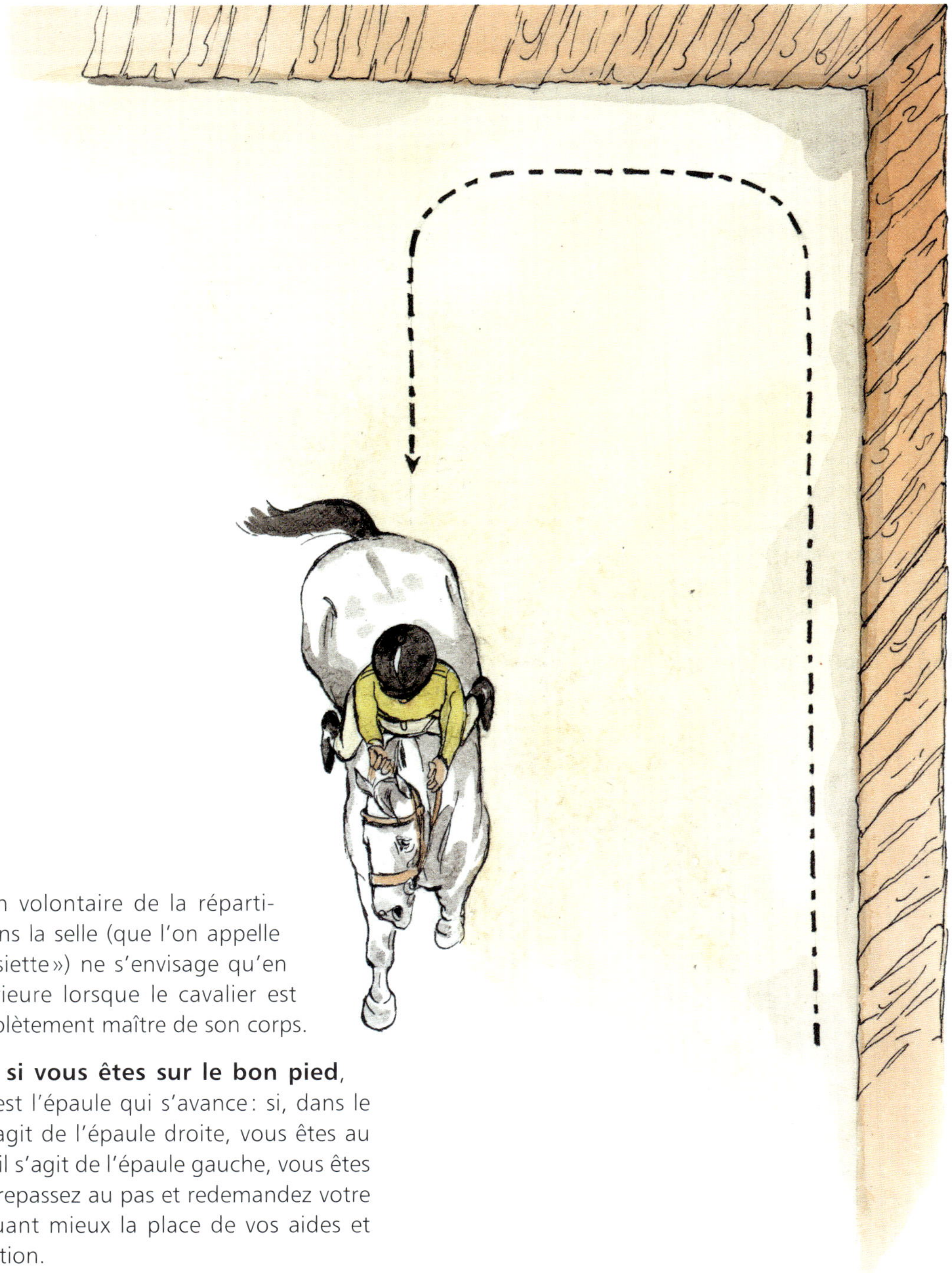

– la modification volontaire de la répartition du poids dans la selle (que l'on appelle les « pesées d'assiette ») ne s'envisage qu'en équitation supérieure lorsque le cavalier est confirmé et complètement maître de son corps.

▸ **Pour vérifier si vous êtes sur le bon pied**, regardez quelle est l'épaule qui s'avance : si, dans le cas présent, il s'agit de l'épaule droite, vous êtes au galop à droite ; s'il s'agit de l'épaule gauche, vous êtes au galop à faux, repassez au pas et redemandez votre départ en marquant mieux la place de vos aides et donc, votre intention.

▸ **Où prendre le départ au galop ?** Vous pouvez prendre le galop par prise d'équilibre (du pas ou du trot), en n'importe quel point du manège. Un exercice très classique consiste à doubler sur la ligne du milieu, à annoncer le pied du galop envisagé, et à le prendre en X.

Précision

Pour prendre le galop à une lettre précise, pensez à anticiper le départ en plaçant vos aides quelques foulées avant la lettre, puis à agir lorsque vous passez devant elle.

Varier la vitesse et l'amplitude au trot enlevé et au galop

▸ Vous avez appris à accélérer et ralentir au Galop 3 et, par extension, à maintenir une vitesse adaptée (voir p. 118).

▸ Vous savez qu'**il existe différentes « vitesses » au sein de chaque allure** (voir p. 118) :
– pas moyen, pas allongé,
– trot de travail [1], trot moyen, trot allongé [2],
– galop de travail [3], galop moyen, galop allongé [4].

▸ **Pour développer chaque allure**, vous vous servez de votre bassin et de vos jambes (voir pp. 82-83).

▸ L'accélération doit être le fruit d'une augmentation de **l'amplitude**. Pour passer du trot de travail ou du galop de travail à l'allongement, le cheval doit faire des foulées plus grandes.

▸ **L'allongement** est généralement demandé sur une ligne droite (sur une diagonale). Pour y parvenir, que vous soyez au trot (assis ou enlevé) ou au galop (assis ou en équilibre), il est important que :
– l'allongement se demande une fois votre cheval droit et orienté vers la diagonale (non dans le tournant),
– le mouvement naît de l'action de vos jambes, comme si elles pressaient un savon qui devait jaillir devant vous (non de l'agitation de tout votre corps),
– vous restiez redressé, parfois légèrement en arrière, le regard lointain (ne vous penchez pas en avant),
– vous conserviez le contact avec la bouche de votre cheval (ne lâchez pas vos rênes d'un coup),
– vous agissiez alors de façon progressive pour que votre monture développe progressivement son allure (sans la bousculer).

▸ **Pour ralentir**, vous vous redressez et vous agissez avec vos mains (voir pp. 82-83).

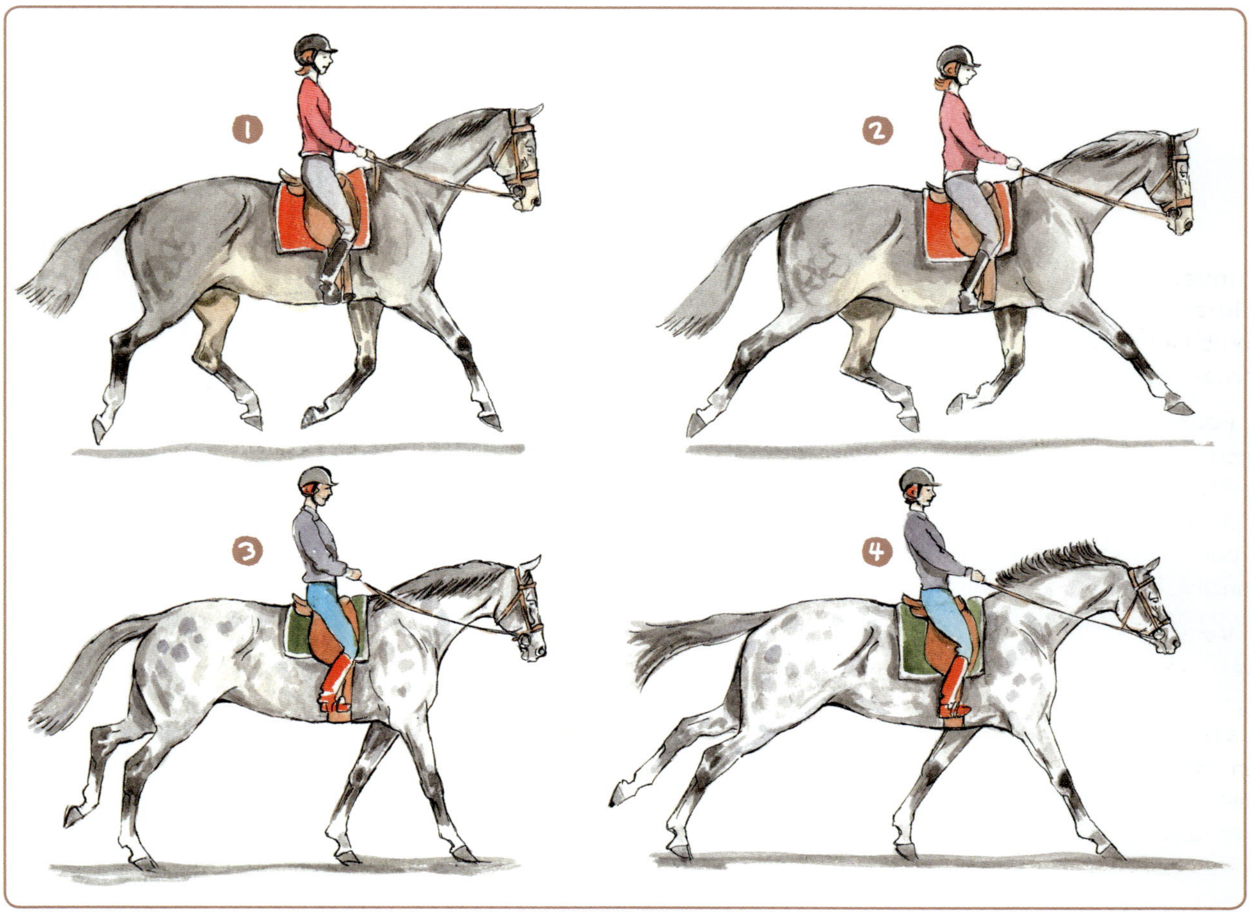

Diriger sur des courbes aux trois allures avec un pli interne

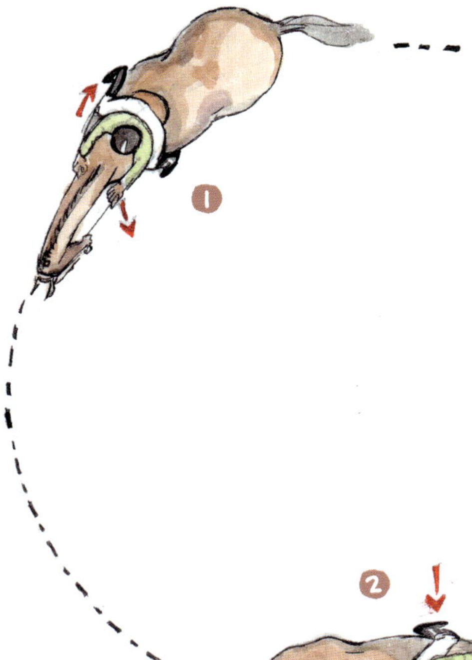

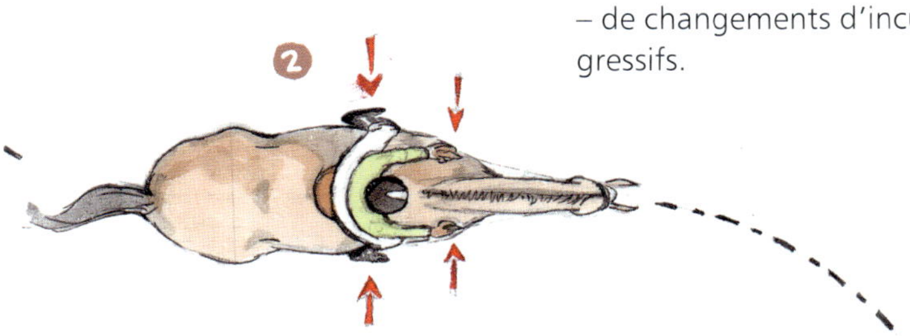

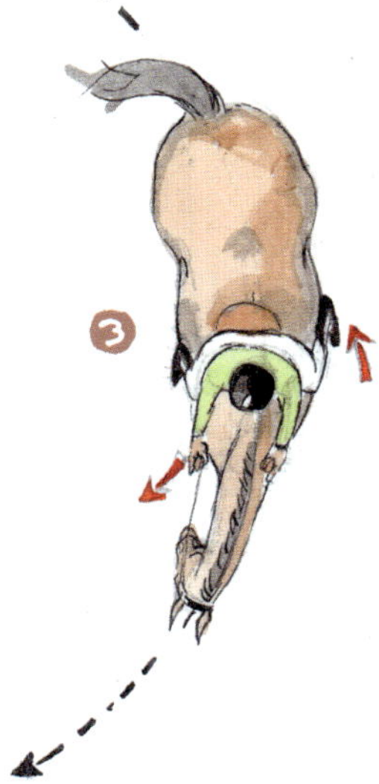

▸ **Inverser et enchaîner des courbes aux trois allures** indique que vous êtes capable d'évoluer d'une courbe à l'autre avec un cheval incurvé. Le cheval est incurvé si vos aides sont en place (voir p. 215).

▸ **Pour passer d'une incurvation gauche à une incurvation droite** et ainsi d'un cercle à gauche à un cercle à droite, agissez progressivement :
– pour ne pas surprendre votre cheval,
– pour que le passage de l'un à l'autre soit fluide et coulant.

▸ **Vous êtes dans les aides de l'incurvation gauche** (par exemple), le regard est orienté vers la gauche [1] :
– vous laissez d'abord votre cheval se remettre droit, en replaçant simplement vos deux mains et vos deux jambes à leur place et de façon symétrique [2],
– le regard se porte devant vous,
– le regard vers la droite, vous coulez vos aides dans l'incurvation droite [3] ;
– pour que le cheval marque bien son nouveau pli (à droite dans notre exemple), pensez à orienter votre poignet et votre main dans la nouvelle direction (droite).

▸ **C'est la même chose pour passer d'une incurvation droite** à une incurvation gauche.

▸ **Que vous soyez en manège, à l'extérieur, au trot assis ou au galop**, la précision des courbes est fonction :
– de votre aptitude à anticiper la courbe et les déséquilibres probables de votre cheval (voir *Trotter enlevé dans une bonne posture lors de changements de direction ou d'amplitude*, voir p. 167),
– de la vitesse du cheval, qui doit rester constante,
– de vos rênes, qui doivent rester ajustées,
– du regard, des épaules et des mains qui s'orientent toujours dans la direction à prendre,
– de changements d'incurvation non précipités et progressifs.

Précision

Si vous êtes au trot enlevé, pensez à trotter sur le diagonal extérieur et à changer de « diagonal de trot » quand vous changez de courbe.

Maintenir une vitesse régulière sur un enchaînement de courbes et lignes droites au galop

▸ Vous avez désormais une bonne posture au galop, en équilibre comme assis. Vous êtes de plus en plus liant et ne gênez plus le déroulement de l'allure.

▸ Vous savez que votre cheval n'a pas une vitesse régulière : il ralentit ou accélère dans les changements de direction et les lignes droites (voir pp. 167 et 173).

▸ La régularité de la vitesse dépend de la fluidité de votre évolution et de la finesse de l'usage de vos aides.

▸ **Pour maintenir une vitesse régulière au galop,** vous anticipez votre tracé, arrondissez vos courbes, évoluez sur de vraies lignes droites (et non des zigzags). Les brusques changements de direction ou les « rattrapages » *in extremis* entraînent toujours des ruptures d'impulsion.

▸ À partir de rênes ajustées et de jambes au contact, dirigez votre cheval, soignez vos incurvations (voir pp. 173 et 215). Agissez par petites touches (agir, céder, agir, céder, etc.), pour que votre monture conserve son allure.

▸ Vous anticipez les changements de direction et les grandes lignes droites. Chaque cheval a une réaction qu'il reproduit toujours de la même façon (par exemple : il ralentit chaque fois qu'il fait un cercle et accélère toujours sur les lignes droites, ou il fait l'inverse, ou il ralentit quoi qu'il se passe, ou il accélère quoi qu'il se passe). Si vous parvenez à définir sa réaction, vous saurez d'autant l'anticiper [2], et ne pas vous retrouver :
- en avant du mouvement si le cheval ralentit [1],
- en arrière du mouvement s'il accélère [3].

▸ **Sachez anticiper et agir, pour éviter d'avoir à réagir !**

Précision

Montez chaque foulée comme si elle était la première et la dernière. Ne négligez aucune foulée. Restez concentré sur chacune d'entre elles.

Déplacer les épaules de son cheval d'un quart de tour au pas

▸ Cet exercice vise à faire pivoter les épaules autour des hanches.

▸ Si les épaules se déplacent vers la droite, le demi-tour s'effectue autour du postérieur droit. À partir de l'arrêt :
– vous êtes assis d'aplomb,
– écartez votre main droite [a] et demandez le déplacement des épaules du cheval en décalant vos deux épaules vers la droite (donc en emmenant les épaules du cheval avec vos deux épaules). Au besoin faites un appel de langue,
– la jambe gauche [b] tient les hanches (en jambe isolée) et les empêche de glisser vers la gauche,
– la jambe droite prévient tout reculer [c] (elle est jambe d'impulsion).

▸ Faites un pas, arrêtez votre cheval [d], caressez.

▸ Votre cheval doit réaliser chaque foulée dans le calme, à pas comptés et réguliers, sans incurvation particulière (droit). Vous devez pouvoir demander un pas, vous arrêter, recommencer.

▸ Contentez-vous de peu. Il vaut mieux faire moins et très bien, que demander beaucoup mais mal.

▸ Réalisez cet exercice sans étriers, afin que vos jambes tombent naturellement et qu'elles soient bien descendues.

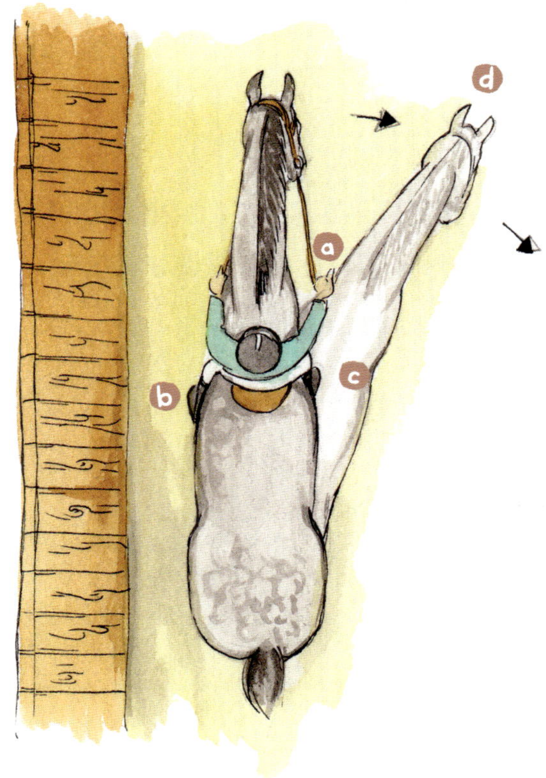

Précision

Les quarts de tour autour des hanches ou des épaules ont tendance à prendre sur l'impulsion. Pensez à trotter quelques foulées entre chaque exercice.

Déplacer les hanches de son cheval d'un quart de tour au pas

▸ Cet exercice vise à faire pivoter les hanches autour des épaules.

▸ **Les hanches sont le foyer de l'impulsion**, mais vous pouvez les pousser vers la droite ou vers la gauche, un peu comme un gouvernail : c'est un des rôles de la jambe isolée (voir p. 214).
Cet exercice peut s'effectuer de l'arrêt ou du pas, sur un cercle ou face au pare-bottes.

▸ L'idéal est de **l'exécuter sans étriers** afin que vos jambes tombent naturellement et qu'elles soient bien descendues. Commencez de l'arrêt, puis entraînez-vous du pas.

▸ **De l'arrêt** (à main droite par exemple, comme le montre le dessin [A]) :
– placez-vous à un mètre du pare-botte,
– écartez la main extérieure gauche pour mettre le bout du nez du cheval à l'extérieur [A1],
– reculez la jambe extérieure gauche en « jambe isolée » [A2], pour agir perpendiculairement et de façon discontinue sur le corps du cheval,
– ralentissez légèrement votre cheval par une action prédominante de la rêne droite [A3].

▸ **À partir d'un cercle au pas** (à main droite par exemple) :
– écartez la main intérieure (droite) pour mettre le bout du nez du cheval à l'intérieur [a],
– reculez la jambe intérieure (droite) en « jambe isolée », pour agir perpendiculairement et de façon discontinue sur le corps du cheval [b],
– ralentissez légèrement votre cheval par une action prédominante de la rêne gauche [c].

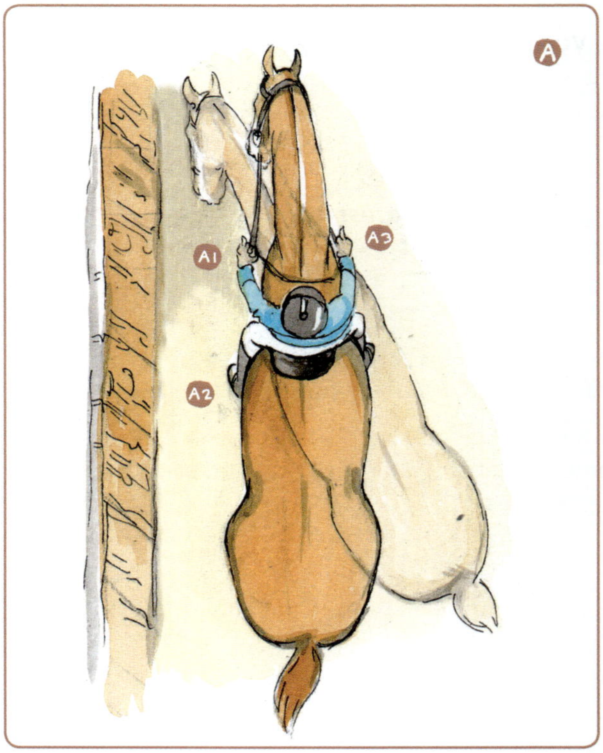

▸ Dans ce mouvement, les épaules peuvent rester sur place ou évoluer sur un demi-cercle d'environ 8 mètres.

Précision

Dans tous les cas, gardez une impulsion suffisante, mais sans excès.

▸ **Votre cheval va alors déplacer ses hanches vers l'extérieur du cercle** (vers la gauche [d]). Cessez d'agir [e], il reviendra de lui-même sur le cercle [f]. Caressez.

▸ C'est presque la même chose **le long du pare-bottes**, au pas. Si vous êtes par exemple à main droite :

– écartez la main gauche [1] pour mettre le bout du nez du cheval vers le pare-bottes et ainsi l'inciter à rester sur la piste,

– reculez votre jambe gauche [2] et agissez perpendiculairement au corps du cheval, par petites pressions discontinues,

– ralentissez légèrement votre cheval par une action prédominante de la rêne droite [3].

▸ **Votre cheval va alors déplacer ses hanches vers l'intérieur du manège** [4] (vers la droite). Cessez d'agir [5], il reviendra de lui-même sur la piste [6], le long du pare-bottes. Caressez.

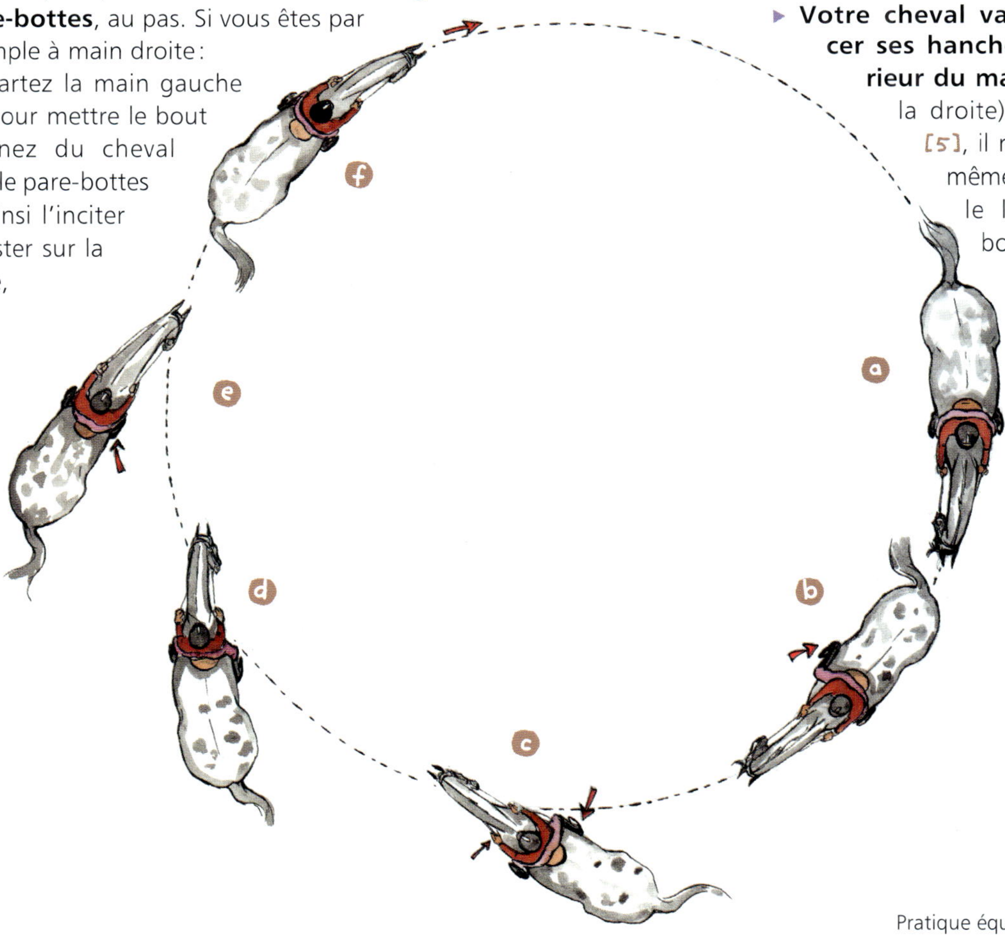

Être stable en équilibre sur ses étriers au galop et sur des dispositifs de sauts rapprochés (environ 80 cm)

▸ Vous travaillez déjà régulièrement sur des cavalettis (voir pp. 122-123) ou lors de mise en selle obstacle (voir pp. 124-125).

▸ **Les diapositifs de sauts rapprochés visent à parfaire votre attitude et votre fonctionnement à l'obstacle.** Les combinaisons sont multiples, que ce soit dans l'abord (au trot ou au galop), le nombre d'obstacles (2, 3, 4, 5, etc.), la hauteur (tous les obstacles peuvent avoir la même taille ou être de plus en plus hauts), le profil (uniquement des verticaux, ou verticaux et oxers), ou la distance séparant chaque obstacle (qui peut être identique ou varier d'un obstacle l'autre).

▸ **Ils peuvent être associés à une barre de réglage**, située en avant de l'obstacle, pour régler l'appel sur le premier obstacle.

▸ **Le saut de puce [2] ou la ligne des six barres [1]** sont des dispositifs courants.

▸ **Tous s'abordent de la même façon:**

– d'un trot ou d'un galop (en fonction du dispositif) en équilibre, avec impulsion, sans vitesse excessive, droit et au milieu du premier obstacle,

– position d'équilibre deux points et demi (voir pp. 76 et 134-135), le regard lointain (vous visez le milieu du dernier obstacle et regardez loin devant vous sur l'ensemble du dispositif),

– l'enjeu est de garder ses talons bas, de rester en équilibre sur ses étriers, de se déplier au-dessus de chaque obstacle [3,4,5] pour retrouver sa place entre chaque [7], en bannissant, au fil des passages, le manque de fonctionnement et une attitude qui précède le saut (trop en avant [8]) ou reste en retrait du saut (trop en arrière [6]).

Précision

Sur ce type de dispositif vos jambes amortissent les sauts, comme deux ressorts.

1

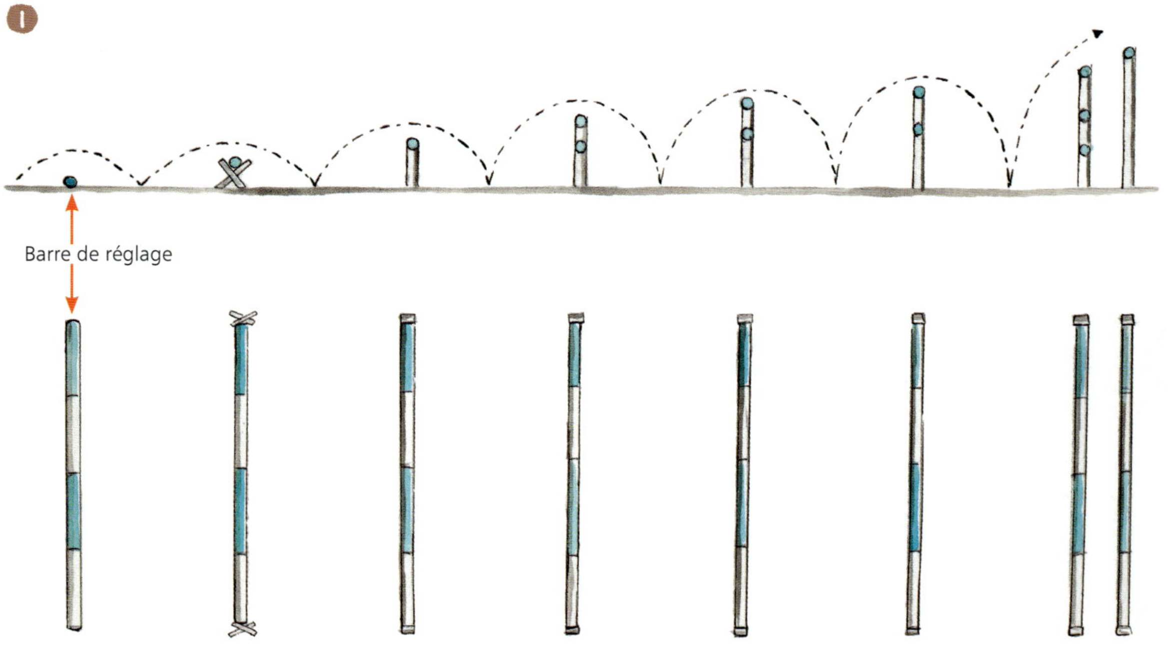

2

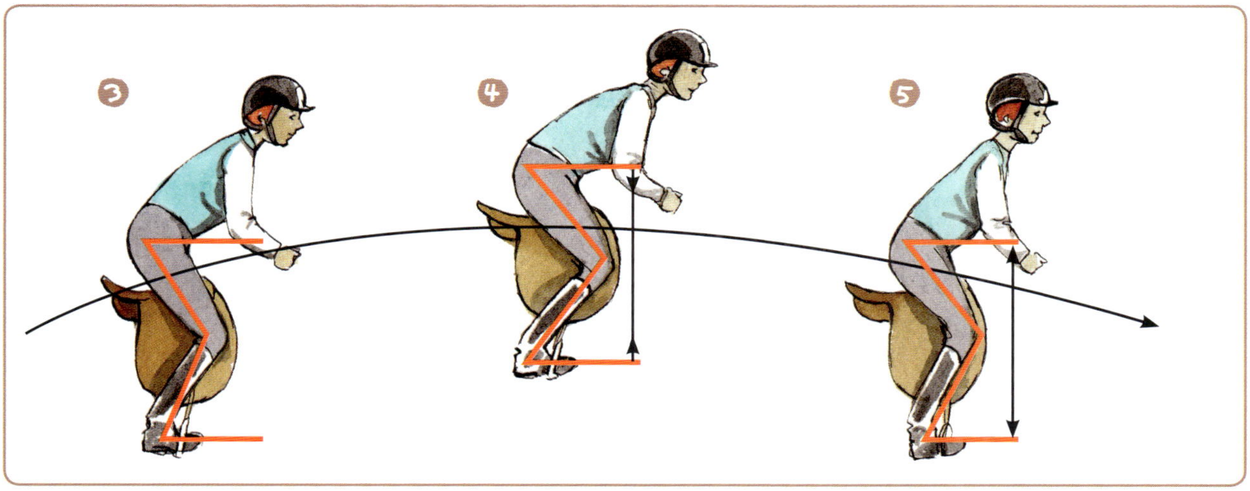
3
4
5

6
7
8

Enchaîner des sauts isolés

▸ **La difficulté de l'enchaînement** est de pouvoir aborder chaque nouvel obstacle dans les mêmes conditions qu'un obstacle isolé.

▸ Cela nécessite que vous **retrouviez**, après chaque saut, une **attitude suffisamment correcte** :
– une position d'équilibre redressée,
– un regard lointain,
– des jambes en place, talons vers le bas, poids du corps dans les talons,
– des rênes ajustées,
afin de contrôler la vitesse et la direction **avant** d'entamer la courbe suivante.

▸ **Pour cela, vous devez avoir préalablement reconnu votre parcours** et connaître :
– l'emplacement de chaque obstacle,
– le tracé exact que vous devrez effectuer de l'un à l'autre,
– où passeront vos courbes.

▸ Au-dessus de chaque obstacle, vous **regardez l'obstacle suivant**, pour savoir où vous allez, et pour que le haut du corps s'oriente correctement. Cette attitude favorisera le décalage naturel de vos jambes et donc, une réception sur le bon pied.

▸ **Si vous vous réceptionnez sur le mauvais pied** (pied droit pour une courbe à gauche ou inversement), repassez au trot pour reprendre le galop avant la courbe suivante.

▸ **Dans la phase descendante du saut**, votre bassin s'avance vers l'avant pour se retrouver au-dessus de vos talons : cela vous permettra de redresser le haut du corps et de retrouver une position d'équilibre correcte dès la réception.

▸ **À la réception**, sans quitter des yeux l'obstacle suivant, remontez sur vos rênes et redressez-vous, afin de reprendre le contrôle de la vitesse et de remettre votre cheval en équilibre.

▸ Toutes les conditions sont alors en votre faveur pour conduire votre monture sur la courbe qui mènera au prochain obstacle.

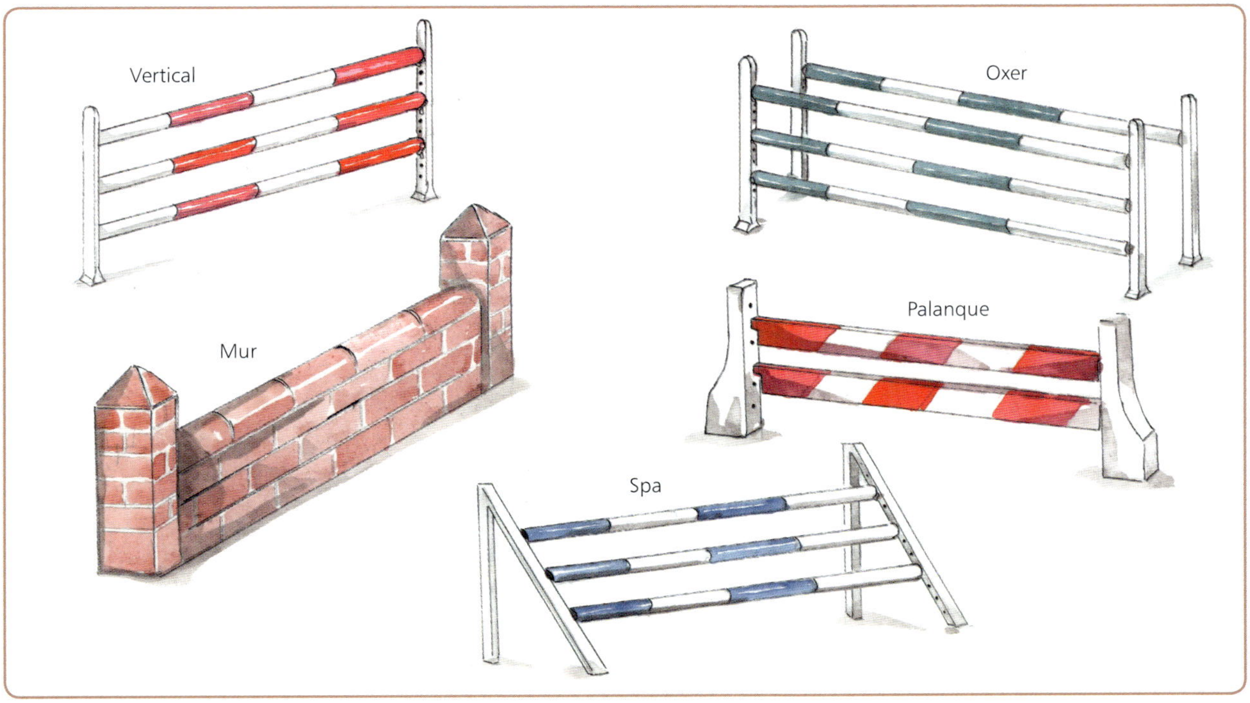

À CONNAÎTRE

L'importance du regard à l'obstacle

La direction du regard est un atout majeur dans la réussite d'un parcours. Un regard lointain redresse le haut du corps et permet d'anticiper les courbes et les abords. Regardez l'obstacle suivant quand vous sautez (droit devant vous si l'obstacle est dans l'alignement de votre saut, ou sur le côté), et ne le quittez plus des yeux jusqu'à l'abord.

Réussir un « POF » de type « Examen »

▸ **Voici un exemple de POF (Parcours d'Obstacles de Formation)** sur lequel vous pourriez être évalué au Galop 4 : cercle au trot à main droite [a], entrée au trot sur une ligne de trois barres précédées d'une barre d'appel et séparées d'une foulée [b], réception au galop à droite [c], oxer à main droite dans la diagonale [d], réception sur le pied gauche [e], une ligne de deux à trois obstacles à main gauche [f], réception sur le pied gauche [g], cercle à gauche au galop, avant de repasser au trot et au pas sur le cercle.

▸ **Les examinateurs vous jugent sur :**
– le maintien de l'orientation de votre buste légèrement en avant de la verticale et des étrivières verticales :
– sur le plat,
– à l'abord de l'obstacle.
– votre aptitude à être en phase avec le saut tout en conservant des étrivières verticales au planer,
– le contrôle de la vitesse,
– le respect des allures,
– la précision du tracé,
– des abords perpendiculaires et centrés.

▸ **Pensez** ainsi à rester redressé, à remettre votre cheval en ordre après chaque saut (ne subissez pas votre monture), et surtout, à arrondir vos courbes : ne vous pressez pas de tourner vers la première ligne, la diagonale ou la seconde ligne ; c'est cet empressement qui est bien souvent cause de difficultés.

▸ **Si vous vous réceptionnez sur le mauvais pied**, reprenez le trot quelques foulées, puis redemandez le galop (ne croyez pas que le jury ne voit rien).

▸ **Si vous faites un refus**, arrêtez votre cheval, puis refaites un cercle au galop pour revenir dans de meilleures conditions (droit et au milieu).

▸ **Si vous dérobez**, arrêtez votre cheval, tournez dans le sens inverse de la dérobade (à droite si votre cheval a dérobé à gauche), refaites un cercle au galop pour revenir sur l'obstacle.

Précision

En cas de problème, rectifiez les choses sans vous énerver, sans punir votre cheval et reprenez là où vous vous êtes arrêté.

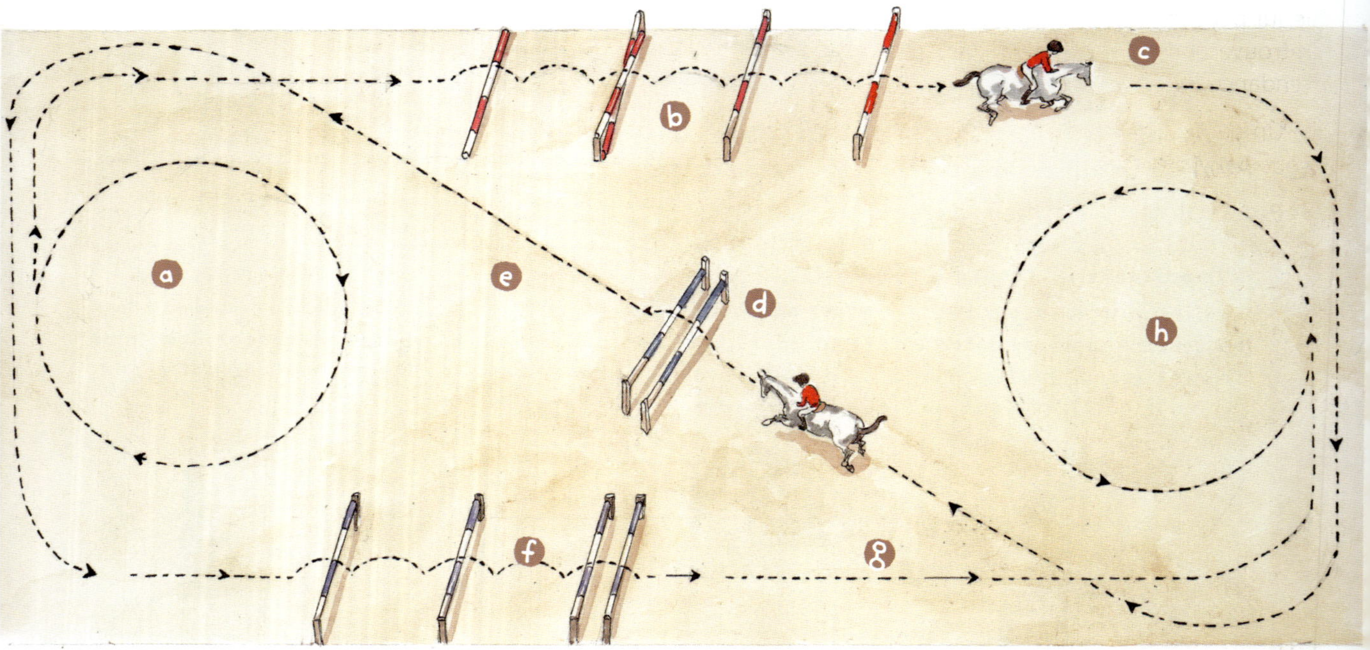

Contrôler l'allure, la vitesse et la direction en terrain varié

▸ **En extérieur,** le cheval adopte généralement de lui-même un galop plus rapide qu'en manège. Vous devez le lui permettre et ne pas chercher à le ralentir pour retrouver le « galop de manège » : votre cheval aurait tendance à chauffer.

▸ Un galop plus rapide reste néanmoins contrôlable : vous pouvez le ralentir ou le développer à volonté.

▸ **Pour galoper en terrain varié,** mettez-vous en équilibre, en pesant de tout votre poids dans vos talons : un bas de jambe fixe et solide vous permettra de contrôler l'allure, la vitesse et la direction. Si votre attitude est flottante, instable, en déséquilibre permanant, vous ne pourrez pas vous servir de vos aides.

▸ **Contrôler l'allure** indique que vous savez maintenir une allure régulière. En général, le cheval a tendance à accélérer. Ne vous arc-boutez pas sur vos rênes, ce qui provoquerait l'effet inverse : votre cheval accélérerait et chercherait à se débarrasser de la traction que vous exercez sur sa bouche. Pour maintenir la régularité de l'allure, prenez et cédez, et recommencez autant de fois que nécessaire. La cession est aussi importante que l'action.

▸ Faites de même dans les descentes ou les montées. Votre cheval doit pouvoir garder une allure constante.

▸ **Le contrôle de la direction implique**, comme sur le plat ou à l'obstacle, de regarder devant vous. La vitesse étant légèrement plus rapide qu'en manège, anticipez d'autant plus le tracé à dessiner et sachez exactement où votre cheval va passer.

▸ Vitesse ou direction, ne vous laissez pas déborder. Agissez dès que nécessaire.

Position de cavalier sur le cross, le poids du corps dans les talons.

Sauter en terrain varié

▸ Les obstacles choisis étant simples, le cheval bénéficiant d'une meilleure impulsion, les premiers sauts en extérieur s'avèrent toujours plus « faciles » qu'en manège, et sont toujours une grande source de satisfaction.

▸ **Les obstacles fixes** (en extérieur) possèdent de nombreux points communs avec les obstacles mobiles (en carrière ou en manège) :
– il en existe de différents profils,
– ils s'abordent droit et en leur milieu (voir p. 121),
– ils réclament de conduire votre cheval à l'abord et à la réception, de contrôler l'allure, d'attendre le saut et de l'accompagner (voir pp. 178-179).

▸ **Au Galop 4,** vous êtes initié à franchir les troncs d'arbres et les petits fossés que vous rencontrez lors de vos sorties en extérieur. Ils s'abordent au trot, parfois au galop, souvent en reprise, de la même façon qu'un obstacle sur la carrière (revoir toutes les consignes à ce sujet (voir p. 121).

▸ Dans l'ensemble, il est important de **rester en équilibre,** les talons bas et le poids du corps dans les talons.

▸ C'est ce qui vous permettra :
– de rester fixe et solide en selle, avant, au-dessus, et après l'obstacle ;
– d'agir avec vos jambes si le cheval marque un instant d'hésitation ;
– d'agir avec vos mains s'il accélère trop.

▸ **Conservez une allure constante** sans vous faire prendre la main. Si votre cheval accélère plus que vous le souhaitez, ne vous raccrochez pas aux rênes : agissez et relâchez avant d'agir à nouveau, etc. S'il ne ralentit pas et que vous n'êtes pas en reprise, mettez-le sur un cercle (plus ou moins serré), il repassera de lui-même au pas. Enfin, attendez votre saut et accompagnez-le.

▸ **À l'issue de l'obstacle :**
– reprenez vos distances par le contrôle de l'allure, si vous êtes en reprise,
– repassez au trot et au pas rênes longues, si vous travaillez individuellement,
– caressez votre monture.

▸ Certains d'entre vous, aimeront **s'initier au cross**. Quand il s'agit de cross de compétition, les obstacles fixes s'abordent dans un galop (on parle de « train ») beaucoup plus important que le galop utilisé en Concours de Saut d'Obstacle (CSO). Si le cheval galope à 350 ou 400 m/mn en CSO, le train de cross avoisine (et parfois dépasse) les 500 m/mn.

▸ **La difficulté des sauts en extérieur** est donc de trouver un galop adapté, supérieur à celui utilisé en manège ou en carrière, sans pour autant être trop important (il ne s'agit pas de se lancer dans un « galop de charge », ce qui pourrait être dangereux). Dans tous les cas, le galop est à adapter. Maintenez une vitesse régulière – dans les courbes et sur les lignes droites menant à l'abord – sans vous faire prendre la main, grâce à l'action de vos jambes ou de vos mains.

▸ **Fossés, troncs d'arbres, obstacles fixes** se sautent dans un galop constant.

▸ **Les contre-bas** [1] ne se sautent pas : ils réclament de reprendre le trot (ou un tout petit galop) et, en ouvrant légèrement les doigts sur les rênes et en mettant vos épaules vers l'arrière, de laisser votre cheval les descendre.

▸ **Les contre-hauts** [2] peuvent s'aborder sur une foulée croissante, à condition de rester redressé sans se raccrocher aux rênes (car le cheval pourrait prendre un appel « contre la main » et sauter de loin).

▸ Entre chaque obstacle, il est important de **reprendre le contrôle de la vitesse** : rapprochez-vous de votre selle et agissez de façon discontinue avec vos mains : vous conserverez ainsi un cheval actif mais aussi en équilibre. Éventuellement, reprenez le trot.

▸ Enfin, **restez en équilibre**, les talons bas et le poids du corps dans les talons : un bas de jambe fixe et solide garantira de rester en équilibre au-dessus de vos pieds, ceci quel que soit le saut.

Précision

Sachez que plus vous allez vite, plus le cheval a du mal à ralentir et à tourner car il se met sur les épaules.

Poser des protections de travail

▸ **Les protections de travail** (guêtres, protège-boulets, cloches, bandes de polo) protègent les membres et les pieds du cheval.

▸ **Les cloches** [1] protègent la couronne, les glomes et le pied en général. Il existe des modèles et des tailles différents qui doivent être adaptés au pied du cheval. Trop petites, elles peuvent blesser le paturon et le pli du paturon ; trop grandes, elles risquent de s'en aller.

▸ Pour poser les modèles qui n'ont pas de fermeture, retournez-les, prenez le pied et coincez le genou du cheval entre vos jambes. Mettez la cloche, puis, lorsque le pied est posé, rabattez-la.

▸ Il existe des **guêtres** spécialement adaptées pour les antérieurs, et d'autres, pour les postérieurs (en général, elles sont plus hautes que les guêtres antérieures). Elles peuvent être ouvertes [2] ou fermées [3 et 4] et protègent essentiellement, le tendon et le boulet dans le premier cas, le tendon, le boulet et le canon dans le second.

▸ Elles ont toutes un petit bourrelet, à l'intérieur, dans le sens de la hauteur, qui vient se placer sur la gouttière latérale située entre le canon et le tendon. Les languettes s'attachent en face externe et vers l'arrière, en commençant par la languette du milieu, puis celle du bas, et enfin celle du haut. Elles ne doivent être ni trop serrées, ni trop lâches.

▸ Lorsqu'elles ont un scratch de sécurité, il se referme sur le premier, vers l'avant.

▸ **Elles doivent toujours être propres**, surtout la partie en contact avec le membre ; la présence de sable ou de terre peut blesser le cheval. Si elles ne le sont pas, vous devez les brosser, éventuellement les nettoyer avec de l'eau, puis les essuyer… Vous devez évidemment les nettoyer après le travail, pour les ranger propres et sèches.

▸ Comme leur nom l'indique, les **protège-boulets** [5] protègent les boulets. Ils sont beaucoup moins hauts que les guêtres postérieures. Ils se posent à mi-canon, sans être trop serrés, et glissent le long du poil pour prendre naturellement leur place. Les languettes d'attache se retrouvent à l'extérieur, tournées vers l'arrière.

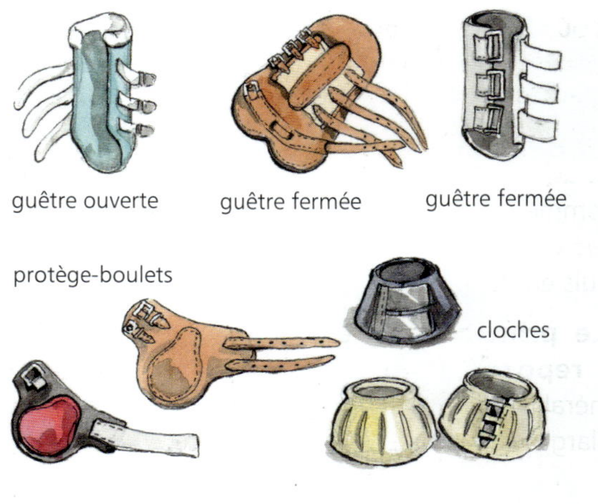

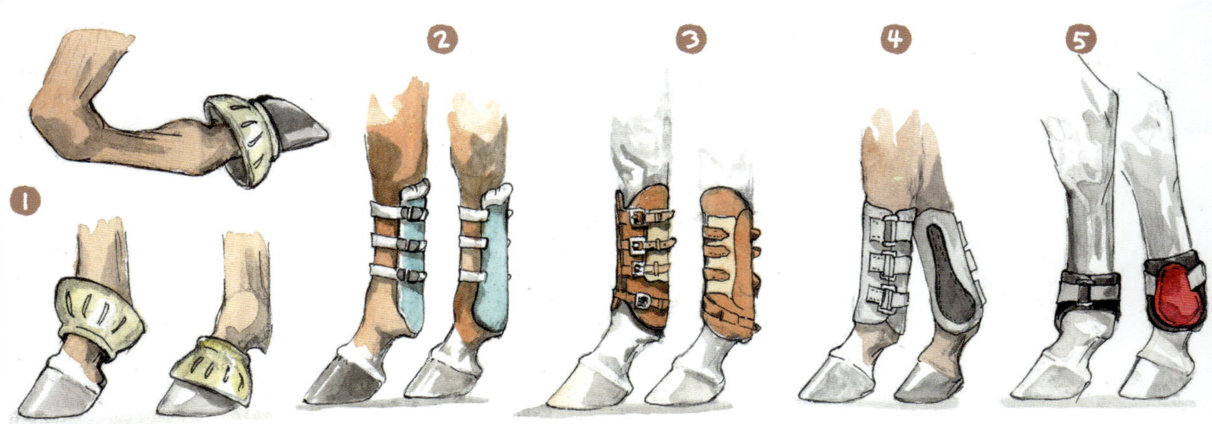

Poser et rouler des bandes

▸ **Les bandes de polo** sont des bandes épaisses qui protègent les membres et soutiennent les tendons.

▸ **Elles se mettent** aux antérieurs et/ou aux postérieurs.

▸ **Elles se posent** en commençant au tiers supérieur du membre [1], descendent jusqu'au boulet [2], font deux tours au niveau du boulet, puis remontent jusqu'en haut du canon [3] pour être à nouveau redescendues deux ou trois tours avant d'être fermées par la bande scratch [4]. Chaque tour de bande doit recouvrir les trois quarts du tour précédent.

▸ **Pour les enlever,** défaites-les en sens inverse, sans les faire traîner par terre et en les gardant dans votre main.

▸ **Pour les enrouler à nouveau :**
– attachez le bout de la bande [a] (à un anneau d'attache par exemple),
– éloignez-vous suffisamment pour que la bande soit tendue,
– commencez par coller les deux scratchs l'un sur l'autre [b et c],
– puis enroulez-la en la serrant le plus possible [d].

▸ **Le principe est le même pour les bandes de repos**, à l'exception près qu'elles se posent généralement par-dessus des cotons [5], c'est-à-dire de larges bandes en « vrai » coton ou en tissu.

Précision

Si vous mettez des bandes, faites attention :
– à ce qu'elles ne gênent pas les articulations : elles prennent les deux tiers du boulet, pas plus, et ne prennent ni le genou, ni le jarret,
– à vérifier, à chaque tour, qu'elles ne font pas de pli,
– à ce qu'elles ne soient ni trop serrées, ni trop lâches : vous devez pouvoir passer un doigt, sans plus, entre le haut de la bande et le membre du cheval,
– à ce qu'elles soient toujours propres.

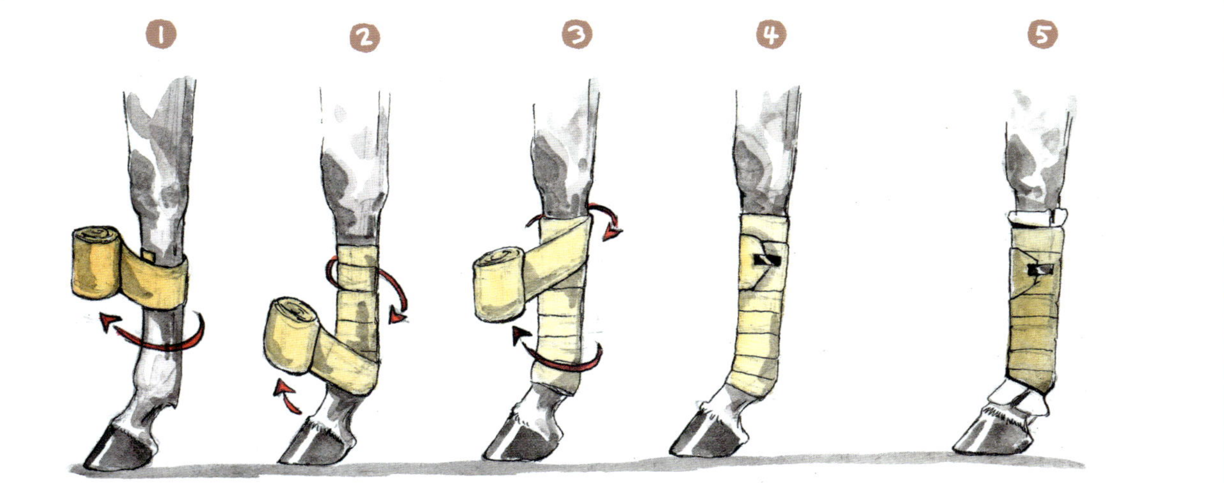

La posture du cavalier à l'obstacle

▸ **La posture du cavalier à l'obstacle** lui permet :
– d'être solide et fixe avant, pendant et après l'obstacle,
– tout en restant maître de son équilibre et de l'emploi de ses aides,
– de se lier sans heurts au mouvement du cheval, sans le gêner,
– de ne pas précéder son cheval, ni être en arrière du saut,
– de favoriser la reprise du galop dès la réception, grâce au jeu de ses articulations.

▸ Le cavalier a :
– la tête dégagée des épaules, le regard dans la direction à suivre ou l'obstacle suivant,
– les pouces fermés sur des rênes ajustées, les bras décontractés, les articulations des épaules et des coudes libres,
– les coudes légèrement ouverts, pour suivre la bouche du cheval,
– le corps aisé, capable de pivoter librement au-dessus de hanches souples,
– le rein souple,
– les fesses très légèrement en arrière (équilibre deux points et demi), s'éloignant ou se rapprochant de la selle en fonction des phases du galop ou celles du saut,
– les mollets fixes, au contact du cheval,
– la jambe près du corps de sa monture,
– les articulations des jambes (hanches, genoux, chevilles) souples, formant un Z s'ouvrant et se fermant en fonction des phases du galop ou du saut,
– les pieds engagés sans excès dans les étriers, le talon bas.

Les mors de filets usuels

▸ Il existe **de nombreux modèles de mors**, de différentes tailles. Les filets simples, à olives ou Chantilly, sont les plus simples et les plus doux. Le mors doit dépasser de quelques millimètres de chaque côté de la bouche du cheval (3-5 mm) voir p. 102. S'il est trop large, il remue d'un côté ou de l'autre de la bouche et frotte ; s'il est trop étroit, il pince les lèvres.

Les embouchures sans mors

Hackamor — Licol ethologique

À CONNAÎTRE

Les mors de filet

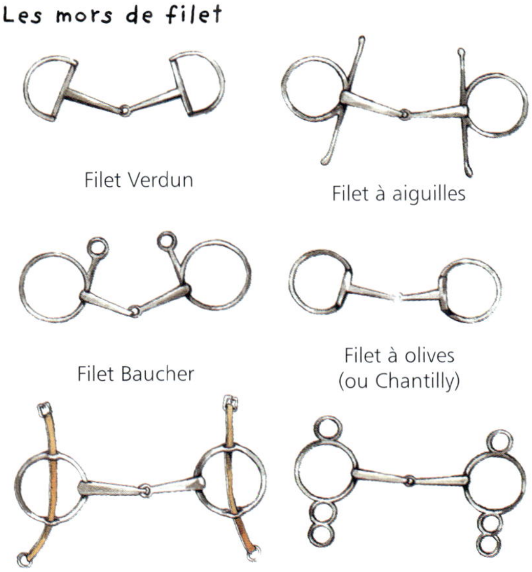

Faire reculer son cheval en restant à distance

▸ Il existe plusieurs façons d'**apprendre à son cheval à reculer** en restant soi-même à distance, ou à le faire venir à soi (exercice suivant). Toutes s'adressent à sa mémoire, à sa capacité d'association et nécessitent d'être progressif dans la demande.

▸ **Placez-vous devant votre cheval en licol**, captez son attention puis :
– grandissez-vous pour adopter une attitude « de prédateur » et agitez la longe d'un mouvement du poignet le doigt tendu [1]. S'il ne s'éloigne pas, vous augmentez l'intensité de la demande,
– même chose que précédemment, et vous tapez du pied sur le sol [2], (ou vous tapez sur le sol avec votre stick),
– même chose, et vous marchez vers lui [3],
– même chose, et vous marchez vers lui jusqu'à le toucher.

▸ Vous cessez dès que le cheval cède, vous recommencez si besoin.

▸ **Petit à petit, votre cheval comprendra** ce que vous demandez uniquement en vous grandissant le doigt tendu. Quand ce sera le cas, vous pourrez refaire cet exercice sans licol, votre cheval en liberté.

Faire venir son cheval à soi

▸ **Placez-vous devant votre cheval en licol à 3 m**, puis captez son attention :
– tendez légèrement la longe de façon continue en disant « Viens » [1],
– si votre cheval ne bouge pas, accentuez la tension,
– s'il cède et fait un pas, cédez immédiatement [2]. S'il avance jusqu'à vous, récompensez-le (caresse, carottes). S'il s'arrête loin de vous, redemandez en disant « Viens »,
– recommencez en vous plaçant à 6 m de lui.

▸ Vous débutez l'exercice à trois mètres de votre cheval, puis vous le recommencez jusqu'à être en bout de la longe.

▸ Quand votre cheval viendra lorsque vous lui dites « Viens » et que vous n'aurez presque plus besoin d'agir sur la longe, essayez sans longe.

▸ **Il est important de toujours employer le même mot** (« Viens », mais vous pouvez choisir n'importe quel mot), sur le même ton. Donnez-lui un petit bout de carotte dès qu'il est tout près de vous, vous constaterez que les progrès viendront très rapides.

Précision

Si l'exercice ne fonctionne pas comme vous le souhaitez, ne vous énervez pas. Restez calme, recommencez d'un jour à l'autre en utilisant les mêmes codes.

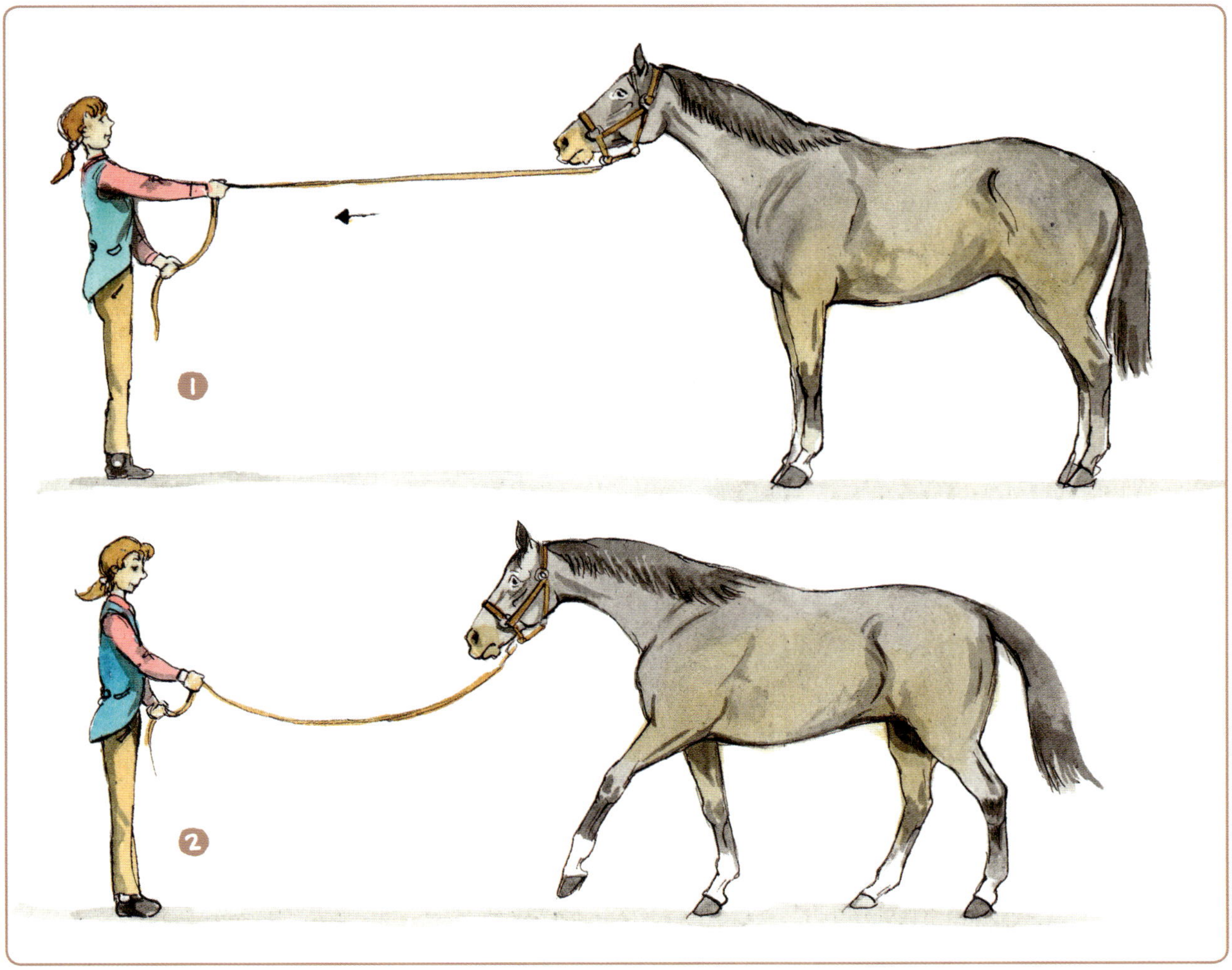

Obtenir une flexion latérale de l'encolure des deux côtés

▸ Vous savez effectuer une flexion de l'encolure, du côté où vous vous tenez : flexion vers la gauche, quand vous êtes à gauche du cheval, flexion vers la droite quand vous êtes à droite du cheval (voir p. 90). Vous apprenez désormais à obtenir une flexion vers la droite, quand vous êtes à gauche du cheval et inversement.

▸ Votre cheval est en filet ou en licol, avec une longe ou une double longe. Vous obtenez aisément une flexion de chaque côté, en changeant de place.

▸ **Pour réaliser une flexion vers la droite** quand vous êtes à gauche du cheval :
– placez-vous entre la tête et l'encolure [1],
– passez la longe du côté droit de l'encolure du cheval, ou prenez la longe ou la rêne à droite de l'encolure,
– votre main droite est juste au-dessus de la crinière, ou légèrement à droite, ou légèrement à gauche, en fonction de la taille de votre cheval,
– ramenez délicatement la main vers vous en pliant votre bras droit [2], et en remontant légèrement votre poignet les ongles vers le ciel.

▸ **Vos gestes sont doux**, ils guident votre cheval :
– à la moindre cession, cédez.
– ne cherchez pas à obtenir une flexion trop prononcée dès le début. L'objectif est le consentement du cheval dans le plus complet relâchement.
– recommencez, cédez, recommencez, etc., jusqu'à obtenir la flexion de l'encolure.
– placez-vous à droite du cheval et effectuez une flexion gauche, en procédant de la même façon.

Précision

Comme toujours, votre cheval est décontracté et confiant. Son encolure est détendue et il n'oppose pas de résistance. Observez-le (voir pp. 54-55) pour vous assurer qu'il reste calme et à votre écoute.

Trotter en main sur des lignes droites et des courbes larges

▸ Votre cheval en main, vous savez évoluer sur des courbes précises et serrées (voir p. 89), ainsi que le mettre au trot (voir p. 88). Trotter en main sur des lignes droites et des courbes larges vous demande d'associer ces deux compétences.

▸ Dans cet exercice, vous rencontrerez les mêmes difficultés qu'au pas, mais augmentées du fait de la vitesse du trot et de l'énergie du cheval à cette allure.

▸ Pour pallier les deux grands problèmes suivant, relisez les pages 43 afin de :
– conserver votre monture à vos côtés, sans qu'elle vous précède ni qu'elle ralentisse.
– vous repérer dans l'espace afin d'évoluer sur un tracé précis.

Franchir des embûches simples au pas

▸ **Les «embûches»** regroupent tous les obstacles que votre cheval est amené à enjamber ou à franchir, ou susceptible de l'inquiéter : une flaque d'eau, une bâche, un plan incliné, des barres par terre, le pont d'un van ou d'un camion, etc.

▸ **Observez son comportement** (voir pp. 54-55) : il doit rester calme et décontracté. S'il montre des signes de stress, il faut l'arrêter sur place, le caresser, attendre que la pression redescende, avant de vous reconnecter à lui et de redemander.

1

2

▸ **Votre cheval est en licol, il est arrêté devant la flaque d'eau :**

– s'il cherche à faire demi-tour ou à s'en écarter, ramenez-le autant de fois que nécessaire à la même place, caressez et détendez votre longe : il doit pouvoir rester arrêté devant l'obstacle, et se relâcher,
– laissez-le regarder l'obstacle, la longe détendue [1],
– ramenez son attention à vous et à l'obstacle s'il vous fuit du regard,
– tendez la longe de façon progressive pour qu'il comprenne bien qu'il doit traverser [2],
– s'il recule, accompagnez-le en maintenant la même tension (ne cherchez pas à tirer en sens inverse, il aura toujours plus de force que vous et vous agiriez en prédateur), quand il s'arrête, persévérez jusqu'à ce qu'il cède et fasse un pas en avant. Cédez, caressez, recommencez, jusqu'à le ramener devant l'obstacle,
– s'il fait un pas en avant, cédez, et caressez,
– recommencez jusqu'à ce qu'il franchisse l'obstacle.

▸ **Laissez-lui l'encolure libre**, pour qu'il puisse regarder l'obstacle et rester maître de son équilibre et de ses mouvements.

Précision

Faites attention, les premières fois, certains chevaux sautent sur le pont du camion ou sautent par-dessus la flaque d'eau. Sachez vous mettre rapidement de côté et vers l'avant dans ces cas-là.

N'entamez aucun exercice persuadé que ça ne marchera pas : ce serait échouer à coup sûr.

Inspecter les membres et les pieds

▸ **En même temps que vous curez les pied**s, avant et après le travail, vous inspectez :
– les membres,
– les pieds,
– la ferrure.

▸ **Pour inspecter les membres** :
– passez votre main de haut en bas [1] pour vous assurer qu'il n'y a ni chaleur, ni plaies, ni boutons, ni déformations :
– sur les genoux, les jarrets, les canons,
– sur les tendons (en passant vos doigts le long de la gouttière tendineuse) ; ils doivent être froids et secs avant le travail ; ils peuvent être légèrement chauds après l'effort, mais sans plus.

▸ **Si vous les sentez très chauds** ou si vous sentez une légère déformation, il faut alerter votre moniteur ;
– sur les boulets,
– sur les couronnes,
– le pli des paturons.

▸ **Pour inspecter les pieds**, vous devez d'abord les curer. Ensuite, vous vérifiez :
– que la sole et les lacunes (latérales et médianes) sont bien dégagées (pas de fumier, ni de cailloux...), et qu'elles ne présentent pas d'anomalies comme un bleu, une trace noirâtre, un éclatement...,
– l'état des glomes : ils ne doivent pas être coupés ni blessés (comme cela peut être le cas aux antérieurs chez les chevaux qui se touchent ou qui forgent),
– si les pieds ne sont pas ferrés, vérifiez que la corne ne montre pas de signes d'éclatement.

Sole claire craquelée : utilisez de la graisse

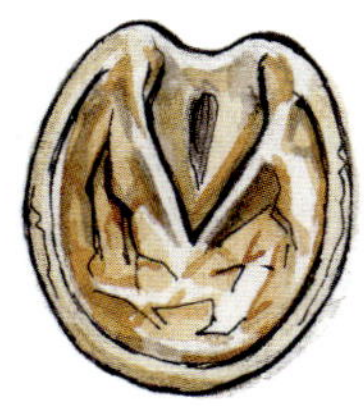

Sole noire odorante, le cure-pied laisse des traces blanches : utilisez du goudron

1

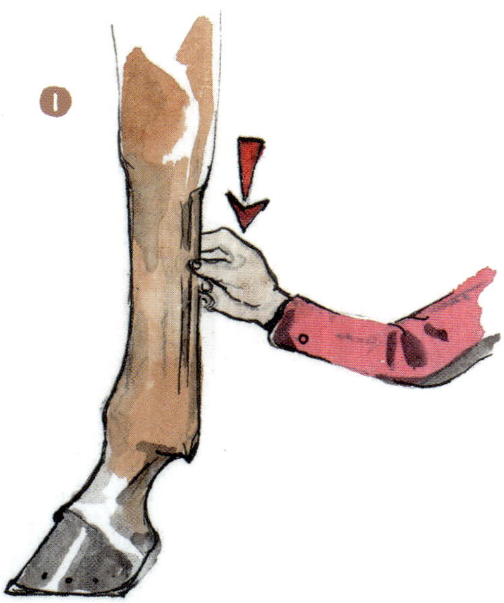

Gonflement des tendons

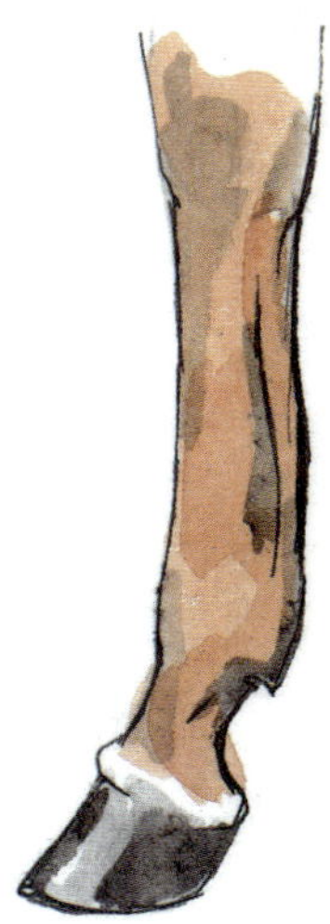

Plaie au-dessus du boulet

Paturon abîmé ici une crevasse

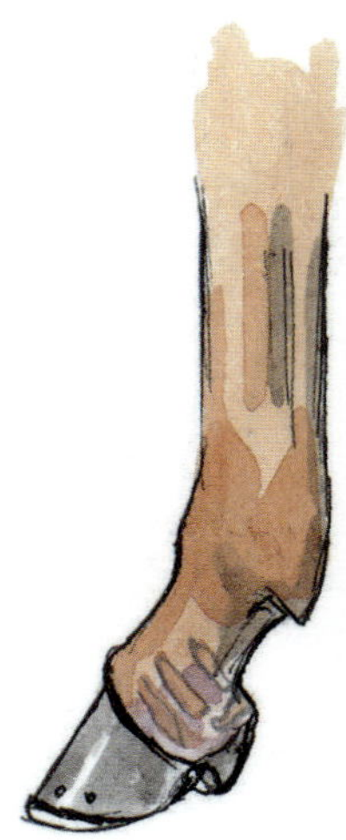

Vérifier l'état de la ferrure

▸ **Les chevaux sont généralement ferrés toutes les 4 à 6 semaines**; certains chevaux usent leurs fers plus vite que d'autres.

▸ **Pour apprécier l'état de la ferrure,** prenez chacun des pieds et vérifiez d'abord que le fer est bien en place. Il doit être placé sous le pied, ses éponges à égales distances de la lacune médiane; il ne doit pas être de travers et ne doit pas pouvoir bouger.
Tous les clous doivent être présents, les têtes de clous étant retenues dans les étampures (voir la description du sabot et du fer pp. 152-153). Vous devez pouvoir vous assurer que les rivets ne dépassent pas, en passant la main de chaque côté et le long des parois des sabots.

▸ **Le fer dépasse légèrement du sabot**, lorsque le cheval est en début de ferrure. Cela vous donne un indice pour vérifier quelle partie le cheval use plus que l'autre: en général, la partie en pince s'use plus vite aux antérieurs.

▸ **Vous pouvez reconnaître qu'un cheval a besoin d'être ferré** lorsque, la corne ayant poussé, le fer vous paraît trop petit. Vous avez l'impression qu'il a glissé vers l'avant du pied; la corne déborde du fer et les rivets manquent de solidité.

Précision

En cas de doute, informez votre enseignant! Il vaut mieux l'alerter pour rien, plutôt que de passer à côté d'un problème qui pourrait être grave.

Ne vous lancez pas dans des soins vétérinaires (soigner une petite plaie, mettre de l'argile, etc.), sans avoir le feu vert de votre enseignant(e) et être assisté par lui (ou elle), à chaque étape.

À CONNAÎTRE

Quelques cas d'un mauvais état de la ferrure
- caillou coincé entre la lacune et la fourchette [1]
- une **seime** c'est une fente de la paroi [2]
- un fer qui a bougé [3]
- des clous qui s'en vont [4]

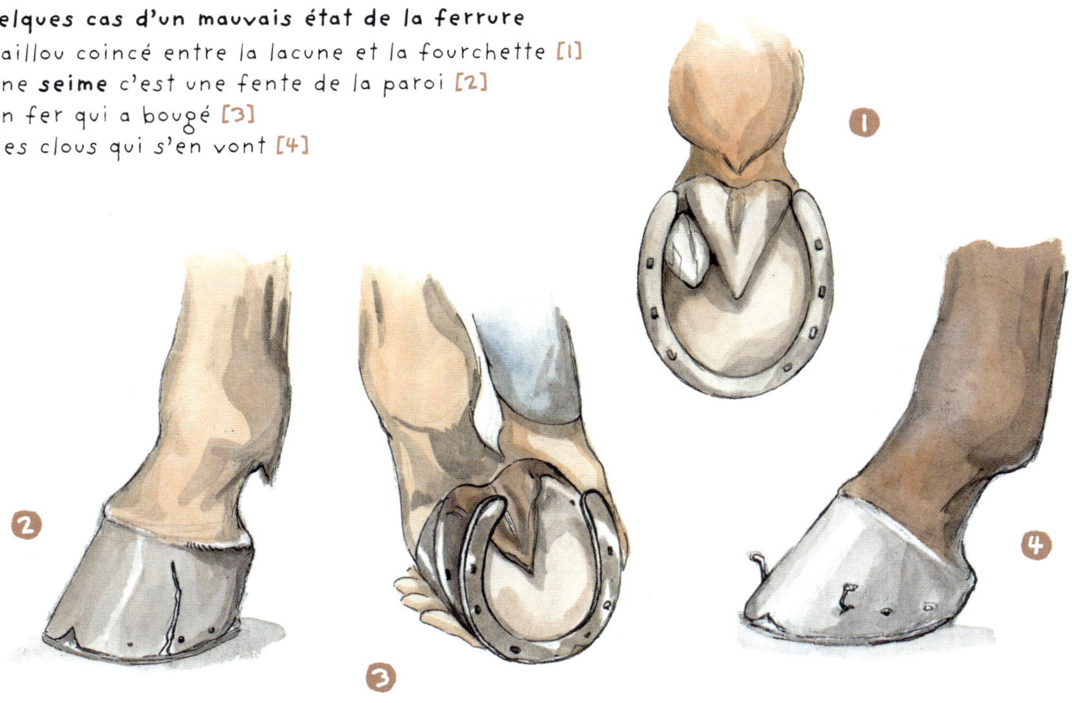

Les soins élémentaires avant et après le travail

▸ Au pansage (voir p. 142) et à la vérification des pieds, des membres et de la ferrure (voir pp. 194-195), s'ajoutent plusieurs autres soins.

▸ **Après le travail**, vous pouvez doucher les membres de votre cheval afin de les nettoyer, mais aussi de masser les tendons. Le jet d'eau se passe longuement en le remontant sur le membre. Les membres sont ensuite soigneusement essuyés, notamment au niveau des plis des paturons, afin d'éviter la formation de crevasses.

▸ Deux à trois fois par semaine, vous **graissez les pieds**, à l'aide d'une graisse ou d'un onguent (voir p. 195). Certains chevaux ont besoin d'avoir des cloches, des guêtres et des protège-boulets pour aller travailler (voir p. 188).

▸ **Au niveau du reste du corps**, vous devez vous assurer qu'il n'y a ni atteintes, ni blessures, et ainsi inspecter :
– le corps du cheval en contact avec la selle : garrot, passage de sangle, place du tapis... qui ne doivent comporter ni blessures, ni parties où le poil aurait été enlevé, ni gonflements [1], ni poils collés par la sueur, etc.,
– la tête et plus particulièrement la place de la têtière, de la muserolle, des montants,
– la commissure des lèvres qui ne doit pas présenter de coupures ou d'écorchures,
– les autres parties du corps telles que les flancs (blessures d'éperons ?) ou un endroit où le cheval se serait cogné...

▸ **Un cheval humide** ne se laisse pas dans les courants d'air. En hiver, rentrez-le et « bouchonnez-le » avec une poignée de paille [2]. Vous pouvez aussi lui mettre une chemise éponge, qui absorbera la transpiration (voir p. 99).

▸ **L'été, vous pouvez doucher votre cheval**, à condition de ne pas le faire trop souvent, pour ne pas lui enlever la fine pellicule que sa peau secrète naturellement et qui le protège de la chaleur comme du froid.

▸ Une fois douché, **passez-lui un couteau de chaleur** pour enlever le plus gros de l'eau (voir p. 144), et faites-le brouter au soleil pour qu'il sèche complètement avant d'être rentré au box.

Poser des protections de transport

▸ Parce qu'ils sont souvent à la recherche de leur équilibre, qu'ils s'appuient d'un côté ou de l'autre… les chevaux ont besoin d'être protégés lors du transport.

▸ Pour les membres, il existe toute sorte de protections : des grandes, des petites, protégeant ou non les jarrets, les genoux…

▸ Elles se posent les scratchs en face externe et dirigés vers l'extérieur. Certains cavaliers préfèrent mettre des bandes de repos recouvertes d'une paire de guêtres.

▸ La protection des membres est un minimum indispensable et même obligatoire.

▸ Mais le cheval peut aussi être protégé :
– par **un protège-queue** ou **une bande de queue** qui protège la partie supérieure de la queue (la partie rigide). Le protège-queue est en général du même type que les protections des membres. Il est maintenu grâce à un surfaix, posé sur la couverture, sur un tapis ou sur un pad spécial.
– par **un protège-nuque**, fixé sur la têtière (pour protéger la nuque).

Poser un protège-queue

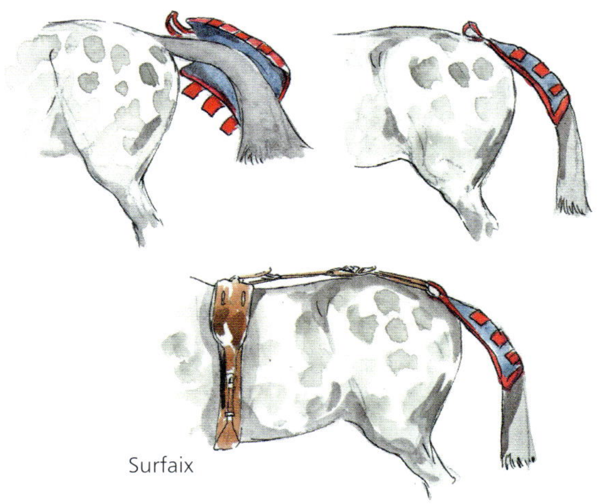

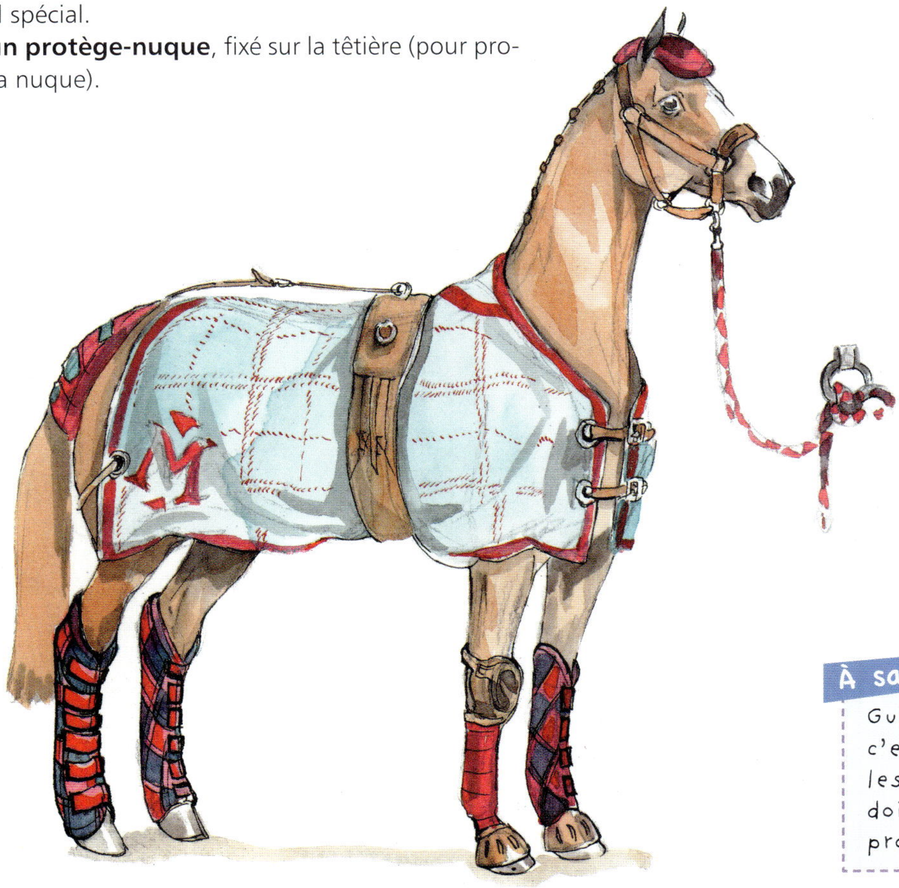

À savoir

Guêtres ou bandes, c'est au choix, mais les deux antérieurs doivent avoir la même protection !

Les conséquences de la vie domestique sur le cheval

▸ Bien que nous fassions tout pour qu'il se sente bien, les conditions de vie d'un cheval au box sont souvent bien loin de celles dont il a réellement besoin.

▸ **En liberté**, un cheval consacre plus de la moitié de son temps à brouter en marchant (voir p. 148).
– La nourriture et la recherche d'eau sont son souci numéro 2 juste après la survie.
– le cheval a besoin de vivre avec et au contact de ses compagnons. Il se déplace en troupeau et l'instinct grégaire est, chez lui, très développé.
– il se repose environ quatre à six heures par jour, par petits cycles, la plupart du temps debout, tête-bêche près d'un compagnon. Chacun chasse les mouches de l'autre. Il ne s'allonge de tout son long qu'une heure par jour environ.
– le reste de son temps est consacré au jeu, à la toilette et à la reproduction.

▸ **Une des particularités du cheval est d'être très craintif.** Dans la nature, le cheval est une proie. Parce qu'un prédateur s'attaque toujours à un animal isolé, le troupeau est nécessaire. En groupe, on est plus fort, quand l'un s'assoupit, un autre monte la garde, et s'il y a un danger, tout le monde s'enfuit.

▸ **Les chevaux particulièrement peureux ou dangereux** le sont souvent parce que la vie qu'ils mènent est très éloignée de ce dont ils ont besoin. Une vie équilibrée permet dans la plupart des cas de résoudre bien des problèmes «de fond». Les mettre en liberté tous les jours, au pré l'été, les laisser se rouler après le travail et jouer avec eux sont des actes essentiels pour leur santé.

▸ **Le jeu** est d'ailleurs autant une «soupape de sécurité» qu'un moyen d'apprentissage. Sachez l'observer quand il est en liberté, jouer avec lui (en lui apprenant des tours par exemple), cela vous permettra d'en apprendre beaucoup sur la psychologie du cheval.

▸ **Il faut surtout lutter contre l'ennui**, c'est-à-dire ne pas le laisser seul dans son box, sans rien à manger ni à regarder, et sans rien à faire. Le cheval a une capacité d'apprentissage énorme, il est curieux, souvent très attentif et il a soif de «relation». Sortez-le, faites-lui un pansage, emmenez-le voir les «copains», etc.

▸ **L'alimentation,** généralement à base de granulés (et donc concentrée et riche), ne lui permet plus de manger 15 à 16 h par jour. Du foin en filet peut pallier, en partie, ce problème. L'absence de fibres (contenues dans l'herbe) peut aussi lui causer des problèmes digestifs importants. De fait l'apport de paille et de foin est indispensable.

▸ **Même un grand box** ne permet pas au cheval de se déplacer autant qu'il en a besoin. Sa circulation sanguine peut en être affectée tout autant que sa santé (coliques, tics, apathie, etc.). Un cheval éteint et des coliques à repétition peuvent être les signes d'un manque de fibres et/ou de liberté de mouvement.

▸ **La sortie journalière** doit lui permettre de se «détendre» et ne doit pas être uniquement un travail intensif. Le cheval qui bondit en liberté dans le manège ne manifeste pas forcément sa «joie», mais aussi un confinement excessif.

Vous pouvez dès lors et progressivement les mettre en liberté ensemble, à charge pour vous de vous faire aider par un professionnel pour éviter d'être maladroit.

▸ Le cheval étant une proie, la nature l'a prédisposé à la fuite. Ses sens le gardent en éveil et lui permettent de « détaler » au moindre doute. Le cheval ralentit, se retient, s'immobilise ou fait naturellement demi-tour s'il a peur. C'est une tendance que le cavalier rencontrera souvent, parfois sans forcément connaître l'objet de cette peur, dans tous les cas, seule la douceur et la patience peuvent venir à bout du problème, jamais la violence.

▸ Ne soyez donc pas étonné si, face à quelque chose qui lui fait peur, votre cheval s'enfuit. Ne vous énervez pas, laissez-le partir quelques instants, canalisez le mouvement, puis remettez-le lentement au calme, avant de progressivement revenir vers l'objet en question. En le rassurant de la voix, en revenant de plus en plus près, en le caressant, vous en obtiendrez progressivement tout ce que vous voudrez. C'est la patience qui permet d'éduquer, jamais la violence.

▸ **Le box** coupe généralement le cheval des contacts sociaux dont il a absolument besoin (voir p. 149). Les grilles entre deux boxes sont un plus mais pas suffisantes pour compenser l'absence de contacts. Les grandes stabulations (où plusieurs chevaux peuvent vivre ensemble) peuvent être une solution.

▸ **L'absence de stimulations**, le manque de fibres dans le régime alimentaire, l'isolement développent le mal-être : nervosité, dépression, agressivité, stéréotypies (voir encadrés), etc. Plus le cheval passe de temps au box, plus ils sont importants.

▸ **Il est donc important de sortir un cheval le plus souvent possible** dans la journée, et si possible de le mettre plusieurs heures en liberté, dans un paddock ou un pré, avec ses congénères. Si vous apprenez à observer votre monture (voir pp. 44-45), vous détecterez assez facilement quels sont les autres chevaux avec lesquels la vôtre développe le plus d'affinités.

Précision

Les stéréotypies sont des comportements répétitifs comme le tic de l'ours ou le tic à l'appui.

« Le fait de tiquer [1] permet au cheval de supporter son environnement domestique. Dans la nature, aucun cheval ne tique. (...) Tenter d'enrayer le comportement (comme une grille [2] à col de cygne pour les chevaux qui tiquent) est néfaste pour le cheval, (...) augmente le stress de l'animal. Le cheval tique de plus belle quand on enlève le dispositif, ou développe d'autres tics (Hélène Roche, *Comportement et posture*, Éditions Belin). »

Si un cheval tique, il faut identifier et remédier aux causes (généralement l'alimentation, la solitude, l'isolement), et non au tic lui-même.

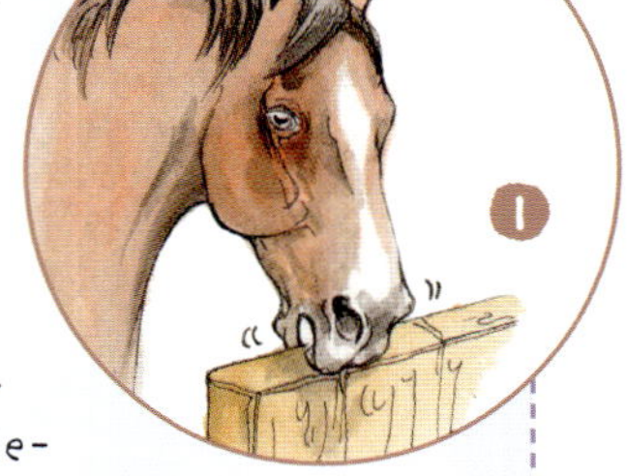

Procéder à une identification de base : sexe, robe, marques et épis

▸ Pour déterminer la robe de son cheval ou de son poney, il convient de se porter au tableau des robes. Les crins sont-ils de la même couleur que les poils ? S'agit-il d'une des robes de base ?

▸ Si vous notez la présence de poils blancs ou noirs dans une robe de base, il faut examiner leur importance, leur étendue, et les dessins qu'ils forment. Si ces poils sont mélangés à la robe, il faut se tourner vers les robes mélangées. S'ils forment des bandes, des points, des flocons ou de larges taches, il faut se tourner vers la famille des robes panachées.
Cette dernière famille regroupe deux types de robes :
– les pies, qui possèdent de grandes taches blanches, un peu comme les vaches,
– et les tachetés, qui montrent des taches un peu comme les chiens dalmatiens.

▸ Dans tous les cas, veillez bien à définir la robe que vous voyez, et non ce que vous pensez de la façon dont elle peut évoluer.

▸ Le sexe se détermine en regardant entre les postérieurs de votre monture et sous la queue. Si elle présente une vulve sous la queue, il s'agit d'une jument. Si elle présente un fourreau entre les postérieurs, il s'agit d'un cheval. C'est un hongre s'il est castré, c'est à dire qu'il n'a plus de testicules, un entier s'il ne l'est pas. L'étalon est un cheval entier qui fait la monte.

▸ Le document d'accompagnement (voir pp. 202-203), aussi appelé Livret Sire et que l'on désigne communément par les « papiers » du cheval, peut vous aider à déterminer ses marques et ses épis.

▸ Vous trouverez dans les pages « identification » et « signalement graphique » l'ensemble des particularités de votre monture : sexe, robe, épis, marques blanches, particularités, couleur des yeux, couleur de la peau, couleur des sabots, marques acquises indélébiles, éventuellement la photographie des châtaignes, l'hémotype (groupe sanguin) et/ou le typage ADN.

▸ Pour déterminer les marques blanches et les épis, reportez-vous aux pages 154-155.

▸ Attention de ne pas confondre la droite et la gauche du cheval avec les vôtres. Toute description s'effectue en fonction de la droite et de la gauche du cheval.

Aide

Entraînez-vous à vérifier ces descriptions.
Photocopiez autant que vous le souhaitez le document ci-contre et entraînez-vous sur les chevaux de votre club.

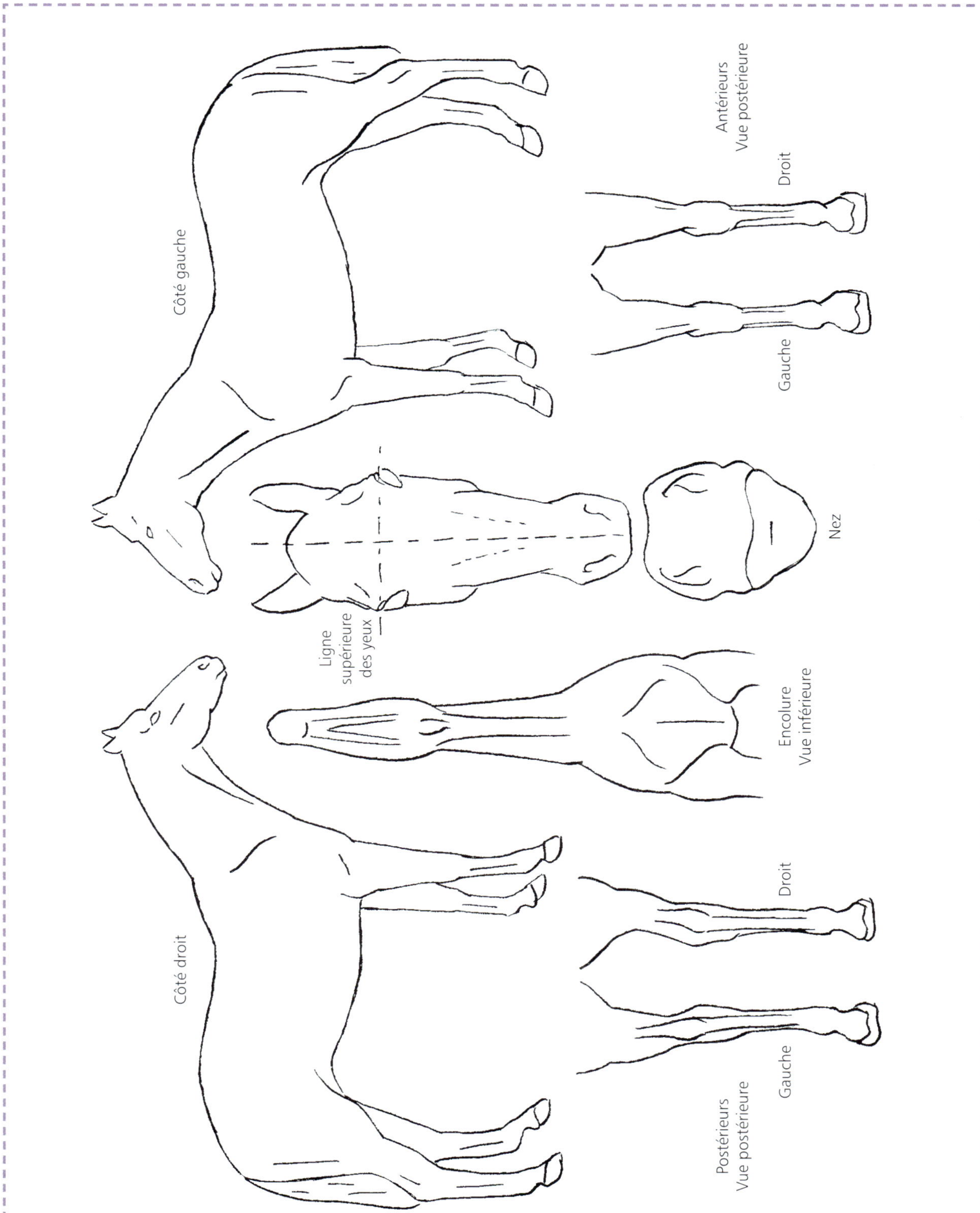
Côté gauche
Antérieurs
Vue postérieure
Droit
Gauche
Ligne
supérieure
des yeux
Nez
Côté droit
Encolure
Vue inférieure
Droit
Gauche
Postérieurs
Vue postérieure

Les différentes parties du livret signalétique

L'identification

▸ L'ensemble des éléments permettant d'identifier un individu équin s'appelle le **signalement**.

▸ L'identification des équidés est obligatoire. Elle consiste à relever le signalement du cheval puis à l'immatriculer au fichier central du SIRE (Système d'Information Relatif aux Équidés), qui édite alors un document d'accompagnement et une carte d'immatriculation. Il s'agit à la fois de sa carte d'identité et de son carnet de santé.

▸ Chaque année, les livrets produits ont une couverture de couleur différente (la couleur du livret permet donc d'identifier l'année).

▸ Ce livret doit **accompagner le cheval dans tous ses déplacements** (en concours par exemple).

▸ Les chevaux «origine inconnue» peuvent avoir un livret et un numéro d'identification. Dans ce cas, le livret est d'une couleur différente.

▸ Faire **identifier votre équidé permet** :
– de disposer d'une carte de propriété (appelée aussi la carte d'immatriculation),
– de le reconnaître en cas de vol,
– de pouvoir participer à une manifestation publique (compétition notamment),
– de pouvoir vous déplacer avec votre équidé sur le sol français ou à l'étranger,
– de pouvoir le vendre,
– de certifier son identité lors de tout contrôle,
– de certifier ses origines lorsqu'elles sont connues,
– de pouvoir l'inscrire à un livre généalogique (ou *stud-book*),
– de le valoriser par ses performances,
– de participer à certaines activités officielles d'élevage ou sportives (du concours d'entraînement aux épreuves de haut niveau suivant les origines),
– de pouvoir bénéficier de certaines mesures sanitaires.

Le numéro matricule et UELN

▸ Lorsque son **premier signalement** parvient au fichier central du SIRE géré par les haras nationaux, chaque équidé se voit attribuer un numéro matricule unique et non modifiable, un peu comme notre numéro de sécurité sociale. Ce numéro est reporté sur le document d'accompagnement et la carte d'immatriculation, et l'identifiera dans toutes les démarches sa vie durant.

▸ Depuis août 2003, les documents d'accompagnement des équidés nés en France portent une information supplémentaire : il s'agit de l'UELN, l'*Universal Équine Life Number* ou Numéro de Vie Universel des Équidés. Il s'agit d'un numéro d'identification valable au niveau international.

Le document d'accompagnement

▸ Le document d'accompagnement, aussi appelé le **Livret Sire,** est le seul document d'identification officiel pour les équidés en France. Il est aux chevaux ce que la carte d'identité est aux humains.

▸ Il a valeur de :
– certificat d'origines (lorsqu'elles sont connues),
– d'inscription (éventuelle) dans un *stud-book*,
– de document d'identification,
– de document sanitaire,
– de passeport.

La carte d'immatriculation

▸ Elle atteste de la **propriété d'un équidé**. Tout changement de propriétaire doit être signalé dans les huit jours qui suivent la transaction auprès du SIRE, sous peine de sanction. Le SIRE délivre alors gratuitement une nouvelle carte au nom du nouveau propriétaire.

La puce électronique

▸ La pose d'une **puce électronique** (ou transpondeur) est désormais obligatoire.
Elle se pose dans l'encolure et sert aussi à identifier le cheval.

Le tatouage

▶ Le tatouage est **élément complémentaire de l'identification** mais ne se substitue pas au relevé enregistré au SIRE. Il est composé des six chiffres du numéro SIRE précédés d'une lettre correspondant à l'année de naissance du cheval.

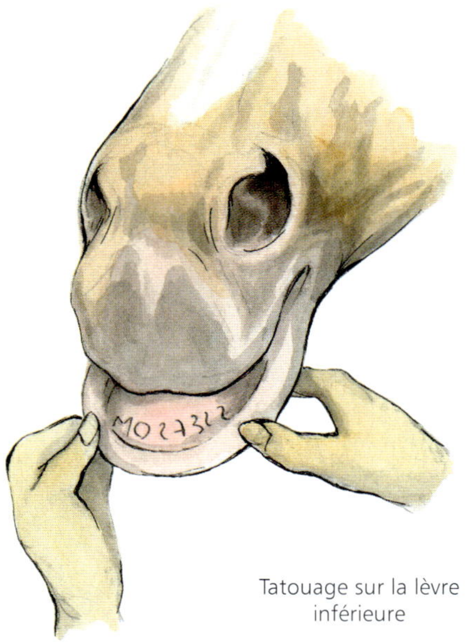

Tatouage sur la lèvre inférieure

Définition du signalement

▶ Le signalement est une **description du cheval** comprenant :
- le sexe,
- l'âge,
- la couleur de sa robe,
- les marques blanches,
- les épis,
- les particularités,
- et toutes autres marques acquises indélébiles.

▶ Cette identification s'effectue en **trois étapes** qui sont :
- le signalement du poulain avant le sevrage, sous la mère,
- la vérification du signalement,
- la validation proprement dite du document est effectuée par les haras nationaux.

L'ensemble de ces éléments sont reportés sur le document d'accompagnement.

Le livret signalétique

▶ On y trouve :
- une carte d'immatriculation (qui se détache) sur lequel est inscrit le nom de l'animal,
- son numéro SIRE,
- les noms de son père et de sa mère,
- son inscription sur un livre généalogique et le cas échéant, le nom du propriétaire. Seule cette carte constitue un titre de propriété. Ce n'est pas le cas du document d'accompagnement.

▶ Sur les pages :
- **page 1** du livret lui-même, ou Document d'accompagnement destiné à l'identification d'un équidé, sont inscrits le numéro SIRE et le nom de l'animal,
- **pages 2 et 3** accueillent le certificat d'origine. Il comprend le nom du cheval, son numéro SIRE, son sexe, sa robe, son *stud-book*, le nom de son père et de sa mère, sa date de naissance, le lieu d'élevage et de naissance, le nom du naisseur,
- **pages 4 et 5** reçoivent l'arbre généalogique, plus communément appelé « les origines »,
- **pages 6 et 7** comprennent l'identification du cheval, c'est-à-dire son signalement graphique et écrit, ainsi que la mention de la castration si elle a lieu (avec la date, la signature et le cachet du vétérinaire qui l'a faite), et la vérification du signalement,
- à **partir de la page 10**, on trouve les feuillets de vaccinations où doivent être soigneusement et obligatoirement notés les vaccins (avec la vignette correspondante, la maladie concernée, la date du vaccin, le lieu, le cachet et la signature du vétérinaire qui l'a réalisé),
- **page 16** est attribuée aux contrôles de médications (c'est-à-dire le contrôle antidopage réalisé lors des concours) avec la mention obligatoire de la nature du prélèvement (urine, sang, salive), la date, le lieu du concours, le cachet et la signature du vétérinaire qui a procédé à ce prélèvement,
- **page 18** contient le contrôle de l'identité de l'animal, quand le contrôle a été nécessaire,
- **page 22**, sont mentionnés les éventuels traitements médicamenteux.

▶ À la mort du cheval, le carnet ainsi que la carte d'immatriculation doivent être retournés aux haras nationaux à Pompadour.

Les soins périodiques obligatoires ou recommandés

La vaccination

▶ Le cheval peut être immunisé contre certaines maladies. La vaccination est une **immunisation active**. Elle consiste en l'injection dans l'organisme d'antigènes non pathogènes, mais qui provoquent la formation d'anticorps.

▶ Certaines vaccinations sont obligatoires, d'autres nécessaires.

Tétanos : vaccination nécessaire. Une primo-vaccination la 1re année, un premier rappel un an après, rappel tous les 5 ans.

Rage : vaccination nécessaire dans les départements déclarés infectés et pour participer à des concours. Une vaccination par an, un rappel chaque année.

Grippe : obligatoire. Une primo-vaccination et un rappel tous les ans.

▶ **Les vaccins sont effectués par les vétérinaires**, qui les attestent, avec leur date, sur le carnet de santé.

La vermifugation

▶ La vermifugation vise à **débarrasser le cheval des parasites** qui vivent dans son corps. Tous les chevaux sont plus ou moins parasités. Un cheval apparemment sain est infesté et se réinfeste toujours après traitement. C'est pourquoi la vermifugation doit être régulière.

▶ **Les parasites vivent au détriment du cheval** en prélevant sur sa nourriture, ce qui provoque un déficit alimentaire, donc une baisse d'état général, pouvant même ralentir la croissance chez les jeunes sujets.

▶ Plus grave, **ils peuvent provoquer des lésions de l'organisme** pendant la migration des larves dans le corps au niveau des intestins, du cœur, des artères, du foie, des poumons, etc.

▶ Les parasites internes les plus courants sont l'**Ascaris** [a], le **Strongle** [b], la **Grande Douve** [c], le **Ténia** [d] et l'**Oxyure** [e]. Il est important de vermifuger son cheval de 2 à 4 fois par an s'il va régulièrement au pré, et 2 fois par an au moins s'il vit au box.

▶ **À chaque vermifugation,** il est important de changer de marque afin de changer le spectre du vermifuge. Le vétérinaire ou votre enseignant peut vous aider à bien déterminer le nombre de fois nécessaires pour votre cheval et la façon de procéder.

Les soins dentaires

▶ Pour se nourrir, le cheval sélectionne les aliments avec ses lèvres, coupe l'herbe avec ses incisives et broie ses aliments avec ses molaires qui agissent comme des meules.

▶ **Les soins dentaires sont nécessaires** pour les chevaux domestiques, notamment ceux vivant en box car :
– **le mors** peut provoquer des douleurs au niveau des dents surnuméraires (dents de loup, dents de cochon).
– **l'alimentation** des chevaux domestiques fait que l'usure des dents est beaucoup plus irrégulière qu'en liberté et que les molaires s'usent en biseau.
– **le cheval en box** utilise très peu ses incisives, contrairement à celui en liberté ; elles ont tendance à pousser démesurément.

▶ **Des dents saines** favorisent une bonne communication, puisque le cheval n'a aucun problème de bouche comme :
– une usure irrégulière des dents qui donnerait naissance à des **pics** [2] susceptibles de gêner le cheval (avec ou sans mors, lors de sa mastication, etc.), voire à des blessures (au creux des joues). Un cheval à la bouche blessée a mal chaque fois que le cavalier agit avec le mors : il cherche à se défendre, notamment par des mouvements de tête.

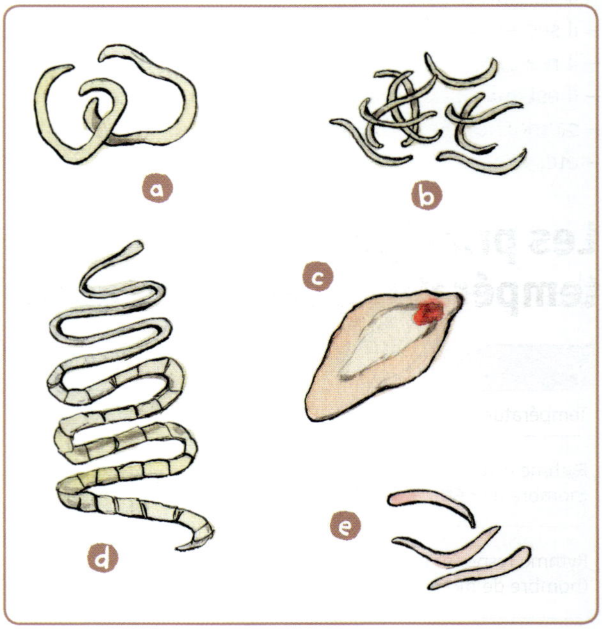

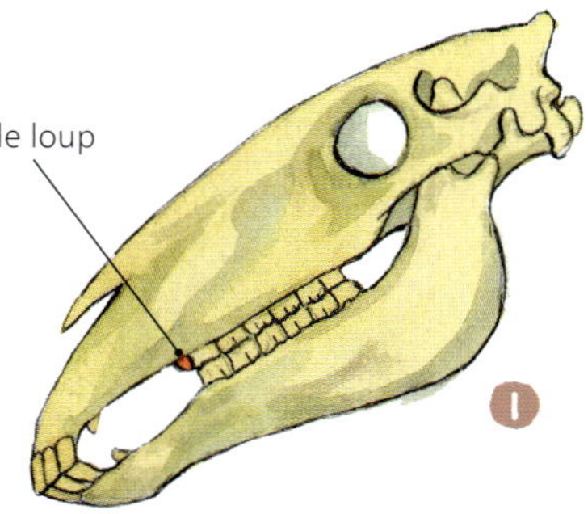

▸ **Le dentiste** nivelle les molaires et polit les **surdents** pour favoriser l'alimentation et éviter que le cheval ne se blesse en se mordant, ne se coupe la langue et l'intérieur de la joue.

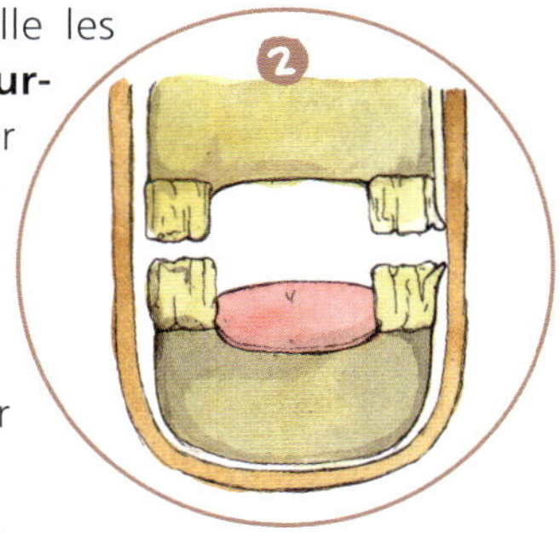

▸ **Les caries** sont très rares chez le cheval du fait de la pousse continue de ses dents jusqu'à sa mort. Quand elles apparaissent, c'est le plus souvent parce que les dents sont cassées ou parce qu'il y a un espace entre deux dents.

– la présence d'une **dent de loup [2]**; il s'agit de la première prémolaire supérieure de lait, qui peut persister à l'âge adulte. Il est préférable de l'extraire, car elle peut poser des problèmes au niveau de l'action du mors : en appuyant sur les dents de loup, le mors provoque douleur et gêne.

▸ **Si la dentition n'est pas régulière**, les chevaux ne peuvent plus écraser correctement leur nourriture et la salivation est moins importante : la déglutition est alors gênée et le cheval ne peut plus se nourrir correctement.

▸ **Les signes montrant que votre cheval n'est pas bien** et qu'il faudrait faire appel à un dentiste équin sont les suivants :
– il semble manquer d'appétit,
– des grains entiers sont retrouvés dans le crottin,
– il devient difficile à guider en exercice,
– il se défend sous la selle, ne s'incurve pas,
– il secoue la tête quand on le monte,
– il maigrit,
– il est sujet aux coliques,
– sa mâchoire est gonflée,
– etc.

Grâce au pas d'âne, le dentiste peut examiner et soigner la bouche du cheval

Les principales normes physiologiques du cheval : température, rythmes cardiaque et respiratoire

Les normes de bonne santé		chez le poulain	chez l'adulte
Températures rectales		38,5 °C	37,5 °C
Rythme cardiaque (nombre de battements par minute)	au repos	50 à 70	33 à 44
	après un exercice violent	160	250
Rythme respiratoire (nombre de mouvements par minute)	au repos		7 à 15
	après un exercice violent		jusqu'à 45

Cheval malade

Cheval en bonne santé

Les signes de maladies

▸ **Le cheval est un être fragile.** Il est de votre devoir d'alerter votre enseignant ou le soigneur au moindre comportement suspect.

Le cheval en bonne santé

▸ Un cheval en bonne santé est **alerte sans inquiétude,** il est calme, sa tête et ses oreilles sont mobiles, l'œil vif, il est attentif, éveillé, mange (ou regarde au dehors) en toute quiétude, ses mouvements sont aisés, son rein est souple, la bouche est fraîche, la membrane de l'œil et les muqueuses de sa bouche (à l'intérieur) sont rosées, il a de l'appétit et sa respiration est calme.

▸ **Son box n'est pas retourné**, les crottins y sont abondants, gros et moulés (en général, le cheval en fait 7 à 10 par jour, de couleur verte et un peu mous s'il vit au pré, plutôt foncés et bien formés au box).

▸ **Le poil est doux et brillant.** La peau est souple et élastique, elle doit reprendre rapidement sa forme si vous la pincez, et ne pas rester collée sur les muscles.

Le cheval malade

▸ Le cheval malade « n'est pas comme d'habitude ». **Il présente un ou plusieurs signes suivants :**
– le cheval est mou au box comme au travail (il traîne au bout de la longe ou sous la selle), il est triste et indifférent à ce qui l'entoure. Un cheval généralement calme s'agite sans raison,
– il a du mal à se déplacer et semble exagérément raide,
– il n'a pas touché à sa ration. Le cheval a toujours bon appétit : si sa ration est toujours dans la mangeoire (sans pour autant être souillée par un crottin, ce qui la rendrait immangeable), ou s'il refuse vos friandises, vous pouvez être sûr qu'il y a un problème,
– l'œil peut être rouge, la bouche sèche et chaude, la respiration rapide,
– il est en sueur, nerveux, agité,
– du jetage ou du sang apparaît sur les naseaux,
– il est couché et refuse de se lever,
– vous constatez une absence de crottin dans le box ou au contraire une profusion de crottins flasques et liquides,
– il a de la température.

▸ **Si vous constatez le moindre de ces signes**, ne sortez pas le cheval du box. Prévenez votre enseignant qui appellera le vétérinaire. Il conviendra de diagnostiquer le problème et de réagir rapidement afin d'en limiter les conséquences.

▸ **Quelques affections courantes :**
– votre cheval s'agite, regarde ses flancs, transpire, gratte le sol, cherche à se coucher, il fait sans doute une colique. Si vous mettez votre oreille sur son ventre, vous constaterez l'absence de gargouillement. Ses crottins sont rares ou, au contraire, très abondants et mous.
– votre cheval tousse (toux parfois sèche et quinteuse, tantôt petite et avortée), sa respiration accélère, il s'agit d'un problème respiratoire.
– du jetage sort de ses naseaux, il tousse « gras », il s'est peut-être « enrhumé ».
– à la suite d'un galop rapide ou d'une insolation, la respiration s'accélère rapidement, un mouvement saccadé agite soudain la poitrine, la sueur apparaît d'un coup (parfois aussi des saignements de nez), votre cheval fait un coup de sang. Il peut mourir. Arrêtez-le, dessellez, emmenez-le à l'ombre, faites-le boire, aspergez-le d'eau fraîche sur la tête et tout le corps.
– les flancs sont creux, lorsque vous pincez la peau au niveau de l'encolure, elle reprend lentement sa forme, votre cheval peut être déshydraté : vérifiez l'abreuvoir, nettoyez-le et changez l'eau.

Signes de colique

Précision

Un cheval ne se plaint jamais et souffre en silence : sachez lui éviter cela et signalez les problèmes à sa place !

Les mécanismes du galop à gauche et du galop à droite

Les mécanismes

▸ **Le galop est l'allure** de sport par excellence, et l'allure la plus rapide. Elle est :
- dissymétrique,
- sautée (puisque comportant une période de projection dans son troisième temps),
- à trois temps inégaux (le premier étant le plus bref et le troisième le plus long).

▸ **La vitesse moyenne du galop** se situe aux environs de 350-400 m/mn (soit 21-24 km/h), mais peut varier de 300 m/mn lors d'un parcours de CSO, à 450 m/mn en extérieur, 690 m/mn pour un steeple en CCE, ou jusqu'à 1 000 m/mn relevé une fois en course de plat.

▸ **Le cheval peut galoper « à droite » ou « à gauche ».** En général, il prend le galop à droite lorsqu'il tourne vers la droite, et le galop à gauche lorsqu'il se déplace vers la gauche.

▸ **S'il galope sur le pied droit alors qu'il se déplace vers la gauche**, ou sur le pied gauche alors qu'il se déplace vers la droite, on dit qu'il est « à faux ».

▸ **Le mécanisme du galop à droite est :**
- premier temps : poser du postérieur gauche,
- deuxième temps : poser du diagonal gauche,
- troisième temps : poser de l'antérieur droit,
- suivi d'un temps de projection pendant lequel aucun membre n'est au sol.

Galop à droite

Galop à gauche

▶ **Le mécanisme du galop à gauche** est l'inverse :
– premier temps : poser du postérieur droit,
– deuxième temps : poser du diagonal droit,
– troisième temps : poser de l'antérieur gauche,
– suivi d'un temps de projection pendant lequel aucun membre n'est au sol.

Comment les reconnaître ?

▶ Au galop, il y a toujours **une épaule qui s'avance plus que l'autre.** C'est grâce à elle que vous apprendrez à distinguer le galop à gauche du galop à droite, que vous soyez vous-même à cheval, ou à pied.

▶ **Si l'épaule droite avance plus que l'épaule gauche,** c'est qu'il s'agit d'un galop à droite.

▶ **Si l'épaule gauche s'avance plus que la droite**, il s'agit d'un galop à gauche.

▶ À cheval, le cavalier peut aussi se référer à sa sensation. **Le galop à faux** (galop à droite pour tourner à gauche, ou galop à gauche pour tourner à droite) est extrêmement inconfortable.

À CONNAÎTRE

Les allures défectueuses du galop
Il existe plusieurs galops dits défectueux :
- **galop rompu :** la phase de projection a disparu, le cheval ne quitte plus (ou presque plus) le sol,
- **galop désuni :** le cheval galope à droite des antérieurs et à gauche des postérieurs (ou l'inverse),
- **galop à quatre temps,** l'appui du diagonal se fait en deux temps (postérieur puis antérieur).

Les principes de base de l'alimentation du cheval

▸ Ce paragraphe s'ajoute aux notions sur l'alimentation vues page 103 et 104.

▸ **Le cheval a des besoins d'entretien** (inhérents à la vie et à l'activité normale du cheval) **et de production** (monte, gestation, lactation, croissance, travail). Les aliments fournissent les besoins en énergie nécessaires. La quantité de nourriture que le cheval doit consommer en 24h s'appelle la ration journalière.

Comment il digère

▸ **Le cheval est monogastrique** : son estomac est formé d'une seule poche, petite. C'est un herbivore, il digère donc l'herbe et plus généralement la cellulose contenue dans l'herbe, le foin, etc.

▸ **Il est relativement fragile sur le plan alimentaire** car son tube digestif est particulier et sa digestion se fait en deux étapes :
– la première, rapide, 1 à 2 heures (estomac, intestin grêle), est la plus importante car c'est à ce moment que se produit l'absorption de la plus grosse partie des éléments simples utiles au cheval. Elle est liée à des substances chimiques, les enzymes, sécrétées par l'animal (on l'appelle la digestion enzymatique),
– la seconde a lieu dans le gros intestin, de 30 à 34 heures (dont 5 heures dans le caecum). C'est la digestion microbienne.

▸ De fait de son petit estomac, il faut **fractionner la ration journalière en de nombreux repas**, et distribuer les concentrés après le fourrage.

▸ Il est préférable d'**associer les aliments entre eux** (le cheval ne doit pas consommer un seul type d'aliment) et de rationner l'ensemble en l'adaptant au plus près de ses besoins.

▸ Plus les aliments comportent de fourrage grossier, plus le cheval les mastique longuement. Le cheval étant par nature inquiet et sensible au stress, il est important de lui laisser le temps et le calme nécessaires pour manger. De plus, il doit régulièrement consulter un dentiste (voir p. 205).

▸ En règle générale l'alimentation du cheval se base sur une quantité de foin, de paille, de granulés (aliments concentrés) et/ou d'avoine, d'orge, de maïs.

L'appareil digestif

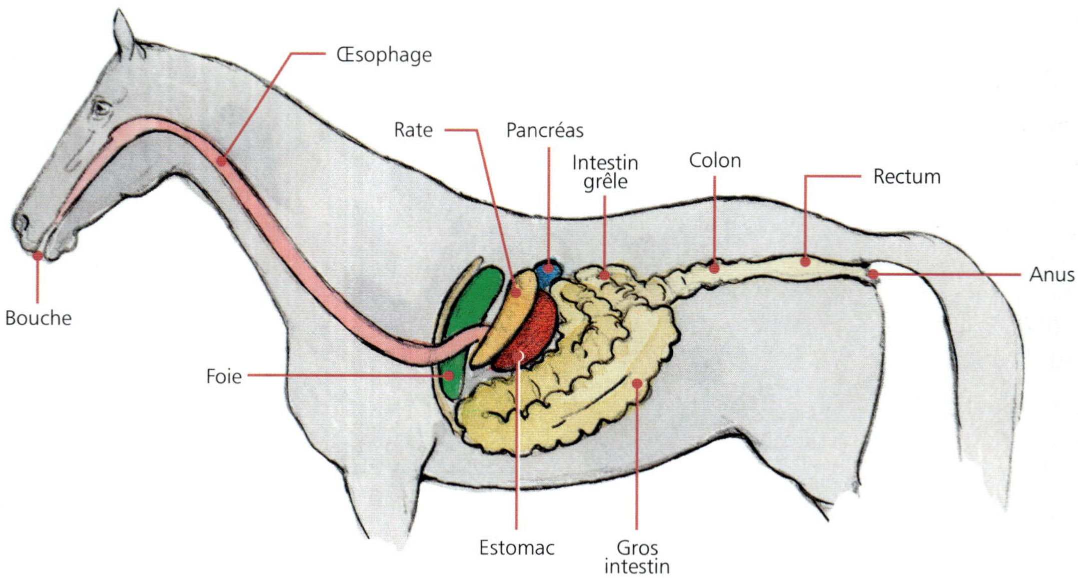

		Apports de quelques aliments					
		Matière sèche g/kg M.B	UFC /kg M.B	Cellulose g/kg	M.A.D.C /kg M.B	Calcium g/kg	Phosphore g/kg
Grains	Avoine	880	0,88	103	89	1	3,5
	Orge	880	1	40	79	0,4	3,2
	Maïs	880	1,14	20	68	0,2	2,7
Foins	Ordinaire	870	0,48	295	44	3	1,3
	Supérieure	870	0,53	270	51	4,8	2,1
	Luzerne	900	0,56	270	92	14,7	2,4
Herbe	Ordinaire	200	0,18	40	21	1,34	0,6
	Supérieure	218	0,19	45	29	1,8	0,5
Paille	Blé	900	0,29	440		2,1	0,7

Besoins en fourrage et concentrés

▸ On admet que **la ration journalière varie** en fonction de la taille, du poids, du volume, de l'âge, de l'espèce, du travail du cheval et de son lieu de vie (au box ou au pré). En moyenne, elle se situe entre :
– 5,4 et 6,8 kg de foin,
– 2,5 et 6 kg de paille,
– 5,4 et 6,8 kg de granulés ou 4,5 à 6,5 kg d'avoine.

▸ **Pour évaluer la ration du cheval,** le poids est un élément majeur et incontournable.

▸ **Pour calculer le poids d'un cheval**, on utilise une formule barymétrique tenant compte de :
– la hauteur du garrot (HG),
– du périmètre thoracique (PT).

▸ **Il existe des formules pour calculer le poids d'un étalon,** d'une jument ou d'un cheval de trait. Pour un cheval de selle, la formule est la suivante :
– le poids (appelé poids vif, PV) en kg = 4,3 PT + 3 HG – 785 (la fourchette est de l'ordre de 20kg),
– les besoins du cheval s'expriment en énergie (UFC), protéines (MADC), matière sèche (MS), cellulose, minéraux et oligo-éléments.

▸ **Pour un cheval de 500 kg**, pratiquant une activité moyenne de 1 à 2 heures par jour, il faut 7,5 UFC, 480 g de MADC, 10 à 12 kg de MS.

▸ **Une fois déterminé le poids du cheval et son niveau d'activité** (intensité du travail : léger, moyen, intense, repos), il faut se référer aux tables de l'INRA. À chaque aliment est associée sa valeur.

▸ La règle courante veut que l'on donne : 0,85 UFC par 100 kg de poids vif + 1 UFC par heure de travail intense + 70g de MADC par UFC.

▸ Si le cheval est sur litière artificielle, il faut augmenter la quantité de foin (7 à 8 kg par jour).

Besoins en vitamines et en minéraux

▸ **Le cheval a aussi besoin** de vitamines et de minéraux :
– les **vitamines A, B, D et E** sont essentielles et généralement présentes dans l'alimentation du cheval (herbe, foin, granulés, avoine, etc.),
– en ce qui concerne les **minéraux,** le calcium et le phosphore sont indispensables pour la formation des os et des dents, le magnésium favorise le développement du squelette et des muscles, le manganèse aide à la structure des os et à la reproduction, le cobalt et le zinc sont bons pour la croissance, etc,
– le **sel** est indispensable.

▸ **Une « pierre à sel »** disponible à volonté permet au cheval de combler ses besoins en minéraux et en oligo-éléments.

Précision

Demandez toujours l'avis d'un vétérinaire, l'excès de nourriture, de sel, de vitamines et de minéraux est tout aussi dangereux que la carence.

Les aliments à éviter

Les végétaux toxiques

▸ Il existe un certain nombre de plantes toxiques ou déconseillées : **if, colchique, prêle, fougère aigle, sorgho-herbe, oseille, nielle, gesse, renoncule âcre, seneçon, gland de chêne, faux persil, laurier cerise, lierre, cytise, belladone**, etc. Ne laissez pas votre cheval se jeter dessus (voir dessin) !

Les contaminants alimentaires

▸ **Les contaminants alimentaires** sont, par définition, des substances indésirables dans l'alimentation. Ils peuvent être volontaires (généralement pour augmenter la performance, on parle alors de dopage) ou involontaires (lié à des erreurs ou des mauvaises pratiques). Tous peuvent nuire à la santé du cheval.

▸ **En matière de dopage**, il existe une liste de pratiques et de produits interdits, disponible sur le site web de la Fédération équestre internationale.

▸ **Afin de ne pas le contaminer involontairement, évitez de :**
– mettre votre cheval dans un box précédemment occupé par un cheval ayant reçu un traitement médical, ou dans un box qui a déjà été utilisé et dont vous ignorez tout du précédent occupant,
– donner à manger des boissons ou des aliments destinés aux humains (café, chocolat, etc.),
– pratiquer l'automédication (consultez votre vétérinaire et faites strictement ce qu'il prescrit),
– participer à un concours avec un cheval sous médicament ou pas complètement guéri (c'est votre vétérinaire qui doit vous donner son « feu vert »),
– soigner un cheval sans connaître les doses prescrites (veillez à garder les ordonnances, lavez-vous les mains avant et après les soins, prévoyez un matériel de soin pour chaque cheval ou traitement),
– d'utiliser des poudres qui pourraient se répandre dans l'atmosphère, ou de mettre les médicaments directement dans la mangeoire,
– mandater plusieurs personnes pour soigner votre cheval (une seule personne doit être responsable, la fiche de soin doit être affichée sur le box, vous devez vous assurer que tout le monde sait que votre cheval est malade),
– acheter des aliments, des compléments alimentaires ou des friandises chez des fournisseurs incapables de garantir l'origine des produits et/ou leur fabrication,
– stocker des produits vétérinaires avec la nourriture des chevaux (ils doivent être dans une pharmacie fermée à clef, hors de la graineterie),
– donner des aliments, des compléments alimentaires ou des friandises qui ne sont pas destinés aux chevaux,
– donner des rations au hasard,
– distribuer des compléments alimentaires ou des friandises susceptibles de contenir des substances interdites.

Les végétaux toxiques

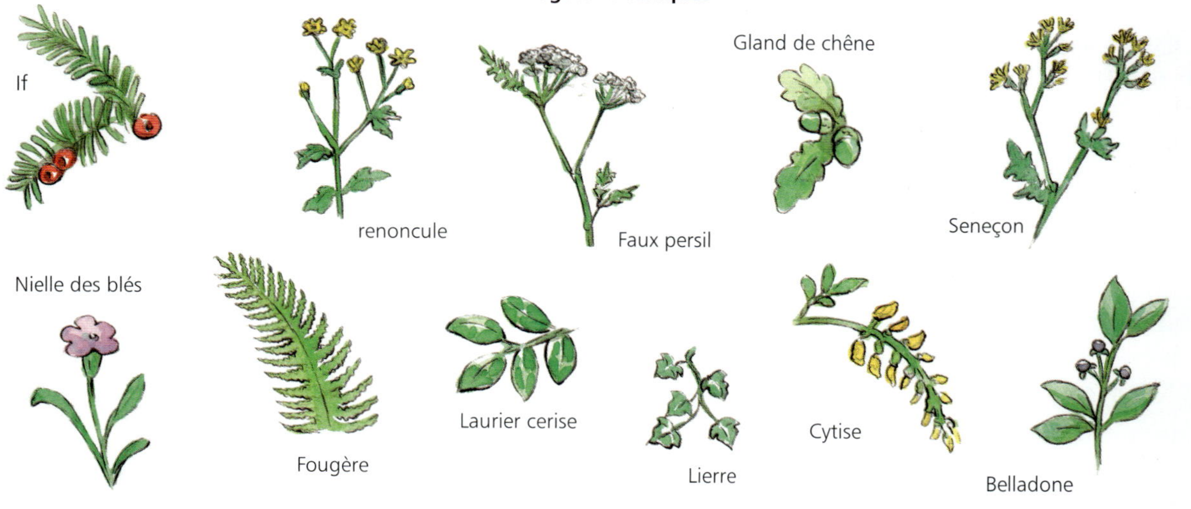

L'accord et l'indépendance des aides

▸ **L'accord des aides** indique la capacité du cavalier à coordonner l'ensemble de ses aides pour qu'elles ne se contredisent pas et qu'elles aillent toutes dans le même sens.

▸ Ainsi, vos mains et vos jambes ne doivent pas donner d'ordres contradictoires. Si vous vous servez de vos mains pour arrêter par exemple, vous ne devez pas vous servir de vos jambes pour avancer. **« Mains sans jambes… jambes sans mains »** est d'ailleurs le titre d'un livre d'un célèbre écuyer (Étienne Beudant).

▸ Pour cela, vous devez toujours **agir en quatre temps distincts** :
– savoir à l'avance ce que vous souhaitez faire et comment vous allez le faire,
– placer vos aides (préparer),
– mettre le cheval dans les conditions propres au mouvement,
– agir.

▸ Pour que l'usage de vos jambes ou de vos mains ne soit pas parasité par le mouvement (même involontaire) d'une autre partie du corps, il vous faut aussi acquérir **l'indépendance des aides.**

▸ L'indépendance des aides désigne votre capacité à dissocier ou à combiner l'usage de vos aides. Elle s'acquiert avec le temps et l'expérience nécessaires à une assiette profonde, souple et liante.

▸ Pour cela les mains et les jambes ne doivent plus être des moyens de tenue en selle.

▸ Elle réclame aussi l'aptitude à se remettre en cause et à s'interroger sur la qualité de la demande, lorsque le cheval ne fait pas ou fait mal ce que l'on souhaite.

Précision

Les aides sont les moyens dont dispose le cavalier pour conduire son cheval (voir pages 58-59)

Étienne Beudant (1863-1949)

Notions sur la jambe isolée

▶ La jambe isolée (ou jambe de position) se différencie de la jambe d'incurvation (ou jambe au centre, ou jambe d'impulsion).

▶ **Elle permet** de déplacer les hanches du cheval (voir pp. 176-177), et joue un rôle dans l'incurvation.

▶ **Elle se recule**, à partir de la hanche et non du genou, en prenant garde de ne pas avancer pour autant son bassin (pour reculer la hanche sans modifier la place de son assiette, il faut ouvrir – et assouplir – sa hanche).

▶ **Elle agit** par pressions discontinues, perpendiculairement au corps du cheval.

Précision

La jambe isolée se recule à partir de la hanche (non du genou) sans modifier l'orientation du haut du corps, voir dessins ci-dessous.

Notion d'incurvation et de pli

L'incurvation

▶ Pour tourner à droite ou à gauche, le cheval doit être **incurvé**, c'est-à-dire ployé dans la direction dans laquelle il va. C'est parce qu'il s'incurve de la sorte qu'il peut emprunter un tracé précis et tourner facilement.

▶ Pour cela, vous devez le placer dans **« les aides de l'incurvation ».** C'est ce que vous demande votre enseignant quand il vous encourage à tourner avec le bout du nez de votre cheval orienté vers l'intérieur de la courbe.

▶ Si vous avez déjà pris l'habitude d'orienter votre regard, le haut du corps et vos deux mains lorsque vous tournez, il y a de fortes chances que vous soyez naturellement dans les aides de l'incurvation :
– la ligne de vos épaules est parallèle à celle des épaules du cheval [a],
– la ligne de vos hanches est parallèle à celle des hanches du cheval [b],
– de par ce décalage entre la ligne de vos épaules et celle de vos hanches, vos jambes elles-mêmes sont naturellement décalées : votre jambe intérieure (par

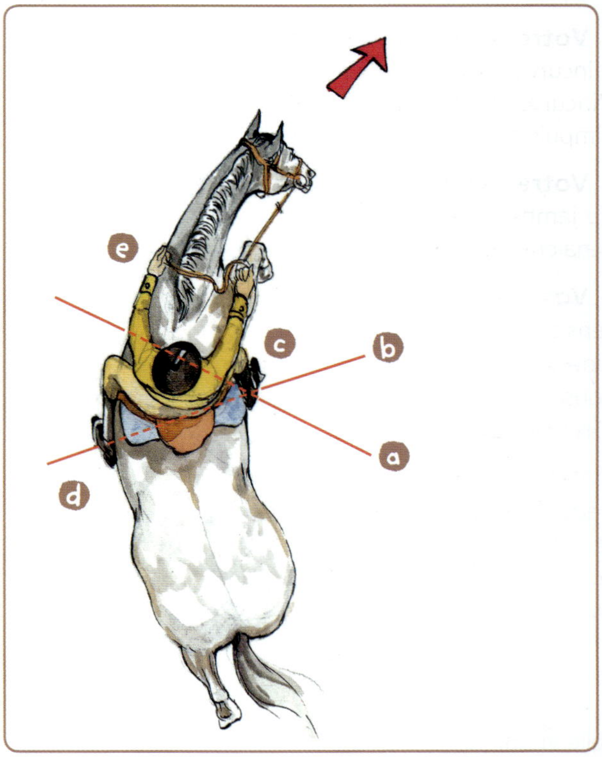

rapport à la courbe) est à la sangle [c], votre jambe extérieure est légèrement en arrière [d],
– le poids de votre corps est sur vos deux fesses.

▸ **Votre jambe intérieure** [c] est alors jambe d'incurvation et jambe d'impulsion, parce que le cheval s'incurve autour d'elle et qu'elle permet de conserver l'impulsion.

▸ **Votre jambe extérieure** [d] est en position de jambe isolée, elle sert à tenir les hanches si elles venaient à déraper vers l'extérieur de la courbe.

▸ **Vos mains** [e] **et le haut du corps** sont dans le sens du mouvement. Quand vous tournez à droite, vos aides sont dans les aides de l'incurvation droite ; quand vous tournez à gauche, elles sont dans les aides de l'incurvation gauche.

▸ **Les changements de direction perturbent l'équilibre du cavalier,** comme ils déstabilisent aussi le cheval au travail. Vous devez donc les anticiper pour conserver votre équilibre et savoir que dans une courbe, votre monture peut :
– soit accélérer (restez au-dessus de vos pieds, et agissez avec les mains si besoin est),
– soit diminuer son activité (rapprochez-vous de votre selle et agissez alors avec vos jambes).

Le pli

▸ **Le pli est l'angle formé par la flexion** plus ou moins prononcée de l'encolure du cheval.

▸ **Il est lié à l'incurvation du cheval**, et aux aides de l'incurvation.

▸ D'une manière générale, et sur des courbes larges comme demandées aux Galops 1 à 4, **le pli doit être peu prononcé** [1 et 2] et se limiter, pour le cavalier, à apercevoir l'œil du cheval [3].

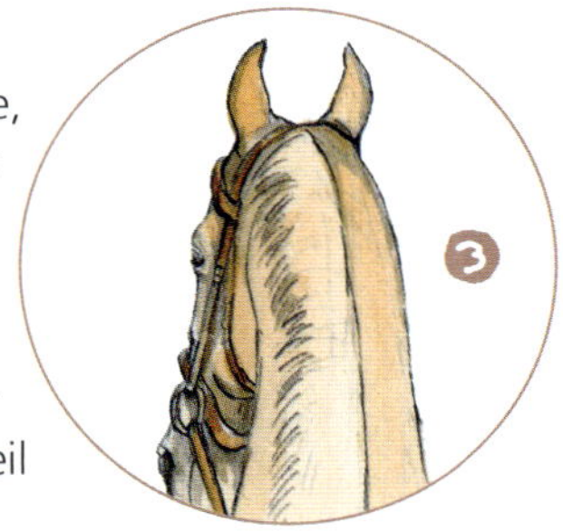

▸ Il ne peut être plus important que dans certains exercices abordés au niveau supérieur.

▸ Un excès de pli dans les cercles ou les changements de direction entraîne le plus souvent des problèmes de direction (liés à des problèmes d'équilibres), détaillés et expliqués à partir du Galop 5.

▸ On parle de pli ou de contre-pli, quand la flexion légère de l'encolure est dans le sens du mouvement (pli), ou dans le sens inverse (contre-pli, voir pp. 130-131).

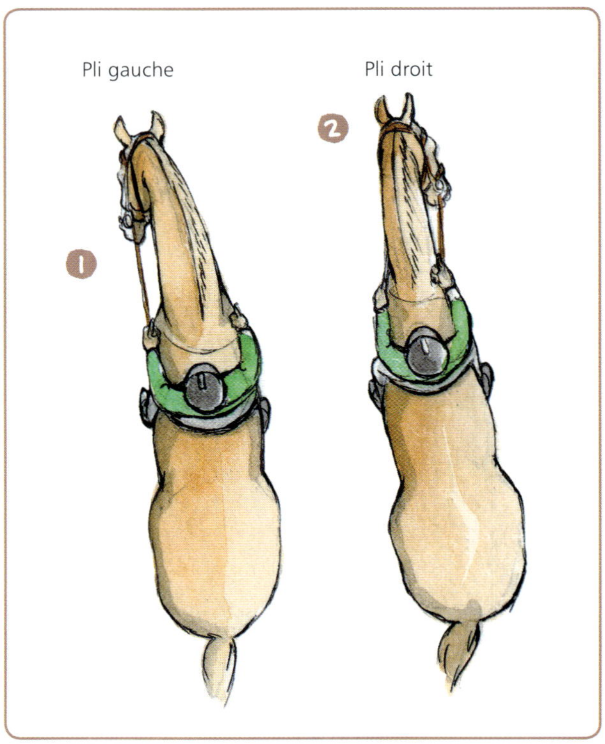

Les règles de sécurité en aire de travail et à l'extérieur

▸ L'équitation n'est pas un sport dangereux. Mais, de par les nombreuses particularités du cheval, il existe quelques consignes à respecter, à pied ou à cheval.

▸ La tenue doit être adaptée, certains vêtements étant même à éviter car dangereux.

▸ Le port du casque est obligatoire.

▸ La licence fédérale est une assurance qu'il vaut mieux avoir.

À l'écurie

▸ Veillez à ne jamais surprendre votre cheval (ni en entrant dans son box, ni en passant derrière lui...).

▸ Ouvrez les portes en grand lorsque vous le sortez ou le rentrez au box (attention, si la porte n'est qu'entrouverte, il pourrait se cogner les hanches en sortant, ou refuser d'entrer).

▸ Tournez-le face à la sortie avant de lui retirer son licol au box ou au pré (voir p. 93).

▸ Ne jouez pas à côté des chevaux.

▸ Ne courez pas dans les écuries.

▸ Ne faites pas de vélo, de rollers ou de la trottinette dans les écuries.

▸ Évitez de passer un mètre derrière un cheval (passez devant, ou juste derrière la croupe, ou quatre mètres derrière), pour éviter un coup de pied en plein visage.

Avec un cheval en main

▸ Respectez vos distances si vous suivez un autre cheval.

▸ Faites attention pour deux, surtout lorsque vous passez à côté d'un cycliste, d'un piéton, d'un véhicule à moteur... ou d'une aire de bricolage...

▸ Ne lâchez jamais votre cheval.

À pied dans le manège

▸ Assurez-vous que personne n'est sur la piste avant d'entrer dans le manège.

▸ Alignez-vous sur la ligne du milieu, en gardant environ 5 mètres entre deux chevaux [1], n'hésitez pas à sortir des rangs pour mieux vous replacer si besoin est.

▸ Vérifiez toujours le harnachement et le sanglage avant de monter.

▸ Prenez le temps de régler vos deux étriers, car cela conditionne en partie le reste de votre séance.

▸ Restez arrêté tant que tout le monde n'est pas à cheval.

En reprise

▸ Conservez vos distances (gardez la place d'un cheval entre deux chevaux; on dit que vous devez pouvoir apercevoir, entre les deux oreilles de votre propre cheval, les fers postérieurs du cheval qui est devant vous) [2].

▸ Si vous êtes gêné par le cheval qui est devant vous, évitez de le doubler (comme en voiture) : demandez au moniteur l'autorisation de faire une figure de manège pour reprendre vos distances ou de changer de place dans la reprise,

2

▶ Respectez les règles de priorité (priorité à main droite et/ou à l'allure supérieure, voir p. 65),

▶ Demandez l'autorisation d'enlever votre veste si vous avez chaud, afin que votre enseignant tienne votre cheval (évitez d'enlever votre blouson en lâchant vos rênes, sans que votre cheval soit tenu et en faisant de grands gestes, (voir p. 64),

▶ Ne hurlez pas comme sur un terrain de jeu,

▶ Respectez les consignes de votre moniteur.

En extérieur

▶ Restez en reprise,

▶ Gardez vos distances,

▶ Ne mettez pas pied à terre sans autorisation,

▶ Évitez de prendre des distances pour rattraper au trot ou au galop,

▶ Évitez de vous arrêter et de le laisser brouter lorsque les autres continuent d'avancer,

▶ Choisissez les allures en fonction du terrain,

▶ Ne galopez que lorsque vous avez une bonne visibilité,

▶ Faites passer les messages de l'avant vers l'arrière de la reprise (« on va partir au trot », « au pas », « raccourcissez vos rênes », « attention à la branche », « à la pierre » ou « au trou »…)

▶ Signalez tout incident,

▶ Gardez vos rênes ajustées et restez toujours vigilant (même avec « le plus gentil des chevaux »),

▶ Respectez les autres et souvent faites attention pour eux : les piétons ne se rendent pas toujours compte de ce qu'est un cheval, il faut leur expliquer gentiment, soyez courtois, croisez les autres au pas,

▶ Respectez les chemins privés, les champs cultivés,

▶ Traversez les routes tous ensemble,

▶ Respectez le code de la route (un cavalier est assimilé à un véhicule),

▶ Revenez au pas à l'écurie,

▶ Ne partez pas avec des bijoux (que vous pouvez perdre), ni avec des colliers, de grandes écharpes ou des boucles d'oreilles qui peuvent se prendre dans une branche d'arbre (vous vous retrouviez pendu, ou l'oreille arrachée),

▶ Le dernier de la reprise est un confirmé qui ferme la marche et veille à ce que chacun conserve ses distances (pas de reprises en accordéon).

Gardez vos distances !

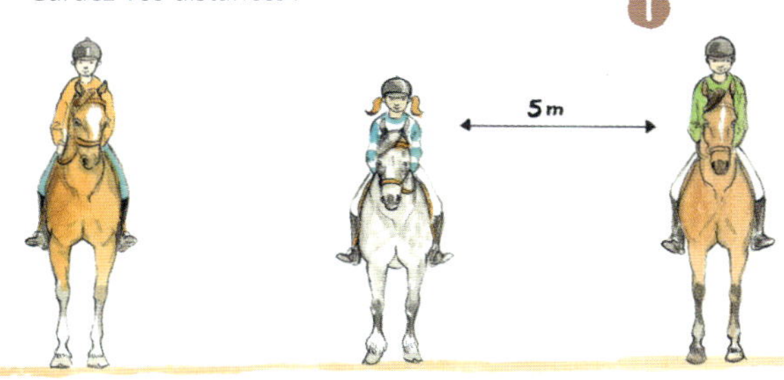

La bibliothèque de base

Formation générale

L'usage des mains, Guillaume Henry

L'usage des jambes, Guillaume Henry

Assiette et position, Guillaume Henry

- **Travail au galop et changement de pied,** Guillaume Henry
- **Les assouplissements du cheval**, Guillaume Henry
- **Placer son cheval,** Guillaume Henry
- **Travail au pas et au trot**, Guillaume Henry

Le saut en liberté, Claudia Gotz

70 jeux à poney, Amélie Serveaux

Débuter en cross, Guillaume Henry

Équitation éthologique et comportement des chevaux

Comportement et posture, Hélène Roche

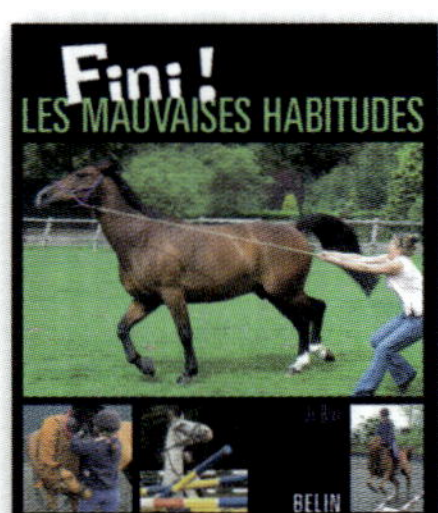

Fini les mauvaises habitudes ! Jo Bird

- **Cheval qui es-tu ?** Michel-Antoine Leblanc, Marie-France Bouissou
- **Manuel de comportement du cheval**, *origine, traitement et prévention des problèmes.* Margit H. Zeitler-Freicht, Ulmer
- **Manuel d'équitation éthologique,** Élisabeth de Corbigny, Vigot
- **Équitation éthologique.** *Tout pour réussir ses Savoirs fédéraux* Nicolas Blondeau

pour aller plus loin

Des cahiers de jeux pour réviser ses Galops (ancien programme)

Par Marine Oussedik

Au galop !
Cahier de jeux
Galops 1 et 2

Au galop !
Cahier de jeux
Galops 3 et 4

Au galop !
Spécial
connaissances
(Galops 1 à 4)

Au galop !
Spécial soins
(Galops 1 à 4)

Au galop !
Spécial quiz
(Galops 1 à 4)

Races

▶ **Races françaises de chevaux, poneys, ânes,**
Daniel Babo,
Éditions France Agricole

Soins

▶ **Choisir son embouchure,**
Raymond Riancé

▶ **Les soins aux membres et aux pieds,**
Raymond Riancé

▶ **Classeur groom,** *guide pratique des soins du cheval de compétition,*
A. Lhérété-Bonneau,
L. Vandekeybus

Santé du cheval et du cavalier

▶ **Équitation et yoga,**
Diane Louise Lassonde

▶ **Santé et équitation,**
(les différentes pathologies, la préparation physique, la pratique équestre),
Dr Éric Favory, Chiron

▶ **S'épanouir à cheval,**
M. Barbier, B. Chiris

▶ **L'équitation par la méthode Alexander,**
Véronique Bartin

Mes notes

Mes notes

Mes notes

Mes notes

Si ce livre vous a plu, si vous avez certaines remarques à formuler ou certains renseignements à demander, écrivez à : *mailgh@free.fr*

IMPRIM'VERT®

Imprimé en France par I.M.E. – 25110 Baume-les-Dames
N° d'édition : 006426-01 - Dépôt légal : novembre 2012